高等职业教育高速铁路客运服务专业系列教材

高等职业教育校企合作精品教材——轨道交通类

高铁乘务安全管理与应急处置

（第3版）

主　编◎王　慧　李　鹏

副主编◎戴桂宾　王　莉　邱　逸

西南交通大学出版社

·成　都·

图书在版编目（CIP）数据

高铁乘务安全管理与应急处置 / 王慧，李鹏主编. 3 版. -- 成都 : 西南交通大学出版社，2024. 11.

ISBN 978-7-5774-0209-3

Ⅰ. U238；U298.6

中国国家版本馆 CIP 数据核字第 2024N700K3 号

Gaotie Chengwu Anquan Guanli yu Yingji Chuzhi

高铁乘务安全管理与应急处置（第 3 版）

主编 王 慧 李 鹏

策划编辑	臧玉兰
责任编辑	宋浩田
封面设计	墨创文化
出版发行	西南交通大学出版社 （四川省成都市金牛区二环路北一段 111 号 西南交通大学创新大厦 21 楼）
营销部电话	028-87600564 028-87600533
邮政编码	610031
网 址	http://www.xnjdcbs.com
印 刷	成都中永印务有限责任公司
成品尺寸	185 mm × 260 mm
印 张	13.75
字 数	339 千
版 次	2015 年 8 月第 1 版 2019 年 6 月第 2 版 2024 年 11 月第 3 版
印 次	2024 年 11 月第 14 次
书 号	ISBN 978-7-5774-0209-3
定 价	51.00 元

课件咨询电话：028-81435775

图书如有印装质量问题 本社负责退换

第 3 版前言

中国高速铁路形成了满足各种运营条件的动车组系列产品，“复兴号”中国标准动车组实现 350 km/h 运营，并提供无线 Wi-Fi 覆盖、不间断充电插座、多模式车厢照明、无障碍设施等人性化的旅客服务。建成全面覆盖高速铁路行车安全和基础设施的数十种检测监测系统，把“万无一失”的安全发展理念贯穿高铁安全管理全过程，推动实施高铁“强基达标、提质增效”工程，强化人防、物防、技防“三位一体”的安全保障能力，确保了高铁和旅客安全。

《高铁乘务安全管理与应急处理》(第 3 版) 在第 2 版的基础上修订而成，内容做了较多改变，根据新版《铁路旅客运输规程》《中国国家铁路集团有限公司铁路旅客运输规程》《铁路旅客运输安全检查管理规则》和《铁路旅客禁止、限制携带和托运物品目录》，增加高速铁路车站客运安全与应急处置、高速铁路旅客携带品安全检查、高架桥和隧道应急疏散救援设施、发生治安事件应急处置等相关章节内容，并增加了突发情况时对讲机规范用语，更新了动车组列车客运乘务作业安全管理、火灾爆炸应急处置、高架桥和隧道应急疏散、动车组设备异常应急处置、乘务组织异常应急处置、发生旅客病伤应急处置、突发公共卫生事件应急处置的相关内容。由于部分集团公司在车站相应位置部署自动体外除颤器 (AED)，故增加了自动体外除颤器操作相关要求。在每个任务的任务实施中增加任务单，方便实训课程的组织与实施。增加课程思政教学设计，培养学生精益求精的工匠精神，增强学生的责任感和使命感。

本书按照《高等职业学校高速铁路客运服务专业教学标准》要求编写，全书共分为六个项目，分为：项目一高速铁路旅客运输安全管理、项目二高速铁路车站客运非正常情况应急处置、项目三高速铁路非正常行车应急处置、项目四动车组列车应急疏散处置、项目五动车组列车乘务组织异常应急处置、项目六旅客病伤应急处置。

《高铁乘务安全管理与应急处置》(第 3 版) 既可作为高等职业院校高速铁路客运服务、铁道交通运营管理等相关专业的教材，亦可作为铁路相关专业职工的培训教材以及相关专业人员工作的参考资料。

本书由天津铁道职业技术学院王慧、中国铁路北京局集团有限公司安全监察室天津安全监察队李鹏任主编，中国铁路北京局集团有限公司客运部戴桂宾、中国铁路武汉局集团有限公司职工教育培训基地王莉和长沙南方职业学院邱逸任副主编。具体分工如下：李鹏编写项目一，戴桂宾编写项目二，王莉编写项目三，王慧编写项目四和项目五，邱逸编写项目六。

由于改版后增加了许多新内容，书中难免存在不妥之处，敬请读者批评指正。

编 者

2024 年 11 月

第 2 版前言

中国高速铁路形成了满足各种运营条件的动车组系列产品，包括穿越高寒和冻土地区冬夏最高温差高达 80 °C 的哈大高铁、热带地区的海南环岛高铁、大面积湿陷性黄土地区的郑西高铁、穿越高原、戈壁沙漠、大风区的兰新高铁。“复兴号”中国标准动车组实现 350 km/h 运营，并提供无线 Wi-Fi 覆盖、不间断充电插座、多模式车厢照明、无障碍设施等更加人性化的旅客服务。建成全面覆盖高速铁路行车安全和基础设施的数十种检测监测系统，运用大数据方法，评估分析高铁设备设施的运用、维护、检修信息，掌握服役状态和性能变化规律，为修程修制优化、故障预测、故障处置等提供技术支撑；坚持安全发展的理念，坚守发展决不能以牺牲安全为代价的红线，把“万无一失”的理念贯穿高铁安全管理全过程，推动实施高铁“强基达标、提质增效”工程，强化人防、物防、技防“三位一体”的安全保障能力，确保了高铁和旅客安全。

《高铁乘务安全管理与应急处理》（第 2 版）在第 1 版的基础上修订而成。全书仍然保持了原有的体例，但是内容做了较多的改变，补充了《铁路安全管理条例》相关内容、高速铁路安全防护保障相关内容、高速铁路设备养护维修及状态监测保障相关内容、“复兴号”动车组列车救援方法、高速铁路非正常行车应急处理、“复兴号”动车组列车安全设备操作、动车组列车员（安全员）安全作业规范、动车组列车应急处置规范、更新了动车组设备异常应急处理、乘务组织异常应急处理的相关内容，补充旅客异常应急处理和旅客常见急症的现场急救，补充应急处置模拟演练相关内容。

全书共分为五个项目，主要内容包括：项目一高速铁路运输安全管理、项目二高速铁路交通事故处理、项目三高速铁路列车运行应急处理、项目四高速铁路动车乘务应急处理、项目五红十字应急抢救。

《高铁乘务安全管理与应急处理》教材既可作为高等职业院校高速铁路客运乘务、铁道交通运营管理等相关专业的教材，亦可作为铁路相关专业职工的培训教材以及相关专业人员工作的参考资料，本书附带二维码，二维码中有相应的知识内容，可通过手机扫码获取。

本教材由天津铁道职业技术学院王慧主编。副主编为长沙南方职业学院邱逸、天津铁道职业技术学院运输系范鑫和中国铁路太原局集团有限公司社保部宗继华。具体分工如下：王慧编写项目一、项目二、项目三、项目四中任务 1、项目五中任务 3 和任务 4，邱逸编写项目四任务 2 和任务 3，范鑫编写项目四中任务 4 和任务 5，宗继华编写项目五中任务 1 和任务 2。

由于编者水平有限，书中不妥之处，敬请读者批评指正。

编 者

2019 年 6 月

第 1 版前言

高速铁路是指最高运行时速在 200 km 以上的铁路，一般采用动车组，是未来铁路客运的发展趋势。高速铁路具有运输能力大、安全舒适、快捷准时、能源消耗低、污染轻的优势，已经成为百姓出行首选的旅行方式。它作为一种新型的交通方式，在社会经济和环境影响方面也起着不可小觑的作用。

高速铁路带来的变革，使其在安全保障、运输组织和管理一体化、旅客服务三个方面的要求都远高于传统铁路，其中，安全是高速铁路运输的第一要素，在旅客服务方面的应急处理必须坚持“安全第一、旅客至上”的原则，在保证旅客人身和财产绝对安全的前提下，尽量为旅客提供方便、快捷的旅行服务。因此高速铁路的安全管理与应急处理措施对保证高速铁路高效正常运输，最大限度地保障乘客的生命安全，减小损失，维护社会稳定和提高高速铁路经济效益方面具有重要的意义。

本书全面介绍了高速铁路安全管理理论、安全管理风险控制、高铁乘务人员的人身安全保障措施、铁路交通事故处理、高速铁路交通事故救援、高速铁路动车组乘务组织应急处理、红十字急救及手语应急服务等内容的基本概念和基础理论。全书共分为五个项目，主要内容包括：高速铁路运输安全管理、高速铁路交通事故处理、高速铁路列车运行应急处理、高速铁路动车乘务应急处理、红十字应急抢救。

本书既可作为高等职业院校高速铁路动车乘务、铁道交通运营管理等相关专业的教材，亦可作为铁路相关专业职工的培训教材以及相关专业人员工作的参考资料。

本书的主编为天津铁道职业技术学院王慧、祖晓东，副主编为天津铁道职业技术学院运输系李丹、北京铁路局安全监察大队监察李鹏、北京铁路局天津客运段职教科科长高莹心。具体分工如下：祖晓东、李丹编写项目一，李鹏编写项目二，王慧编写项目三，高莹心编写项目四，王慧、李丹编写项目五。

由于编者水平有限，书中难免存在不妥之处，敬请读者批评指正。

编 者

2015 年 5 月

目　录

项目一　高速铁路旅客运输安全管理

项目描述

我国高速铁路研发了运输安全大数据应用、安全监督管理、高速铁路异物侵限监测等系统。开展了安全风险预警、安全综合评估、事故故障分析、轨道缺陷图像分析等研究，逐步建立了基于人防、物防、技防三位一体的运输安全综合保障体系。本项目主要介绍高速铁路客运安全管理及安全保障体系的相关知识。

学习目标

1. 素质目标

通过学习高速铁路旅客运输安全管理的内容及要求，引导学生做社会主义法治的忠实崇尚者、自觉遵守者、坚定捍卫者。以人民安全为宗旨，坚持安全第一、预防为主。

2. 能力目标

能够按照高速铁路客运相关规定进行作业。在作业过程中防止机车车辆对人身造成伤害，能够保证在电气化区段作业的安全和客运组织过程中的人身安全及财产安全。

3. 知识目标

了解高速铁路客运安全管理的影响因素，掌握高速铁路客运人员人身安全要求相关内容。理解高速铁路旅客运输安全保障体系。

任务一　高速铁路安全管理概述

任务引入

高速铁路旅客运输安全直接关系到广大人民群众的生命和财产安全，需要采取有效措施，以人为本，做好高速铁路客运安全管理工作。

请思考：高速铁路旅客运输安全管理主要包括哪些工作？

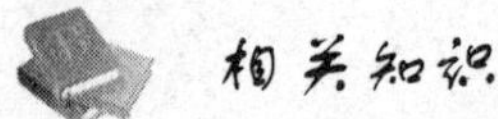

一、安全管理的相关概念

安全是人类生存认识自然、改造自然的首要前提条件，安全与生产相伴而生，相互促进、相互发展，造福于人类安居乐业，是一项科学管理的系统工程。

（一）安全、危险、事故和隐患的基本概念

1. 安全

安全是指在生产活动过程中，能将人或物的损失控制在可接受水平的状态。安全的概念可归纳为绝对安全和相对安全（如图 1-1-1 所示）。

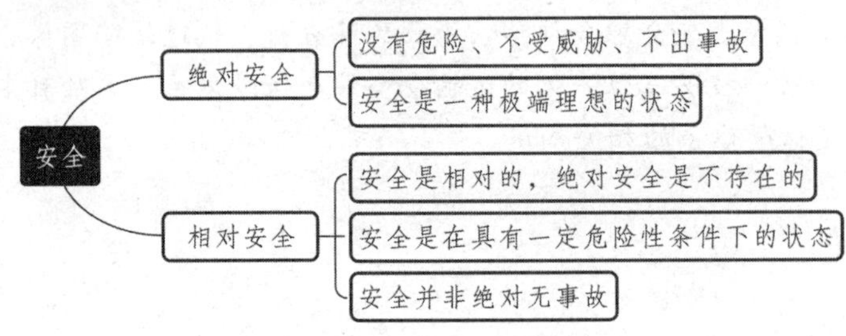

图 1-1-1　安全的概念

2. 危险

危险是指在生产活动过程中，人或物遭受损失的可能性超出了可接受范围的一种状态。作为安全的对立面，危险与安全一样，也是与生产过程共存的过程，是一种连续型的过程状态。危险包含了尚未为人所认识的以及虽为人们所认识但尚未为人所控制的各种隐患。

3. 事故

事故是生产、生活中发生的事与愿违的一种意外事件。

事故的含义包括：

（1）事故是一种发生在人类生产、生活活动中的特殊事件，人类的任何生产、生活活动过程中都可能发生事故。

（2）事故是一种突然发生的、出乎人们意料的意外事件。导致事故发生的原因非常复杂，往往包括许多偶然因素，因而事故的发生具有随机性质。在一起事故发生之前，人们无法准确地预测什么时候、什么地方、发生什么样的事故。

（3）事故是一种迫使进行着的生产、生活活动暂时或永久停止的事件。事故中断、终止人们正常活动的进行，必然给人们的生产、生活带来某种形式的影响。因此，事故是一种违背人们意志的事件，是人们不希望发生的事件。

事故发生的原因，可归结为三类：目前尚未认识到的原因；已经认识，但目前尚不可控制的原因；已经认识，目前可以控制而未能有效控制的原因。

4. 隐患

隐患是指隐藏着的祸患，通常指安全隐患或事故隐患等。安全工作中出现的事故隐患，通常是指在生产、经营过程中有可能造成人身伤亡或者经济损失的不安全因素，包含人的不安全因素、物的不安全状态和管理上的缺陷。隐患是引发安全事故的直接原因。

事故隐患存在于企业的生产全过程中，对职工的人身安全、国家的财产安全和企业的生存发展都直接构成威胁。

（二）安全管理的概念

安全管理，根据现代系统安全工程的观点，一般意义上讲，是指在社会生产活动中，通过人、机、物料、环境的和谐运作，使生产过程中潜在的各种事故风险和伤害因素始终处于有效控制状态，切实保护劳动者的生命安全和身体健康，是一种动态管理。

（三）安全风险管理的概念

铁路全面推行安全风险管理，是实现科学发展、安全发展的重要举措，是贯彻“安全第一，预防为主，综合治理”方针的具体实践，是提升铁路安全工作科学化水平的必然要求，是解决当前铁路运输安全突出问题的迫切需要，是提升全员、全过程安全风险控制能力的有效途径。

1. 安全危险源

从安全生产角度解释，危险源是指可能造成人员伤害和疾病、财产损失、作业环境破坏或其他损失的根源或状态。

2. 安全风险

就安全生产而言，安全生产风险又有广义和狭义之分。

广义上讲，与安全有关的风险都称为安全生产风险。狭义的安全生产风险则表示在未来的或一定的时间内，人们为了确保安全生产可能付出的代价，包括由于采用安全技术措施投入了人力、物力、财力等安全生产支出可能获得的安全生产收益，或者没有适当的安全生产投入可能付出的人身伤害、财产损失、环境破坏和社会影响等代价。

3. 风险控制

风险控制就是对不能接受的伤害和损失采取安全预防措施，以达到消除、降低危害的目的。

4. 风险管理

风险管理是指如何在一个存在风险的环境里把风险减至最低的管理过程，即通过风险识别、分析（原因及频率、后果及严重性）、风险控制等一系列活动来防范风险。

（四）安全风险预警管理

建立安全风险预警信息管理系统，由安全信息监控中心对各种监测检测设备产生的数据信息进行跟踪分析，每日形成“安全风险分析预警报告”，每周形成“安全风险趋势分析预警报告”，向集团公司领导和相关部门提报。遇重大或突发问题时应立即报告。

针对作业项目、职场环境、天气变化等情况，由负责部门提出作业岗位安全风险，利用点名会、出勤会、电话会议、施工前准备会等形式进行提示预警，各级干部在跟班作业、巡视检查中提出预警要求。

通过对事故、故障和其他安全问题的综合分析，对“安全风险控制关键项点”控制情况的定量分析，对严重问题连续发生、同类问题重复发生、惯性问题长期存在等情况进行分析，提出安全风险趋势分析和预警。根据春运、汛期、暑运和冬运等季节性和阶段性安全工作重点，针对性地提出安全预警。

（五）高速铁路客运安全管理

高速铁路客运安全管理工作涉及人身安全、作业安全、电气安全、设备安全、行车安全、食品安全、自然灾害、火灾意外事故、治安及其他意外情况。

在不断发展的高速铁路运输生产过程中，保证旅客的生命财产不受损伤是铁路旅客运输服务的一项重要质量指标。中国国家铁路集团有限公司贯彻“安全第一、预防为主、综合治理”的方针，制定了完善的规章制度，开展标准化活动，严格作业纪律，加强设备检修，不断采用新装备、新技术，以保证运输安全。

二、人身安全通用规定

（1）班前禁止饮酒，班中按规定着装，佩戴防护用品。

（2）作业中必须按规定着装、佩戴防护用品和正确使用防护用具，严格执行安全技术操作规程。

（3）生产作业班组于班前，必须结合天气情况、作业处所、环境条件的变化和工作重点任务，对影响人身安全的关键点进行周密的安全预想，制定有效的联防措施，并在作业过程中抓好落实。

（4）对雨、雪天及不良天气，作业人员须认真检查应佩戴的备品，按规定着装，帽子不带耳孔的要严禁使用，以免影响听觉从而发生事故。

三、站场与线路行走安全

在站内、区间行走是确保人身安全的关键，安全避车是避免被运行中的机车车辆碰撞而受到伤害的重要环节。铁路作业人员在站场或线路上行走、横越时，应严格遵守站场、线路行走和避车的相关规定。

（1）顺线路走时，应走两线路中间，作业人员及所携带的工具不得侵入机车车辆限界，并注意邻线的机车车辆和货物装载状态，严禁在道心、轨枕头上行走，不准脚踏钢轨面、道岔连接杆、尖轨、辙叉心等。

（2）横越线路时，应“一站、二看、三通过”，注意左右机车车辆的动态及脚下有无障碍物。

（3）横越停有机车车辆的线路时，应先确认该机车车辆暂不移动，然后在该机车车辆较远处通过，严禁在运行中的机车车辆前面抢越。

（4）必须横越列车、车列（组）时，严禁钻车，应先确认该列车、车列（组）暂不移动，然后由车辆通过台或两车车钩上越过，越过时勿碰开钩销，上下车时要抓紧蹬稳并注意邻线有无机车车辆运行，经车辆通过台越过时应从车梯上下车。

（5）严禁在机车车辆底下坐卧，以及在钢轨上、轨枕头、道心里坐卧或站立。

（6）严禁扒乘运行中的机车车辆，严禁以车代步。

四、铁路电气化作业安全

铁路电气化区段供电设备带有高压电，作业人员直接或间接与之接触，极易发生人身伤害事故。只有了解和掌握电气化铁路劳动安全的基础知识和安全风险防控规范，才能确保作业人员在设备高压带电、高空维修作业、列车高速运行下的人身安全。

（1）为保证人身安全，除牵引供电专业人员按规定作业外，任何人员及所携带的物件、作业工器具等须与牵引供电设备高压带电部分保持 2 m 以上的距离，与回流线、架空地线、保护线保持 1 m 以上距离，距离不足时，牵引供电设备须停电。

（2）电气化铁路区段，具有升降、伸缩、移动平台等功能的机械设备进行施工、装卸等作业时，作业范围与牵引供电设备高压带电部分须保持 2 m 以上的距离，与回流线、架空地线、保护线保持 1 m 以上距离，距离不足时，牵引供电设备须停电。

（3）在距牵引供电设备高压带电部分 2 m 以外，与回流线、架空地线、保护线 1 m 以外，临近铁路营业线作业时，牵引供电设备可不停电，但须按照铁路营业线施工安全管理有关规定执行。

（4）在机车、动车及各种车辆上方的接触网设备未停电并办理安全防护措施前，禁止任何人员攀登到车顶或车辆装载的货物上。

（5）进行电气化区段上水、保洁、施工等作业时，不得将水管向供电线路方向喷射，站车保洁不得采用向车体上部喷水方式洗刷车体。

（6）牵引供电设备故障时，与牵引供电设备相连接的支柱、接地引下线、综合接地线等可能出现高电压，未采取安全措施前，禁止与其接触，并保持安全距离。

（7）发现牵引供电设备断线及其部件损坏，或发现牵引供电设备上挂有线头、绳索、塑料布或脱落搭接等异物，均不得与之接触，应立即通知附近车站，在牵引供电设备检修人员到达未采取措施以前，任何人员均应距已断线索或异物处所 10 m 以外。

（8）牵引供电设备支柱及各部接地线损坏，回流吸上线与钢轨或扼流变连接脱落时，禁止非专业人员与之接触。

（9）距牵引供电设备支柱及牵引供电设备带电部分 5 m 范围以内具备接入综合接地条件的金属结构应纳入综合接地系统；不能接入综合接地系统的金属结构须装设接地装置，接地电阻一般不大于 10 Ω。

（10）站内和行人较多的地段，牵引供电设备支柱在距轨面 2.5 m 高处均要设白底黑字“高压危险”并有红色闪电符号的警示标志。禁止借助接触网支柱搭脚手架，必须借助接触网支柱登高时，必须有供电专业人员现场监护。

（11）天桥、跨线桥靠近或跨越牵引供电设备的地方，须设置防护栅网，栅网由所附属结构的产权单位或工程建设单位负责安设。防护栅网安设“高压危险”标志，警示标志由供电设备管理单位制作安装。

（12）电气化铁路区段车站风雨棚、跨线桥、隧道等构建物应安装牢固，状态良好，不得脱落。距牵引供电设备 2 m 范围内不得出现漏水、悬挂冰凌等现象。附挂在跨线桥、渠上的管路，以及通信、照明等线缆，须设专门固定设施，且安装可靠，不得脱落。

（13）电力线路、光电缆、管路等跨越电气化铁路施工时，须在接触网停电并做好安全防护措施后进行。

五、防暑降温安全

中暑是指在高温和热辐射的长时间作用下，机体体温调节出现障碍，水电解质代谢紊乱及神经系统功能损害的症状的总称。

（一）中暑症状及处理办法

中暑按病性轻重可分为先兆中暑、轻症中暑与重症中暑三种情况。

1. 先兆中暑

先兆中暑一般表现为疲乏、头昏、眼花、耳鸣、口渴、恶心、注意力不集中、动作不协调等症状。

处理方法：让病人立即离开闷热环境，到阴凉通风处，并松开衣服，让其喝点含盐饮料或冷水，一般即可很快复原，如果病人不便移动，应立即打开窗户通风，或用电扇吹风，并给予清凉饮料或人丹风油精等解暑药物，也可终止中暑症状的发展。

2. 轻症中暑

除了具有先兆中暑表现外，轻症中暑还可能出现面色潮红、皮肤灼热、心悸胸闷、体温升高（38.5 ℃以上）、大量出汗、脉搏加快等症状。

处理方法：除需将病人立即搬离闷热环境外，还要脱去衣服，让其平卧，用冷水毛巾湿敷头部或包裹四肢和躯干，用电风扇吹风，让病人体温快速下降。面色苍白、伴有呕吐和大量出汗者，应及时喂以淡盐水（1 L 水中加入 2 ~ 3 g 食盐）或清凉含盐饮料。

3. 重症中暑

重症中暑按症状可分为热痉挛、热衰竭、日射病和热射病 4 种类型。

处理办法：一旦出现昏迷、抽筋、高烧、休克等症状，便属于重症中暑，是中暑中情况最严重的一种，需要立即送医院急救。

（二）防暑降温措施

为了加强高温天气作业劳动保护工作，预防中暑事件的发生，铁路企业作业人员应掌握防暑降温基本常识和预防中暑的措施，养成良好的生活习惯。

（1）经常留意气象台发出天气警告，在炎热天气下应采取措施，预防中暑。

（2）作业现场配足生活用水、清凉饮料、防暑药品（藿香正气水、祛风油等）、灭蚊物品等。有条件的组织人员将西瓜、绿豆稀饭、防暑汤等防暑降温物资送到作业现场。

（3）加强通风降温，确保作业人员宿舍、食堂、厕所、淋浴间等临时设施满足防暑降温需要。

（4）加强对饮用水、食品的卫生管理，严格执行食品卫生制度，避免食品变质引发中毒事件。加强对夏季易发疾病的监控，现场作业人员发生法定传染病、食物中毒时，应及时向有关主管部门报告。

（5）制订高温中暑应急预案，定期进行应急救援的演习，并根据高温作业和高温天气作业的劳动者数量及作业条件等情况，配备应急救援人员和足量的急救药品。

（6）加强作业中的轮换休息。在夏季尽可能调整劳动组织，采取勤倒班的方式，缩短一次连续作业时间，加强工作中的轮换休息。加强现场巡查，加大防暑降温知识和中暑急救知识宣传力度，提高全员安全防范意识。

六、防寒过冬安全

根据冬季作业特点和作业规律，必须认真贯彻落实“安全第一、预防为主、综合治理”的方针，全体干部、职工在冬季必须做到以下要求：

（1）上班前严禁饮酒，应充分休息，以保证工作时精力充沛、思想集中。

（2）工作前必须按规定穿戴好防护用品，防寒帽必须有耳孔且孔径不小于 20 mm，禁止穿高跟鞋、塑料底鞋作业。

（3）作业前认真检查、确认使用的工具、交接的设备状态良好，严格执行岗位责任制和交接班制度，认真听取班组长班前对生产计划的安排以及对安全生产注意事项的布置要求，作业中要认真执行各种规章命令，团结协作，密切联系，不得臆测行事，不准玩笑打逗。

（4）在站场上作业和行走时，禁止戴妨碍视觉的色镜和妨碍听觉的帽子或其他遮盖物，要随时注意来往的列车和机车车辆的移动，遇风、雪、雾天气时更应特别注意邻线有无来往机车、车辆，要站在适当位置，防止被车上坠落物品等击伤，严禁在站台边坐立、闲谈休息、避风雪。

任务实施

1. 任务准备

（1）设备准备：仿真高速铁路旅客运输相关设备、实训室，专业训练服（可着正装）。

（2）实训资料准备：实训任务单、相关规章、教材等。

（3）情景准备：实训前各小组查阅、收集资料，选择高速铁路客运安全管理某个情景，情景中包括高速铁路客运服务相关人员。

（4）人员准备：实训分小组进行，每组 6 ~ 8 人，每个小组做好人员分工。

2. 实施步骤

（1）高速铁路客运服务相关人员安全意识培养。

（2）高速铁路客运服务相关人员良好工作状态保持。

（3）高速铁路客运服务相关人员突发事件处理能力提高。

（4）组内互查，教师总结并评分、评价。

3. 任务单

训练名称	高速铁路客运服务人员安全管理能力训练		
班　级		姓　名	
1. 结合实际谈谈高速铁路客运安全的重要性			
2. 模拟高速铁路客运服务工作场景，强化安全意识			
3. 高速铁路站场与线路行走安全训练			
4. 高速铁路电气化作业安全训练			
任务总结：			

4. 效果评价

	项目	A—优	B—良	C—中	D—及格	E—不及格	综合
小组评价	安全意识（15%）						
	安全措施（15%）						
	应急处理能力(20%)						
	团队合作（10%）						
教师评价	安全管理（20%）						
	任务单（20%）						
	教师签名						

任务二　高速铁路旅客运输安全保障体系

任务引入

高速铁路旅客运输涉及车务、机务、车辆、供电、调度、通信、客运等多个部门和多项设备，必须相互协调统一，才能保证高速铁路的正常运行。

请思考：高速铁路客运安全主要包括哪些保障技术？

相关知识

一、高速铁路客运安全管理规章制度保障

高速铁路客运安全管理建立规章制度动态优化机制，明确国铁集团、集团公司、站段三级规章制度的管理范围、管理责任和归口部门，保证各项规章在动态中优化，在发展中完善。

（一）《铁路安全管理条例》相关内容摘录

《铁路安全管理条例》分总则、铁路建设质量安全、铁路专用设备质量安全、铁路线路安全、铁路运营安全、监督检查、法律责任、附则共 8 章 108 条。

1. 铁路线路安全

（1）铁路线路安全保护区。

铁路线路两侧应当设立铁路线路安全保护区。铁路线路安全保护区的范围，从铁路线路路堤坡脚、路堑坡顶或者铁路桥梁（含铁路、道路两用桥，下同）外侧起向外的距离分别为：城市市区高速铁路为 10 m，其他铁路为 8 m；城市郊区居民居住区高速铁路为 12 m，其他铁路为 10 m；村镇居民居住区高速铁路为 15 m，其他铁路为 12 m；其他地区高速铁路为 20 m，其他铁路为 15 m。

线路安全保护区标桩分为 A 型[见图 1-2-1（a）]、B 型[见图 1-2-1（b）]两种。

A 型标桩为基本型，沿铁路线路安全保护区边界每 200 m 左右设置一个，特殊地段可增加或减少设置数量，人烟稀少地区可不设置。

B 型标桩为辅助型，适于在人员活动频繁地段的道口、桥隧两端、公路立交桥附近醒目地点、居民区附近和人身伤害事故多发地段的铁路线路安全保护区边界设置。

标桩在铁路线路两侧规定距离设置时，应与线路另一侧标桩相错埋设。

（a）

（b）

图 1-2-1　线路安全保护区标桩

（2）设计开行时速 120 km 以上列车的铁路应当实行全封闭管理。铁路建设单位或者铁路运输企业应当按照国务院铁路行业监督管理部门的规定在铁路用地范围内设置封闭设施和警示标志。

（3）在铁路线路安全保护区及其邻近区域建造或者设置的建筑物、构筑物、设备等，不得进入国家规定的铁路建筑限界。客运专线铁路建筑限界如图 1-2-2 所示。

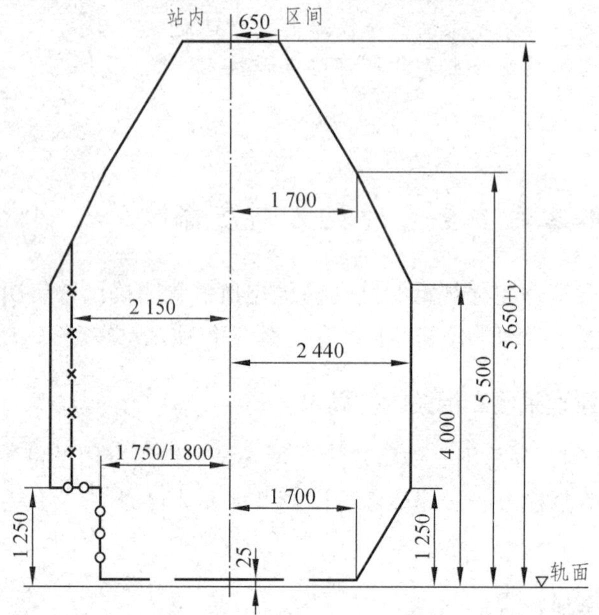

—×—×—×— 信号机、高架候车室结构柱和接触网、跨线桥、天桥、电力照明、雨棚等杆柱的建筑限界（正线不适用）；

—○—○—○—○—○— ① 站台建筑限界（侧线站台为 1 750 mm；正线站台，无列车通过或列车通过速度不大于 80 km/h 时为 1 750 mm，列车通过速度大于 80 km/h 时为 1 800 mm），② 站内反方向运行矮型出站信号机的限界为 1 800 mm；

———— 各种建（构）筑物的基本限界，也适用于桥梁和隧道；

y 为接触网结构高度。

图 1-2-2　客运专线铁路建筑限界

（4）在电气化铁路附近从事排放粉尘、烟尘及腐蚀性气体的生产活动，超过国家规定的排放标准，危及铁路运输安全的，由县级以上地方人民政府有关部门依法责令整改，消除安全隐患。

（5）下穿铁路桥梁、涵洞的道路应当按照国家标准设置车辆通过限高、限宽标志和限高防护架。城市道路的限高、限宽标志由当地人民政府指定的部门设置并维护，公路的限高、限宽标志由公路管理部门设置并维护。限高防护架在铁路桥梁、涵洞、道路建设时设置，由铁路运输企业负责维护。

（6）在铁路桥梁、隧道的两端，铁路信号、通信光（电）缆的埋设、铺设地点，电气化铁路接触网、自动闭塞供电线路和电力贯通线路等电力设施附近易发生危险的地点，铁路运输企业应当按照国家标准、行业标准设置严禁进入标（见图 1-2-3）。

（7）禁止实施危害电气化铁路设施的行为：向电气化铁路接触网抛掷物品，在铁路电力线路导线两侧各 500 m 的范围内升放风筝、气球等低空飘浮物体，攀登铁路电力线路杆塔或者在杆塔上架设、安装其他设施设备，在铁路电力线路杆塔、拉线周围 20 m 范围内取土、打桩、钻探或者倾倒有害化学物品，触碰电气化铁路接触网。

图 1-2-3　严禁进入标

2. 铁路运营安全

（1）在法定假日和传统节日等铁路运输高峰期或者恶劣气象条件下，铁路运输企业应当采取必要的安全应急管理措施，加强铁路运输安全检查，确保运输安全。铁路运输企业应当在列车、车站等场所公告旅客、列车工作人员以及其他进站人员应遵守的安全管理规定。

（2）公安机关应当按照职责分工，维护车站、列车等铁路场所和铁路沿线的治安秩序。

（3）铁路运输企业应当按照国务院铁路行业监督管理部门的规定实施火车票实名购买、查验制度。

实施火车票实名购买、查验制度时，旅客应当凭有效身份证件购票乘车；对车票所记载身份信息与所持身份证件或者真实身份不符的持票人，铁路运输企业有权拒绝其进站乘车。

铁路运输企业应当采取有效措施为旅客实名购票、乘车提供便利，并加强对旅客身份信息的保护。铁路运输企业工作人员不得窃取、泄露旅客身份信息。

（4）铁路运输企业应当依照法律、行政法规和国务院铁路行业监督管理部门的规定，对旅客及其随身携带、托运的行李物品进行安全检查。

（5）旅客应当接受并配合铁路运输企业在车站、列车实施的安全检查，不得违法携带、夹带管制器具，不得违法携带、托运烟花爆竹、枪支弹药等危险物品或者其他违禁物品。

（6）禁止使用无线电台（站）以及其他仪器、装置干扰铁路运营指挥调度无线电频率的正常使用。

（7）禁止实施以下危害铁路安全的行为：非法拦截列车、阻断铁路运输；扰乱铁路运输指挥调度机构以及车站、列车的正常秩序；在铁路线路上放置、遗弃障碍物；击打列车；擅自移动铁路线路上的机车车辆，或者擅自开启列车车门、违规操纵列车紧急制动设备；拆盗、损毁或者擅自移动铁路设施设备、机车车辆配件、标桩、防护设施和安全标志；在铁路线路上行走、坐卧或者在未设道口、人行过道的铁路线路上通过；擅自进入铁路线路封闭区域或者在未设置行人通道的铁路桥梁、隧道通行；钻车、扒车、跳车；从列车上抛扔杂物；在动车组列车上吸烟或者在其他列车的禁烟区域吸烟；强行登乘或者以拒绝下车等方式强占列车；冲击、堵塞、占用进出站通道或者候车区、站台。

（二）《高速铁路安全防护管理办法》相关内容摘录

《高速铁路安全防护管理办法》是为了加强高速铁路安全防护，防范铁路外部风险，保障高速铁路安全和畅通，维护人民生命财产安全，根据《铁路法》《安全生产法》《中华人民共和国反恐怖主义法》《中华人民共和国突发事件应对法》《中华人民共和国网络安全法》和《铁路安全管理条例》等相关法律、行政法规制定的。

《高速铁路安全防护管理办法》一共六章四十四条，主要规定了高速铁路线路安全防护、安全防护设施及管理、运营安全防护和监督管理等方面的内容。适用于设计开行时速 250 km 以上（含预留），并且初期运营时速 200 km 以上的客运列车专线铁路（以下称高速铁路）。

高速铁路安全防护坚持安全第一、预防为主、依法管理、综合治理的方针，坚持技防、物防、人防相结合，构建政府部门依法管理、企业实施主动防范、社会力量共同参与的综合治理格局。

1. 安全防护设施及管理

（1）高速铁路应当实行全封闭管理，范围包括线路、车站、动车存放场所、隧道斜井和竖井的出入口，以及其他与运行相关的附属设备设施处所。铁路建设单位或者铁路运输企业应当按照国家铁路局的规定在铁路用地范围内设置封闭设施和警示标志。

（2）铁路运输企业应当在客运车站广场、售票厅、进出站口、安检区、直梯及电扶梯、候车区、站台、通道、车厢、动车存放场所等重要场所和其他人员密集的场所，以及高速铁路桥梁、隧道、重要设备设施处所和路基重要区段等重点部位配备、安装监控系统。监控系统应当符合相关国家标准、行业标准，并与当地公共安全视频监控系统实现图像资源共享。

客运车站以及动车存放场所周界应当设置实体围墙。车站广场应当设置防冲撞设施，有条件的设置硬隔离设施。

（3）铁路运输企业应当在高速铁路沿线桥头、隧道口、路基地段等易进入的重点区段安装、设置周界入侵报警系统。站台两端应当安装、设置警示标志和封闭设施，防止无关人员进入高速铁路线路。高速铁路周界入侵报警系统应当符合相关国家标准、行业标准。

（4）高速铁路沿线视频监控建设应当纳入当地公共安全视频监控建设联网应用工作体系，并充分利用公共通信杆塔等资源，减少重复建设。

（5）高速铁路长大隧道、高架桥、旅客聚集区等重点区域应当按照国家有关规定设置紧急情况下的应急疏散逃生通道并保证畅通，同时安装、设置指示标识。高速铁路长大隧道的照明设施设备、消防设施应当保持状态良好。

2. 运营安全防护

（1）除生产作业或者监督检查工作需要外，任何人一律不得进入动车组司机室。

进入动车组司机室时，应当严格遵守国家安全管理规定和铁路运输企业安全生产制度。

（2）旅客购买高速铁路列车车票、乘坐高速铁路列车时，应当出示有效身份证件。对车票所记载身份信息与所持身份证件或者真实身份不符的持票人，铁路运输企业有权拒绝其进站乘车，并报告公安机关。

依照有关规定办理的高铁快运，铁路运输企业应当对客户身份进行查验，登记身份信息，并按规定对运送的物品进行安全检查。

铁路运输企业应当为公安机关依法履行职责提供数据支持和协助。

（3）铁路禁止或者限制携带的物品种类及其数量由国家铁路局会同公安部规定。铁路运输企业应当在高速铁路车站、列车等场所对禁止或者限制携带的物品种类及其数量进行公布，并通过广播、视频等形式进行宣传。

（4）铁路运输企业应当依照法律、行政法规和有关规定，承担安全检查的主体责任，设立相应的安检机构和安检场地，配备与运量相适应的安全检查人员和设备设施，对进入高速铁路车站的人员、物品进行安全检查。

从事安全检查的工作人员应当经过识别和处置危险物品等相关专业知识培训并考试合格。安全检查工作人员应当佩戴安全检查标志，依法履行安全检查职责，并有权拒绝不接受安全检查的旅客进站乘车或者经高速铁路运输物品。

（5）铁路运输企业应当按规定配备安保人员和相应设备、设施，加强安全检查和保卫工作。有关重点目标管理单位应当依照《中华人民共和国反恐怖主义法》等相关法律法规的规定，履行防范和应对处置恐怖活动职责，制定建立公共安全视频图像信息系统值班监看、信息保存使用、运行维护等管理制度，落实对重要岗位人员进行安全背景审查，以及对进入重点目标的人员、物品和交通工具进行安全检查等相关工作。

公安机关应当按照法定职责，维护高速铁路车站、列车等场所和高速铁路沿线的治安秩序，依法监督检查指导铁路运输企业治安保卫工作；依法查处摆放障碍、破坏设施、损坏设备、盗割电缆、擅自进入高速铁路线路等危及高速铁路运输安全和秩序的违法行为。

（6）铁路运输企业应当依照有关法律法规和技术标准要求，建立高速铁路网络安全保障体系，落实网络安全管理制度和技术防护措施，制定网络安全事件应急预案，采取有效措施确保网络安全稳定运行，保护旅客、托运人电子信息安全。

（7）铁路运输企业应当遵守消防法律法规规章和消防技术标准，落实消防安全主体责任，制定消防安全制度、消防安全操作规程，配置符合要求的消防设施、器材，设置消防安全标志、组织防火检查，及时消除火灾隐患，制定灭火和应急疏散预案，并定期演练。消防救援机构等相关部门依法履行消防监督管理职责。

（三）《铁路技术管理规程》（简称《技规》）相关内容摘录

《技规》是我国铁路技术管理的基本法规和安全管理的基本依据，其中规定了铁路各部门、各单位从事运输生产时必须遵循的基本原则、工作方法、作业程序和相互关系，确定了铁路技术设备的基本要求和标准，明确了铁路工作人员的主要职责和必须具备的基本条件。各集团公司应根据管内技术设备、作业方法等具体情况，按《技规》的总体要求制定相应的实施细则，如《行规》《站细》等，作为《技规》的补充。

1. 救援设备

在指定地点设事故救援列车、电线路修复车、接触网抢修车，配备应急通信设备，并处于整备待发状态，其工具备品应保持齐全整洁，作用良好。根据运输生产需要，应在无救援列车的二等以上车站成立事故救援队，配备简易起复设备和工具。应急救援指挥中心应建设应急平台，配备相应的应急指挥设施和通信等设备，确保事故现场的图像、话音及数据在规定的时限内传送至应急救援指挥中心。

动车组应配备铁鞋（止轮器），以防止无动力停留时溜逸。在应急状态下，为方便动车组上的旅客换乘或疏散，需使用紧急用渡板、应急梯，故需随车配备。

（1）救援列车。

救援列车是在铁路线路上发生列车脱轨、颠覆和线路水害、塌方等事故时，用以排除线路故障物、起复机车车辆的专用列车。

（2）电线路修复车。

电线路修复车是为了修复自然灾害或其他原因造成的信号、通信电线路损坏而装备的有工具、器材的专用车辆，可编入救援列车开往事故现场。

（3）接触网检修车。

接触网检修车是为了修复电气化铁路接触网断线、电杆及铁塔倒伏、瓷瓶破损等情况而特设的专用车。

（4）铁鞋（止轮器）制动。

① 动车组在车站或区间无动力停留时，停放制动功能正常的动车组在坡度为20‰以下的区间停留时，采用停放制动防溜；在坡度为20‰及以上的区间停留时，须使用铁鞋进行防溜。不具备停放制动功能或停放制动功能出现失效等异常情况的动车组在坡道停放时，使用铁鞋进行防溜；平直道停放时，使用止轮器进行防溜。

② 动车组施加最大常用制动或紧急制动停稳后，方可设置铁鞋或止轮器。进行防溜撤除前，须确认动车组处于制动施加状态。

③ 铁鞋设置时，鞋尖须朝上坡方向并紧贴车轮踏面，鞋底与钢轨平行，避开安装扫石器和撒砂装置的轴侧，设置状态如图 1-2-4 所示。停放制动功能正常的动车组铁鞋设置完毕后，须施加停放制动并直接缓解常用制动或紧急制动，使车轮压实铁鞋；不具备停放制动功能或停放制动功能异常的动车组铁鞋设置完毕后，须采用阶段间歇缓解方式，逐级缓解常用或紧急制动（每级制动间隔 3 ~ 5 s），使车轮压实铁鞋。

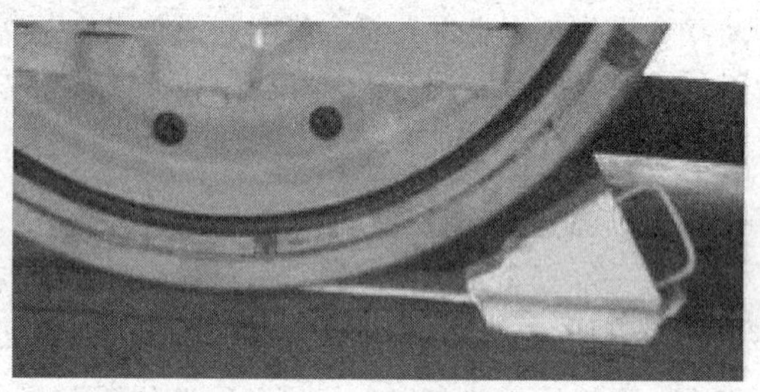

图 1-2-4　动车组铁鞋制动

（5）过渡车钩和专用风管。

使用机车救援动车组时，需使用过渡车钩和专用风管，因此动车组还应配备过渡车钩和专用风管。过渡车钩是在救援和回送时，起连挂机车和动车组作用的部件。在构造上，要求过渡车钩的一侧能连接到动车组前端车钩上，另一侧能与机车连挂。过渡车钩实物如图 1-2-5 所示。机车的制动橡胶软管（列车管）与被救援动车组过渡车钩上的制动橡胶软管对应连接如图 1-2-6 所示。

2. 灾害防护

（1）自然灾害及异物侵限监测系统。

铁路应根据沿线的风速、降雨量、降雪量、地震动峰值加速度、地质条件以及线路环境、设计速度等情况，建立相应的自然灾害及异物侵限监测系统，对风雨雪、地震灾害和异物侵限等实时监测报警或预警。

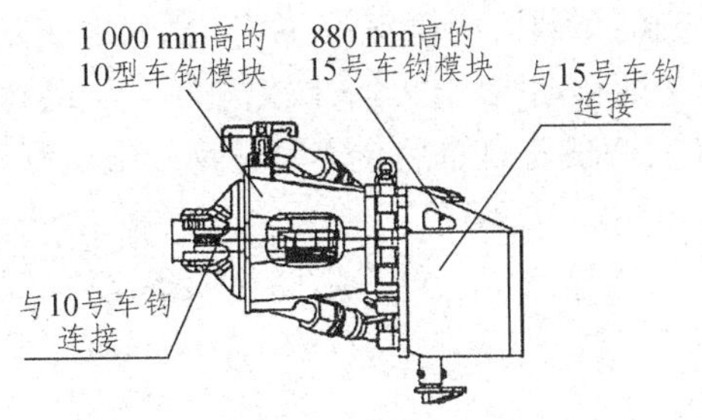

图 1-2-5　过渡车钩

图 1-2-6　风管连接

对于常年大风区段，根据需要设置防风设施。

自然灾害及异物侵限监测系统现场监测设备、基站、区间中继站、无人值守变配电所和紧急疏散通道按规定设置防护设施。

（2）防洪工作。

集团公司应根据历年降雨、洪水规律和当年的气候趋势预测，发布防洪命令，制定防洪预案，汛期前进行防洪检查处理，完成防洪工程和预抢工程，储备足够的抢险材料及机具，组织抢修队伍并进行演练，发动沿线群众建立路地联防机制。加强雨中和雨后的设备检查，严格执行汛期安全行车措施，强化降雨量和洪水位警戒制度、防洪重点处所监护制度。对于防洪重点处所，有条件的应安装自动报警装置。对水流量大、河床不稳定的桥梁，要设置必要的监测装置，建立观测制度，掌握桥梁水文及河床变化情况，及时采取预防和整治措施。汛前，须将防洪重点处所抄送相邻相关集团公司。

一旦发生灾害，积极组织抢修，尽快修复，争取不中断行车或减少中断行车时间。

加强对电子电气设备的雷电防护及电磁兼容防护工作，逐步建立雷电预警系统，减少或防止雷电等自然灾害对设备的影响。

应采用综合接地系统。贯通地线的接地电阻不大于 1 Ω。

3. 行车安全监测设备

铁路行车安全监测设备是保障铁路运输安全的重要技术设备，应具备监测、记录、报警、存取功能，保持其作用良好、准确可靠，并定期进行计量校准。

铁路行车安全监测设备主要包括：机车车辆的车载监测设备，机车车辆的地面监测设备，轨道、通信、信号、牵引供电、电力等固定设备的移动检测设备，线路、桥梁、隧道、通信、信号、牵引供电、电力等固定设备的在线自动监测设备，自然灾害及异物侵限监测系统，列车安全防护预警系统及施工防护设备。

铁路行车安全监测设备应实现信息共享，为运输组织、行车指挥、设备检修、救援及事故分析等提供信息。

（四）《铁路交通事故应急救援和调查处理条例》相关内容摘录

《铁路交通事故应急救援和调查处理条例》是为了加强铁路交通事故的应急救援工作，规范铁路交通事故调查处理，减少人员伤亡和财产损失，保障铁路运输安全和畅通，根据《铁路法》和其他有关法律的规定而制定的。

《铁路交通事故应急救援和调查处理条例》一共八章四十条，主要规定了事故等级、事故报告、事故应急救援、事故调查处理、事故赔偿以及法律责任等内容。

二、高速铁路动态检测技术

检测技术是高速铁路安全运营的基础，静态检测以人工为主，动态检测以机器为主。通过先进的检测技术准确、及时地对高速铁路基础设施、动车组、自然灾害进行检测，将检测信息实时反馈到列车控制系统、控制中心及相关部门，既可保证营运安全，又能及时发现需要维修处所和确定维修时间。

高速铁路动态检测技术包括基础设施、动车组、自然灾害的检测。高速铁路基础设施是指铁路沿线的线路、桥梁、隧道、接触网系统、通信系统和信号系统等固定设施。高速铁路动态检测技术是指以各种车辆、动车组或者轨边设备为载体，通过安装各类传感器、数据采集及分析处理设备、展示及传输设备等对基础设施、动车组运用状态和自然灾害等级进行实时检测的技术。

（一）高速综合检测列车

高速综合检测列车以高速动车组为载体，加装了轨道检测、弓网检测、轮轨动力学检测、通信检测、信号检测等精密测量设备，集成了现代测量、时空定位同步、大容量数据交换、实时图像识别和数据综合处理等先进技术，是为高速铁路安全护航的“体检列车”，是进行铁路基础设施综合检测的重要技术装备，为高速铁路运营安全评估和指导各集团公司的养护维修提供技术支撑。可检测包括轨道、路基、桥梁、隧道、电力牵引供电、通信系统、信号系统、客运服务系统、自然灾害及异物侵限监测系统、综合接地、电磁兼容、振动噪声、声屏障等在内的多个项目。

CRH380A-001 高速综合检测列车由轨道动力学检测车、通信检测车、数据综合处理车、会议车、接触网检测车、生活车、宿营车和信号检测车 8 辆组成，车内设置操作室、卧铺间和会议室等设施，以满足检测、办公和生活的需要。CRH380A-001 高速综合检测列车编组如图 1-2-7 所示。

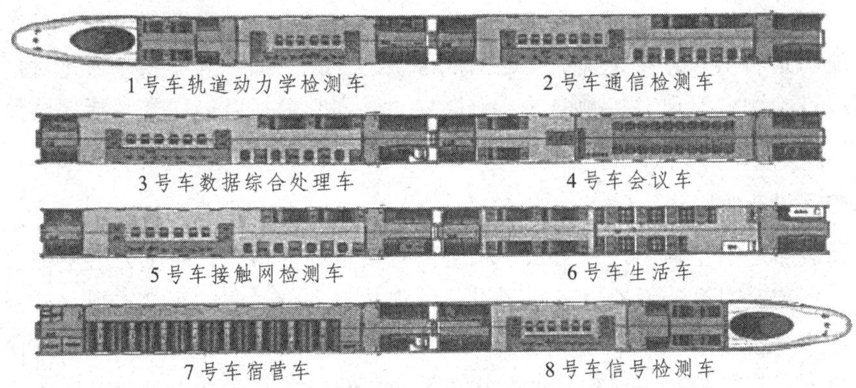

图 1-2-7　CRH380A-001 高速综合检测列车编组示意图

（二）大型钢轨探伤车技术

钢轨探伤车是我国铁路安全保证体系的重要一环，用于检测钢轨内部缺陷，保证铁路行车安全，具有检测速度快、可靠性高、重复性好等优点。

我国钢轨探伤车的发展经历了 GTC-40 型、GTC-60 型、GTC-80 型，其中 GTC-40 型探伤车的检测速度为 40 km/h，GTC-60 型探伤车的检测速度为 60 km/h，GTC-40 型和 GTC-60 型探伤车仅具有超声检测功能，采用探伤小车的安装方式。GTC-80 型钢轨探伤车应用了新的车辆系统，配备有超声波探伤检测系统、轨道巡检系统和钢轨轮廓检测系统，最高检测速度达到 80 km/h，采用转向架的安装方式，可以对钢轨内部伤损、钢轨表面擦伤、扣件缺陷、钢轨垂直磨耗、钢轨廓形等进行在线检测。

（三）综合巡检技术

铁路线路综合巡检是指通过设计和制造自动化装备来替代人工视觉对线路关键目标特征可能出现的外观异常进行巡视检测的应用技术。

1. 轨道巡检

轨道巡检主要针对轨道中存在的钢轨表面擦伤、扣件异常、轨枕掉块、轨道板裂纹及线路异物等现象进行检测。

2. 钢轨轮廓检测

钢轨轮廓检测由图像采集模块、图像处理数据分析模块和处理结果展示模块等模块组成，可用于测量从轨底到钢轨顶面的整个钢轨轮廓，并计算钢轨垂直磨耗、侧面磨耗、总磨耗，可以针对经钢轨轮廓面调制的光条纹高分辨率图像，进行实时采集、处理并快速高效识别特征值。

钢轨轮廓检测技术对于钢轨磨耗的定期监测、安全预警、换轨备轨计划都具有非常重要的参考意义。

3. 接触网巡检

接触网巡检系统基于高速铁路供电设备综合检测监测系统中对接触网悬挂状态的自动检测功能要求，实时采集接触网接触悬挂系统关键设备及零部件的高清图像，分析接触网部件状态的特征，通过图像信息挖掘实现对线夹脱落、绝缘子破损、吊弦偏斜等常见接触网零部件缺陷的智能识别和状态评判，识别接触网部件状态变化、损伤和异物。通过对接触网零部件实施高清成像检测，实现对接触网的高效巡检，全面掌握接触网状态，指导消除接触网故障隐患。

4. 轨旁信号设备巡检

随着高铁线路运营里程的快速增长，轨旁信号设备的巡检工作量也大大增加。电务轨旁设备外观巡检系统是对高速铁路电务轨旁设备外观状态进行检测的车载式视觉检测系统。轨旁信号设备巡检系统主要包括图像采集单元，补光光源单元，数据采集、传输和存储单元以及同步触发单元几个部分。在巡检车运行状态下完成对电务轨旁设备的数字成像，并实时将图像数据与线路里程信息关联，获得完整的电务轨旁设备图像数据。

5. 动车组运行安全检测

动车组运行安全检测包括车载安全检测设备和地面安全检测设备。车载设备主要是指故障预测与健康管理系统，用于对运行中的高速列车系统及关键部件健康监测、在线故障诊断、预测及健康管理，是提升高速列车安全保障能力、降低运维成本、提高运营效率的重要途径，也是智能动车组持续发展的主流趋势；地面设备主要指动车组运行故障图像检测系统，可对运行中的动车关键部件进行动态检测。

动车组运行故障图像检测系统是集高清图像采集技术、大容量图像数据实时处理技术、精确定位技术、图像识别技术、网络技术以及自动控制技术于一体的智能监测系统，其目的是对动车组的外观及走行部进行动态可视化检测，是动车组安全运行保障设备的有效技术手段。通过在轨边安装线阵高速摄像机，采集动车组车体底部、车体两侧裙板、车辆连接装置、转向架等可视部位图像，实时传输至监测中心，并采用图像自动识别技术，对图像进行异常分析和分级预警，经监测人员技术研判后，决定处理对策。通过动态实时检车功能可以实时掌握动车组运行状态，采集到的图片、数据将走行部等关键行车部件的实时状况及时反馈给动车所，使地面检修人员能在动车组未进库之前就准备充分，从而减轻作业压力，加快检修进度。

动车组运行故障图像检测系统组成如图 1-2-8 所示。

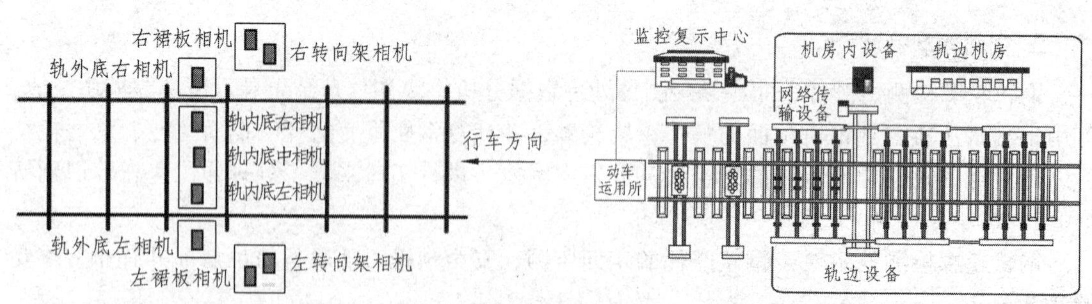

图 1-2-8　动车组运行故障图像检测系统组成

6. 自然灾害检测技术

我国国土面积辽阔，地区自然条件差异较大，自然灾害呈现种类多、频率高、区域性和季节强等特点。高速铁路自然灾害与异物侵限监测系统是保证高速列车行驶安全的重要装备之一。灾害监测系统对高速铁路沿线风、雨、雪、地震及上跨铁路的道路桥梁的异物侵限进行实时监测，为调度指挥及维护管理提供报警、预警信息，有效防止或减少灾害对高速铁路列车运行安全的影响。

异物侵限现场采集设备如图 1-2-9 所示。

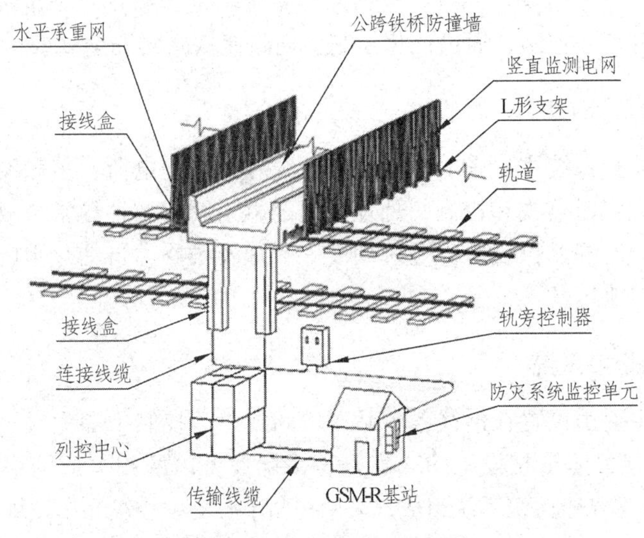

图 1-2-9　异物侵限监测设备

三、高速铁路运营安全保障系统

高速铁路运营安全保障系统包括列车运行控制系统（CTCS）、环境与设备监控系统、综合监控系统及高速铁路调度指挥系统。

（一）列车运行控制系统

列车运行自动控制系统是高速度、高密度铁路运输的安全保证。中国列车运行控制系统（CTCS）的基本功能是在不干扰机车乘务员正常驾驶的前提下有效地保证列车运行安全。CTCS 的目标是保障行车安全，主要体现在防止列车超过进路允许速度、防止列车超过线路结构规定的速度、防止列车超过机车车辆构造速度、防止列车超过临时限速及紧急限速和防止列车超过铁路有关运行设备的限速等方面。

CTCS 网络分布在系统的各个层面，通过有线和无线通信方式实现数据传输。地面设备层主要包括列控中心、轨道电路和点式设备、接口单元、无线通信模块等。列控中心是地面设备的核心，根据行车命令、列车进路、列车运行状况和设备状态，通过安全逻辑运算，产生控车命令，实现对运行列车的控制。车载设备层是对列车进行操纵和控制的主体，具有多种控制模式，并能够适应轨道电路、点式传输和无线传输方式。车载设备层主要包括车载安全计算机、连续信息接收模块、点式信息接收模块、无线通信模块、测速模块、人机界面和记录单元等。

（二）环境与设备监控系统

高速铁路车站及沿线分布着众多各类机电设备，它们为高速铁路的安全运营和营造舒适的乘车环境提供了保证。各种机电设备种类和数量众多、分布广，控制要求复杂。高速铁路环境与设备监控系统，采用现代计算机控制和网络技术对高速铁路隧道通风系统、空调通风系统、空调水系统、车站给排水系统、车站照明系统、电扶梯系统和车站导向标志系统等机电设备进行自动化管理和控制，通过优化控制实现高速铁路的安全高效运行。

（三）电力监控系统

高速铁路电力监控系统主要是对高速铁路全线各类变配电所、接触网等电力设备运行情况进行分层分布远程实时监视和控制，处理供变配电系统的各种异常事故及报警事件，保障系统的正常运行，同时提升供变配电系统调度、管理及维修的自动化程度，提高供电质量，保证系统安全、可靠地运行。

（四）火灾自动报警系统

火灾报警系统主要由设置在沿线各车站、区间隧道、控制中心大楼、停车场、主变电站等与高速铁路运营有关建筑与设施的火灾报警系统设备以及相关的网络设备和通信接口组成，一般由中央级和车站级两级系统组成，采用控制中心的中控级和车站级两级监控管理方式。

车站控制及火灾自动报警系统包括车站火灾报警控制器、图形显示终端和本管辖区域内的各种探测器、手动报警按钮、电话插孔、消防专用电话、控制联动设备、信号输入和信号输出模块等现场设备。

（五）高速铁路调度指挥系统

我国高速铁路调度指挥系统涉及运输组织、机车车辆、通信信号、供电、安全监控、维护救援、旅客服务等多个方面。高速铁路调度指挥系统设有计划调度子系统、运行管理调度子系统、动车组调度子系统、综合维修调度子系统、供电调度子系统和旅客服务调度子系统，业务管理按时间进程分为基本计划层、实施计划层和调度指挥层三个层次。

（六）复兴号智能动车组智能运维系统

复兴号智能动车组智能便捷的运维系统不仅能够提供智能化的旅客服务，还能够实现智能运维。列车应用车载安全监测系统、车载故障预测和健康管理系统，不仅能够实时监测车辆各系统状态，还可以通过构建“车-地”一体的大数据分析平台，实现列车故障预警预判、数据汇总存储和健康状态评估，仿佛带着“随车医生”，为旅客出行保驾护航。列车监控室实现多屏合一，可同时监测多项列车数据，通过列车网络和车厢视频的联动功能，当发生烟火、超员、旅客触发紧急按钮、车门异常等报警时，可通过车厢视频联动报警快速确认和处置故障，对故障信息提前预警预判，减小隐患，提高了列车途中故障处置的效率。随车机械师手持移动终端设备，可通过局域网实时获取列车网络数据，提升日常巡检和应急处置效率（见图 1-2-10）。

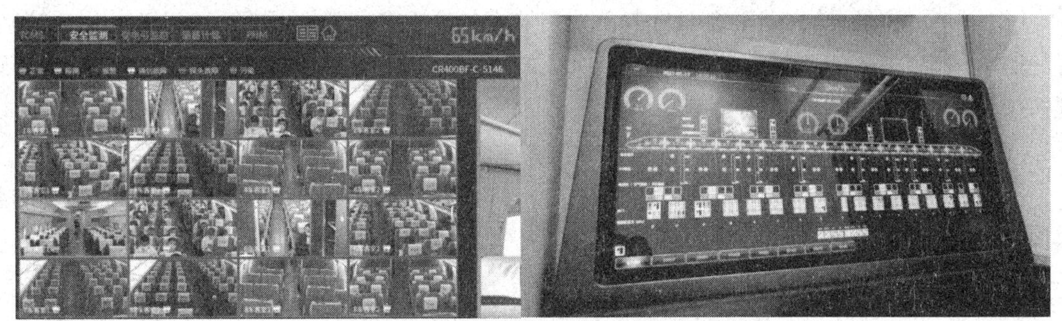

图 1-2-10　列车监控

四、高速铁路事故应急救援

高速铁路交通事故应急救援的作用是科学规范灾害事故发生时的救援抢修和突发事件出现时的应急处置方法和程序。在高速铁路运营系统遭遇自然灾害或突发事件时，通过应急救援技术及系统向上级报告、向下级发出救援指令，指挥组织救援并协调地方救援力量。防止人员伤亡和财产损失的扩大，减少对运输秩序的影响，尽快恢复正常的运营秩序。

我国自主研发生产的标准动车组实现了不同系列动车组之间的互联互通。CR400AF 型动车组救援转换装置不仅可实现不同动车组车型之间互相救援，还可以被机车救援。动车组救援其他车辆时，救援转换装置实时读取自身电气制动指令，转换为对应的列车管所需压力（简称 BP 压力）。当动车组被救援时，救援转换装置将 BP 管压力转换为动车组可执行的电气制动指令，进而实现被救援功能。

（一）复兴号 CR400AF 型动车组救援操作方法及步骤

（1）救援动车组司机操作动车组进入连挂线路，距离被救援动车组大于 10 m 停车；打开连挂端车头的前端罩盖，确认电钩处于缩回状态。

（2）头罩打开后，须将司机室配电盘 2 内的联解控制断路器断开，同时将连挂端头车司机室转换开关盘 2“司机警惕旁路”开关右旋至隔离位（如果头罩盖无法正常打开，可以使用列车分合控制盘内的开关来打开头车罩盖）。

（3）被救援车辆准备为 BP 救援状态，确认被救援车辆 10 号车钩状态，车钩处于准备连挂位置且基本处于轨道的中心位置，并安装上车钩导向杆，确认被救援动车组连挂准备就绪。

（4）动车组以 2 km/h 以下的速度与被救援车辆连挂，连挂后确认连挂车钩状态，连挂牢固，动车组断电，拔取主控钥匙。

（5）合上连挂端司机室配电盘 2 内的救援装置断路器，司机室配电盘 3 内 BP 救援转换开关置“救援”位置。

（6）在非连挂端投入主控钥匙，施加停放制动，司机手柄置制动位（B4 或 B4 以上制动位），按压“紧急复位”按钮，确认紧急制动缓解。

（7）救援动车组司控器手柄置 0 位，通过 BP 管给被救援车辆 BP 管充风，当 HMI（人机界面）显示屏显示 BP 管压力达到（600±20）kPa 时，确认被救援车辆缓解，10 号车钩连接部位无漏风现象。

（8）救援动车组操作动车组司机制动控制器手柄依次进行从“0”到 EB、EB 到“0”位置的制动试验，动车组应分别产生 1 至 7 级、EB 位相应的制动，通过 TCMS（列车控制和管理系统）监控屏确认动车组监控 BP 压力。

（9）缓解停放制动，动车组司控器手柄置“0”位置，确认被救援车辆缓解。

（10）动车组以不高于 2 km/h 的速度牵引，然后施加常用制动，确认被救援车辆产生制动作用后停车。

（二）复兴号 CR400AF 型动车组被救援操作方法及步骤

（1）施加停放制动，确认动车组 MR 压力（主风管压力）须在 600 kPa 以上。

（2）打开连挂端车头的前端头罩，确认电钩处于缩回状态，并安装上车钩导向杆。

（3）头罩打开后，须将司机室配电盘 2 内的联解控制断路器断开，同时将连挂端头车司机室转换开关盘 2“司机警惕旁路”开关右旋至隔离位。

（4）确认动车组的两个受电弓处于降下的状态。

（5）操作动车组司机制动控制器手柄依次进行从“0”到 EB、EB 到“0”位置的制动试验，被救援动车组应分别产生 1 至 7 级、EB 位相应的制动，通过 HMI 显示屏确认动车组监控 BP 压力。

（6）救援动车组司控器手柄置“0”位置，确认被救援车辆缓解。

（7）救援动车组准备动车前，被救援动车组缓解停放制动。

（8）救援动车组以不高于 2 km/h 的速度牵引，被救援动车组能够正常动车；救援动车组施加常用制动，确认被救援动车组产生制动停车。

（三）动车组救援作业分工

1. 随车机械师

负责过渡车钩和专用风管的拆装，电气连接线的连接与摘解，动车组截断塞门操作，车门开关，连挂状态确认，开闭机构手动操作，连挂、解编作业中其他开关操作，运行途中动车组状态监控等。

2. 动车组司机

动车组司机负责连挂端激活（退出）、司机室占用，操作受电弓、主断路器、司机警惕装置、车载列控设备，自动开启头罩，牵引制动试验。运行中监控总风压力、蓄电池电压及列车运行状态，并配合随车机械师安装与拆卸车钩和专用风管。

五、动车组列车脱轨事故应急处置

动车组列车发生脱轨事故后，司机应立即报告调度员或就近车站值班员，并用列车无线通信设备通知后续列车和邻线列车。

动车组列车救援起复原则：拉复为主，顶复为辅，非常情况下经局集团公司现场指挥批准，确认现场条件允许后方可吊复。

（一）拉复起复法

1. 适用范围

动车组两端转向架轮对脱轨后距基本轨较近（不超过 260 mm），且车辆未颠覆，线路基本条件良好时，应选择拉复法进行起复作业，原则上不需动车组解编。动车组中部车辆脱线或动车组在道岔、桥梁脱线后脱线轮对距基本轨不超过 260 mm 时，也应采用拉复作业方案，但应根据脱线情况将妨碍救援的其他车辆解开后进行拉复。

2. 必备工具

组合式复轨器 1 对、30 t 千斤顶 2 个、套钩 1 对、$\phi 50 \times 15$ m 钢丝绳 1 根或 20 t × 15 m 尼龙绳 1 根、动车组过渡车钩 1 个、200 mm × 300 mm × 10 mm 铁垫板 4 块、40 t 气袋（含上下垫板）、棘轮套筒扳手 2 套。

3. 起复方法

（1）动车组前轮或前转向架车轮脱轨。

第一步：将影响起复的车辆两侧裙板及有可能妨碍作业的零部件拆下。

第二步：空隙足够时利用千斤顶（空隙不够时利用气袋或气袋与千斤顶结合使用），将动车组的落地部分顶起，填充石砟或钢垫板至高度满足安置复轨器需要。

第三步：在脱轨轮反方向安置组合式复轨器，拆除千斤顶或气袋，利用动车组动力或其他动力按图 1-2-11 所示方向进行拉复。拉复前应注意排障器、扫石器、各感应器是否影响救援，必要时拆除。

第四步：复轨后，拆卸组合式复轨器。必要时可拆除排石器或感应器，清除石砟或钢垫板。

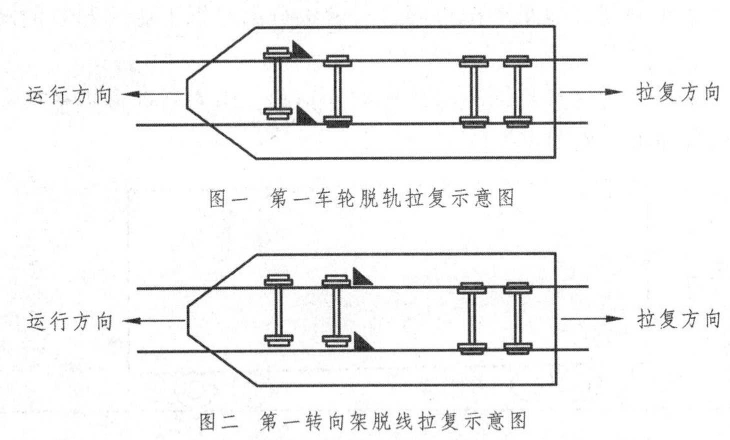

图 1-2-11　动车组前轮或前转向架车轮脱轨起复

（2）动车组列车在道岔和辙岔心等处所脱轨。

当动车组列车在道岔和辙岔心等处所脱轨时，脱轨情况符合拉复允许条件时，可利用辙岔心间隔铁或道岔复轨器，采用拉复起复法（见图 1-2-12）。但起复过程中所挤道岔必须处在自由位，以防车轮复轨后挤坏道岔。

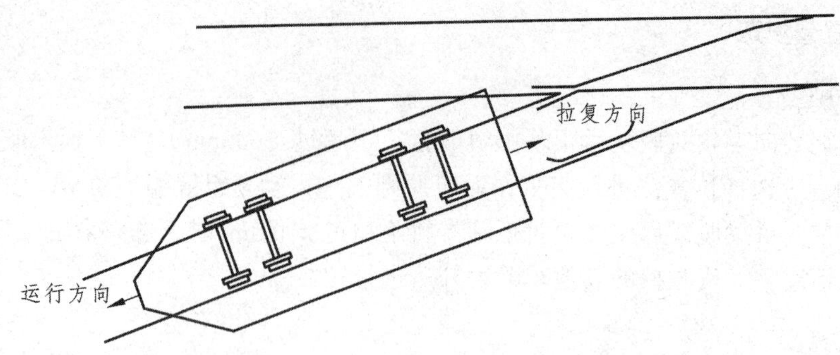

图 1-2-12　利用辙岔心间隔铁拉复

（二）顶复起复法

1. 适用范围

在桥梁上和其他不适用拉复法作业，脱线距离大于 260 mm，且车辆未颠覆、线路基本条件良好时。

2. 必备工具

液压复轨器、30 t 千斤顶 2 个、不小于 200 mm × 300 mm × 10 mm 铁垫板 4 块、40 t 气袋（含上下垫板）、棘轮套筒扳手二套。

3. 起复方法

当动车组列车轮对、转向架脱轨时，首先查看脱轨情况，符合顶复允许条件时，可采用顶复起复法。

第一步：将事故车辆与其他车辆按程序进行解编分离，拆下影响起复的动车组两侧裙板和零部件。

第二步：利用千斤顶或气袋将动车组落地部件顶起，填充石砟或钢垫板，高度满足安置液压复轨器起复设备即可（见图 1-2-13）。

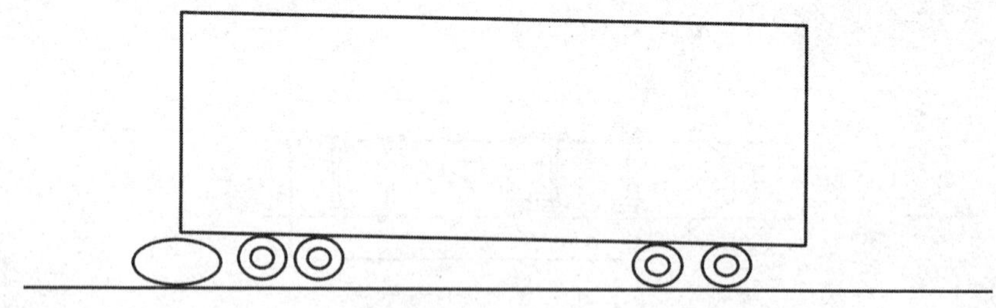

图 1-2-13　利用气垫将动车组落地部分顶起抬高

第三步：使用液压复轨器或液压起复设备起复前，将千斤顶或气袋撤除，方可进行顶复作业（见图 1-2-14）。

第四步：如发生一台转向架两根轴同时脱线的情况，应根据实际情况采用单轴复轨或用双轴交叉顶复的办法复轨。

第五步：对于脱线车轮和基本轨距离较远的情况，可采用分多次横移复轨的方式。

第六步：复轨后，拆卸单缸便携式复轨器，清除石砟或钢垫板。

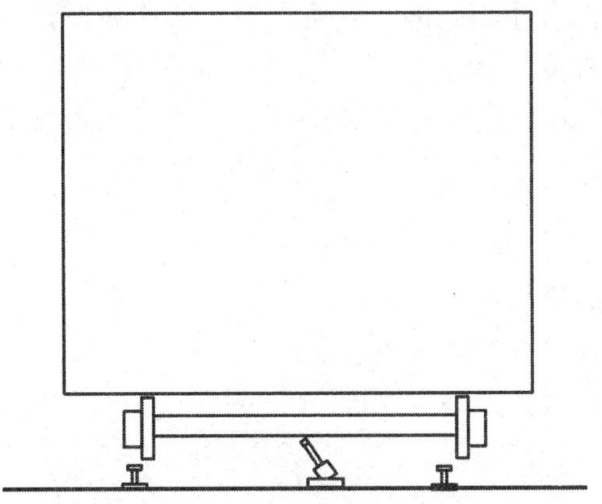

图 1-2-14　利用单缸便携式复轨器顶复

在进行顶复作业时应随时注意起复车辆，如有发生倾倒的危险，应立即停止作业，将起复车辆扶正后再行作业。

（三）吊复起复法

1. 使用范围

当动车组列车发生轮对脱轨距离较大、车辆倾斜颠覆事故，不能实施拉复、顶复作业时，应尽快采取吊复法处理，确保以最短的时间开通线路。

2. 起复方法及步骤

第一步：将事故车辆与其他车辆按程序进行解编分离。

第二步：将影响起复的动车组车辆两侧裙板和零部件拆下。

第三步：根据现场事故车辆脱轨情况和现场环境状况，救援起重机选择合适位置定位、打好支腿、挂均衡梁，单端吊复使用 2 根 20 t×4 m 吊带，整体吊复使用 4 根 20 t×10 m 吊带。

（四）起复作业中安全注意事项

（1）动车组车辆严禁吊车钩。

（2）动车组拉复时，必须使用过渡钩。无法使用过渡钩使用其他方法拉复时，必须征得现场指挥准许。

（3）在顶复时应在一端复轨后再起复另一端，禁止事故车两端同时顶复作业。

（4）吊复作业时，必须使用专用吊带，并做好安全防护。当两台起重机同时吊复一台事故车时，吊点必须选在救援承吊处。

任务实施

1. 任务准备

（1）设备准备：仿真高速铁路旅客运输安全保障相关设备、实训室，专业训练服（可着正装）。

（2）实训资料准备：实训任务单、相关规章、教材等。

（3）情景准备：实训前各小组查阅、收集资料，选择高速铁路列车途中运行情景，情景中包括高速铁路客运服务相关人员。

（4）人员准备：实训分小组进行，每组 6～8 人，每个小组做好人员分工。

2. 实施步骤

（1）熟知高速铁路客运安全相关规章制度。

（2）了解高速铁路动态检测技术。

（3）了解高速铁路运营安全保障系统。

（4）组内互查，教师总结并评分、评价。

3. 任务单

<table>
<tr><td>训练名称</td><td colspan="3">高速铁路旅客运输安全保障体系认知训练</td></tr>
<tr><td>班　级</td><td></td><td>姓　名</td><td></td></tr>
<tr><td colspan="4">1. 熟知高速铁路旅客运输安全规章制度</td></tr>
<tr><td colspan="4">2. 认知高速铁路旅客运输安全动态检测设备</td></tr>
<tr><td colspan="4">3. 认知高速铁路调度指挥系统</td></tr>
<tr><td colspan="4">4. 认知高速铁路事故应急救援</td></tr>
<tr><td colspan="4">任务总结：</td></tr>
</table>

4. 效果评价

<table>
<tr><td rowspan="5">小组评价</td><td>项目</td><td>A—优</td><td>B—良</td><td>C—中</td><td>D—及格</td><td>E—不及格</td><td>综合</td></tr>
<tr><td>熟知规章（15%）</td><td></td><td></td><td></td><td></td><td></td><td rowspan="7"></td></tr>
<tr><td>设备认知（15%）</td><td></td><td></td><td></td><td></td><td></td></tr>
<tr><td>救援认知（20%）</td><td></td><td></td><td></td><td></td><td></td></tr>
<tr><td>团队合作（10%）</td><td></td><td></td><td></td><td></td><td></td></tr>
<tr><td rowspan="3">教师评价</td><td>保障体系认知（20%）</td><td colspan="5"></td></tr>
<tr><td>任务单（20%）</td><td colspan="5"></td></tr>
<tr><td>教师签名</td><td colspan="5"></td></tr>
</table>

任务三　高速铁路站、车客运作业安全管理

任务引入

高速铁路客运作业要求防火防爆、人身安全、食品安全、现金票据、结合部等方面的安全管理制度健全有效。要求能安全使用电源，正确使用电气设备。电气元件安装牢固，接线及插座无松动，按钮开关、指示灯作用良好；不乱接电源和增加电气设备，不超过允许负载。配电室（箱）、电气控制柜锁闭，无堆放物品。不用水冲刷车内地板、连接处和车内电气设备。

请思考：如何做好旅客运输安全管理工作？

相关知识

一、高速铁路车站客运作业安全管理

（一）高速铁路车站客运作业安全管理要求

1. 安全制度管理

安全制度健全有效，安全管理职责明确，能满足安全生产需要。

（1）有安全生产责任制、安全检查和安全质量考核、劳动安全、消防管理、食品安全、设施设备、安检查危、实名验证、结合部、现金票据安全、站台作业车辆安全、旅客人身伤害处理等相关的管理制度和办法。

（2）有旅客候车、乘降、进出站、高铁快运保管和装卸等相关的安全防范措施。

（3）与保洁、商业、物业、广告、安检、高铁快运等结合部间有安全协议。

（4）有恶劣天气、列车停运、大面积晚点、启动热备车底、突发大客流、设备故障、客票（服）系统故障、火灾爆炸、重大疫情、食物中毒、作业车辆（设备）坠入股道、旅客人身伤害等非正常情况发生时的应急预案。

2. 安全设备设施管理

安全设备设施配备齐全到位，作用良好。

（1）按规定配备危险品检查仪、安全门、危险品处置台、手持金属探测器、防爆罐等安全检查设施设备，设备要能正常启用，显示器要能满足查验不同危险品的需求。危险品检查仪、安全门、危险品处置台、防爆罐设在旅客进站流线、高铁快运营业场所适当位置，不影响旅客通行。

（2）按规定配备消防设备、器材，定期检测维护，合格有效。

（3）应急照明系统覆盖进出站、候车、售票、站台、天桥、地道等处所，状态良好。

（4）有喇叭、手持应急照明灯具、应急车次牌、隔离设施等应急物品，定点存放。有应急食品储备或定点食品供应商联系供应机制。

（5）安全标志使用正确，位置恰当，便于辨识。电梯、天桥、地道口、楼梯踏步、站台有引导、安全标志。落地玻璃前有防撞装置和警示图形标志。

（6）梯、天桥、楼梯悬空侧按规定设置防护装置，高度不低于 1.7 m。

3. 安全检查管理规定

（1）开启的危险品检查仪数量满足旅客进站需求。

（2）旅客人人通过安全门和手持金属探测器检查，携带品件件过机。安检口外开设的车站小件寄存处对寄存物品进行安全检查。

（3）安检人员持证上岗，佩戴标志。

（4）对于检查发现和列车移交的危险物品、违禁品，按规定处理。

4. 站区实行封闭式管理

旅客进出站乘降有序，站内无闲杂人员。进出站通道流线清晰，有管理措施。站台两端设置防护栅栏并有“禁止通行”或“旅客止步”标志。夜间不办理客运业务时，可关闭站区相应服务处所，但应对外公告。疏散通道、紧急出口、消防车通道等应有专人管理，无堵塞。

5. 站台的作业车辆及移动小机具、小推车安全管理

站台的作业车辆及移动小机具、小推车不影响旅客乘降，不堵塞通道，不侵入安全线；应停放在指定位置，与列车平行，有制动措施；行驶或移动时，不与本站台的列车同时移动，不侵入安全线，速度不超过 10 km/h。无非作业车辆进入站台。

6. 安全培训管理

人人通过生产作业、消防、电器、电气化、卫生防疫、劳动人身等安全培训，特定岗位工作人员按规定通过相应岗位安全培训。安全培训要有计划，有记载，有考核。

（二）车站客运岗位安全风险控制措施

车站客运岗位安全风险控制措施如表 1-3-1 所示。

表 1-3-1　车站客运岗位安全风险控制措施

岗位	安全风险控制措施
通用	1. 按照规定时间签认电报，及时传达相关内容，确保各项工作落实到位。 2. 日常加强对安全警示标识、广播宣传、屏显揭示、照明设备加强巡视，发现问题及时汇报并妥善处置。 3. 对管辖客运服务设备设施进行巡视检查，排除旅客伤害隐患，对缺失、不准确标识联系相关部门进行修复。 4. 按照冬季作业标准，落实防冻、防滑措施。 5. 严格落实安全卡控措施，在日常作业中，严禁湿抹布擦拭电气设备、电源插座及湿手开关电器设备。 6. 日常加强巡视，了解消防设施、器材状态，发现锈蚀、污染、配件缺失、状态不良等问题及时报告车间，确保能够正常使用。 7. 日常加强巡视，严禁使用电炉，私拉乱接电线。 8. 严禁使用明火。按照国家标准使用相关设备。严禁更衣室、休息室、工具箱内私自存贮可燃物品，对区域管辖区域进行检查，对存在的物品及时进行清理

续表

岗位	安全风险控制措施
安检	1. 安检人员持证上岗，按要求执行查危制度。 2. 凡进站人员必须接受安全检查，未接受检查的人员严禁进站。 3. 认真进行安全检查，避免危险品进站上车。 4. 旅客携带品做到件件过机检查或开包检查，禁止携带易燃易爆品进站。 5. 按规定放置没收的危险品。 6. 认真对当日安检工作进行数据统计和开展查获物品的移交、处理工作
售票	1. 按照车厢定员发售车票，确保列车运行安全。 2. 按照规定落实请领、保管、使用、交接制度。售票窗口抽屉离人落实加锁制度，将票款、票卷及时锁入保险柜内，票据、票款柜做到人离加锁。针对售票室、票据库安全、消防、报警设施进行巡视检查，确保能够正常使用。 3. 严禁闲杂人员出入售票室、票据库、补票室
验证口	1. 杜绝无票人员进入站区范围。 2. 严格落实验证验票制度，对票、证、人不一致的旅客拒绝其进站
检票口	1. 站台工作人员通知检票口开始检票后，检票口工作人员方可开始检票。 2. 保证旅客进站及乘降秩序，及时出务加强旅客疏导，遇多趟列车集中到达时，要开齐检票口。 3. 检票口在停检作业完毕后，保证检票口门封闭，防止旅客闯下站台造成安全隐患。 4. 遇列车临时变更股道或调整检票口时，原检票口须留人对旅客进行宣传引导，并利用小区广播宣传引导旅客。 5. 接到高铁快件作业的列车，提前开启通道，并保证乘梯安全。 6. 列车停检后，严禁放行赶车旅客
扶梯值守	1. 严格落实扶梯巡视制度，对扶梯运行情况、语音提示音等设备认真检查，并将运行实际情况按规定进行登记。 2. 遇运行故障时，及时进行保修，如果影响使用要及时设立围挡，并宣传引导旅客暂不能使用，同时在报修台账上做好登记，故障修复后及时销号。 3. 遇客流高峰时，扶梯值守人员应加强对旅客乘梯安全的宣传防护，对不符合乘梯条件的旅客要及时引导其乘坐直梯。 4. 客流较大时还应确保乘梯旅客做到“单人单梯”，必要时扶梯值守人员应对乘梯旅客限流，以免因乘梯旅客较多，电梯超载发生踩踏、摔伤事件
站台	1. 做好互控，发现无票人员进入站台及时将其清理出站，保证安全。 2. 遇乘坐轮椅旅客，做好安全提示，让其不要侵入安全线，引导旅客到相对应的车厢位置候车，列车进站前轮椅要处于刹车状态。 3. 组织旅客乘降过程中要本着先下后上的原则，组织上车旅客在车厢门口排好队，待下车旅客下车后再组织上车旅客有序上车，保证旅客乘降安全。 4. 列车启动时，站台工作人员要注意站台动态，防止有人抓车，扒车。 5. 对带小孩和侵入安全线旅客，要加强宣传，做好安全提示工作

续表

岗位	安全风险控制措施
给水	1. 按规定佩戴、使用防护用具。 2. 危险作业现场加强检查监控及小组互控。 3. 严格按要求落实电气化区段相关作业标准；严格落实电气化区段人身安全的各项要求。 4. 横过线路时，确认机车车辆暂不移动后迅速通过，并注意脚下障碍物。 5. 横越有机车、车辆停留的线路时，必须先确认机车、车辆暂不移动，然后在距该机车、车辆较远处通过。 6. 严禁抢越线路
综控	1. 盯控高铁站台全无线红外报警系统，发生报警及时通知现场处置。 2. 发生异常情况及时通知车站行车部门或集团公司客服调度。 3. 对变化内容已生成的计划进行核对，确保计划准确。 4. 严格落实设备巡视制度，加强对检票口显示屏信息的核对工作，有误时及时与集控室做好核对更改。如遇设备故障及时进行维修并做好登记

二、动车组列车客运作业安全管理

（一）动车组列车服务设施安全管理

（1）出、入动车所前，由车辆、客运人员对上部服务设施状态进行检查，办理一次性交接；运行途中，发现上部服务设施故障时，客运乘务人员立即向列车长报告，并通知随车机械师共同确认、处理。

（2）安全使用电源，正确使用电气设备。电气元件安装牢固，接线及插座无松动，按钮开关、指示灯作用良好；不乱接电源和增加电气设备，不超过允许负载。配电室（箱）、电气控制柜锁闭，无堆放物品。不用水冲刷车内地板、连接处和车内电气设备。

（3）餐车配置的微波炉、电烤箱、咖啡机等厨房电器的数量、规格和额定功率符合规定，规范使用，使用中有人监管，用后清洁，餐车离人断电。

（二）车门安全管理控制措施

1. 车门安全管理要求

（1）列车到站停稳后，司机或随车机械师开启车门，并监控车门开启状态。开车前，列车长（重联时为运行方向前组列车长）接到车站与客运有关的作业完毕通知后，按规定通知司机或随车机械师关闭车门。

（2）动车组列车停靠低站台时，到站前乘务人员提前锁闭辅助板指示锁并打开翻板，开车后及时将翻板及辅助板指示锁复位。

（3）餐车上货门仅供餐车售货人员补充商品、餐料时使用，无旅客乘降。

（4）列车运行中，车门、气密窗锁闭状态良好。定期巡视，保持通道畅通。发现车门未锁闭或锁闭状态不良时，指派专人看守，并及时通知随车机械师处理。

2. 车门联控

（1）列车到站停稳后，司机集控开启车门。

（2）开车前，列车长（重联时为运行方向前组列车长）接到本列和车站旅客乘降及客运有关作业完毕的通知后，按规定通知司机关门开车。

3. 安全宣传与提示

（1）通过广播和人工宣传提示车门旁站立旅客不要倚靠车门和触碰车门解锁装置。列车始发开车前、途中每站开车后播放旅客乘车安全常识。各类安全标识设置齐全、规范。

（2）动车组车门关闭前，利用广播提示旅客“车门即将关闭，请注意安全”。途中各站关门前，确认站台门与站台边缘无人后，联控司机关闭车门。

（3）遇车门故障隔离时，在故障车门处加装防护网，到站前引导旅客提前向邻近车门等候。

（4）遇空调故障时，需挂网通风，列车利用广播和乘务员口头宣传，提示旅客不要靠近车门，指定人员做好防护并注意自身安全。

（5）《高铁乘车安全指南》含旅客乘车安全宣传内容，商务、一等座定员摆放，二等座每排 2 本。

4. 巡视检查

（1）每站开车后，乘务人员重点检查车门设备状态，确认列车运行中车门锁闭状态良好。

（2）发现车门未锁闭或锁闭状态不良时，指派专人防护看守，并及时通知随车机械师处理。

（3）对故障车门做好防护及宣传工作，引导旅客从邻近车门下车。

5. 车门紧急开关管理

（1）熟练掌握车门紧急开关的方法。

（2）利用广播及乘务员口头宣传，使乘客远离车门紧急开关。

（3）巡视中检查车门紧急解锁开关状态，确认防护罩是否完好。

（三）乘降安全管理控制措施

1. 乘车安全管理要求

（1）安全标志设置齐全、规范，符合标准。采用广播、视频、图形标志、服务指南等方式，宣传安全常识和车辆设备设施的使用方法，提示旅客遵守安全乘车规定。部分安全标志如图 1-3-1 所示。

图 1-3-1　动车组列车部分安全标志

（2）运行中做好安全宣传和防范，车内秩序、环境良好，无闲杂人员随车叫卖、拣拾、讨要。发现可能损坏车辆设施和影响安全、文明的行为时要及时制止。

（3）全列各处所禁止吸烟，应加强禁烟宣传，发现吸烟行为及时劝阻，并由公安机关依法查处。

（4）行李架、大件行李存放处物品摆放平稳、牢固、整齐。大件行李放在大件行李存放处，不占用席（铺）位，不堵塞通道。锐器、易碎品、杆状物品及重物等放在座（铺）位下面或大件行李存放处。衣帽钩限挂衣帽、服饰等轻质物品。使用小桌板时不超过其承重范围。

（5）发现旅客携带品可疑及无人认领的物品时，配备乘警（或列车安全员，下同）的列车通知乘警到场处理；未配备乘警的则由列车长按规定处理，对危险品做好登记、保管及现场处置，并交前方停车站（公安部门）处理。

2. 误乘越站漏乘防控措施

（1）列车始发前 5 min 利用广播对旅客进行提示，提醒送亲友的旅客下车，提醒旅客检查乘坐列车的信息，防止出现误乘的情况。

（2）发生动车组同站台作业的情况，列车关门前要广播乘车提示，防止旅客误乘。

（3）途中列车开车后、到站前，广播通告前方停车站站名，一站三报，防止旅客越站或下错站。商务座乘务员根据旅客下车信息逐一对旅客进行提示。乘务员站停期间提示车门附近旅客不要远离车门及时上车。

3. 站车联控

（1）途中站停期间，各车厢乘务员认真观察值乘车厢站台区域旅客乘降情况，接到车长指令后，汇报值乘车厢旅客乘降情况，车站客运值班员通知列车长客运作业完毕，列车长确认后，通知司机关闭车门。

（2）个别车站有站台缝隙较大的情况时，做好重点盯控。

4. 防控超员报警

（1）遇复兴号车底大客流情况，提前掌握客流规律，掌握车底易报警车厢，提前联系前方站，避免集中乘降。

（2）对于春运、暑运、黄金周、小长假、临时启动复兴号热备车底等情况，要提前预警，班组将超员报警预防作为安全预想的重要内容，班组分工明确，与司机、随车机械师建立联系，充分做好应急准备。

（3）遇客流较大时，随车机械师要查看各车厢空气弹簧压力显示值，对于压力数值较高的车厢要通知列车长进行重点关注。

（4）列车长视车内客流情况及时拍发超员电报。

（四）人身安全管理控制措施

1. 人身安全管理要求

（1）发现行为、神情异常的旅客时，重点关注，配备乘警的列车通知乘警到场处理；未配备乘警的由列车长按规定处理，情形严重时交列车运行前方停车站处理。

（2）发生旅客伤病时，提供协助，通过广播寻求医护人员帮助；情形严重的，报告客服调度。

（3）乘务人员进出车站和动车所时走指定通道，通过线路时走天桥、人行地道，走平交道时做到“一停二看三通过”，进出车站时集体列队。

（4）全员必须经过劳动安全、电气化区段人身作业安全、防寒过冬安全培训并考试合格上岗。

（5）乘务人员进出车站和公寓时一班同行，走指定走行路线。

2. 安全纪律管理

（1）乘务人员严格落实安全作业程序和标准，遵守作业纪律，确保人身安全。

（2）在接班前充分休息，保持精力充沛，不在班前、班中、折返站饮酒。

（3）异地入住公寓严禁私自外出。

3. 旅客摔伤防控措施

（1）及时清理地面水渍，防止旅客滑倒摔伤。

（2）到站前广播通报到站信息，同时提示旅客下车时注意站台与列车缝隙。

（3）密切关注重点旅客，主动帮扶，提示到位。到站后乘务员车门立岗期间，关注旅客乘降情况，提示旅客注意乘降安全。

4. 旅客砸伤防控措施

旅客行李放置平稳，发现行李放置在格挡上的现象及时纠正，发现铁器、锐器、玻璃器皿等物品时要提示旅客取下改为地面放置，发现侧兜存放水杯的背包时提示旅客取出水杯。

5. 旅客撞伤防控措施

（1）大件行李、地面放置行李摆放稳妥，对有万向轮的行李箱采取防溜措施，防止列车运行期间行李箱蹿动伤人。

（2）列车使用航空车、垃圾车制动性能良好，防撞条完整。

（3）途中进入车厢作业主动避让旅客，停车必须将制动装置踩下，防止车辆蹿动撞伤旅客。

6. 旅客烫伤防控措施

（1）重点检查茶炉防烫伤标识是否完整齐全。

（2）始发前、每站开车后播放包含防烫伤安全广播。

（3）巡视作业期间重点提示旅客接水不要过满，水杯入槽，拧紧杯盖，帮助重点旅客接打开水，防止旅客烫伤。

（4）提示旅客在调节座椅时注意前后排距离，防止快速调节或调节过大造成后排旅客烫伤。

7. 旅客挤伤防控措施

（1）重点检查卫生间、车厢端门的防撞胶条、防挤手安全标识是否完整。

（2）始发、终到前，将车厢两端自动门改为手动开放状态，防止旅客集中上下期间自动门开关夹伤旅客。

（3）提示带小孩旅客在儿童使用卫生间时注意卫生间门、马桶盖的使用安全，防止意外发生。

（4）工作人员在进出卫生间时不要反手关门。

（五）食品安全管理控制措施

1. 生产许可防控措施

检查餐服食品经营许可证有效。

2. 食品储存防控措施

（1）餐吧车供应的食品应符合食品储存的环境要求，冷链食品应在 0 ~ 8 ℃储存。

（2）热链食品存储温度不低于 70 ℃。

（3）动车组列车禁止销售常温链食品。

（4）食品与非食品应分开存放。

（5）列车工作人员自带食品统一放置在乘务冰箱内（环保包装袋严禁存放在冰箱内），与售卖餐食隔离存放。

3. VIP 食品饮品防控措施

（1）航空车要做到离人加锁，乱码使用。

（2）商务、一等食品饮品发放完毕及时锁闭，严禁食品饮品外露。

（3）食品、饮品请领时检查是否生产日期及有效期内，包装是否有破损。

4. 餐食销售防控措施

餐售人员售卖加热、供应餐食时应符合食品卫生操作要求，佩戴口罩、手套。严禁出售“三无”和过期、变质食品。

5. 食品加热防控措施

（1）餐食使用微波炉加热，温度达标。

（2）餐食加热前使用打孔针或一体测温计扎眼，使用微波炉预热时不得离人。

（3）打孔针和测温计使用前消毒，餐食加热后每格菜品中心温度应达到 75 ℃以上，每批每种餐食首盒测温中心温度达到 75 ℃以上。

6. 食品报废处置

（1）动车组列车冷链盒饭应采取时间控制措施。对取得食品经营许可单位加工的冷链盒饭，食用时限应控制在 24 h 内，食品生产许可的冷链盒饭，在冷藏条件下，保质期设定不得超过 72 h。

（2）加强废弃盒饭控制。对超过食用时限等原因而未销售盒饭督导落实盒饭报废相关要求。

7. 网络订餐防控措施

（1）配餐严禁落地。

（2）站车交接、送餐时全程开启视频记录仪。

（六）票据安全管理控制措施

1. 票据领取

（1）班组出乘前，列车长两人同行到段票据值班室领取票据，并签字确认。

（2）上车后将票据锁入保险柜内。

（3）保险柜乱码使用，不得存放与票据、票款无关的物品，备用钥匙妥善保管。

2. 票据使用

（1）列车运行途中，补票机、票款由列车长专人保管。

（2）列车中途停站，严禁携带补票包到站台。

（3）异地停留列车，列车长携带票据往返公寓或列车时，必须有乘（辅）警或陪同人员同行，中途不得办理其他事务。

（4）到达公寓后，及时将票据锁入保险柜内，专人看管。

3. 终到缴款

（1）列车终到后，列车长在乘（辅）警及一名乘务员的护送到交款处缴款，保证回送票据途中两人同行。

（2）终到缴款后，列车长应直接到达票据室交存票据及补票机，并上传补票数据。

（3）补票机数据下载完毕后及时锁闭票据。

三、动车组列车安全员作业内容及质量标准

动车组列车安全员在列车长领导下开展工作，履行岗位职责，负责动车组司机室安全，负责维护车内秩序，会同列车长组织列车上危险品检查工作。加强车厢检查，遇影响列车秩序和治安事件时，及时到达现场，进行处置，并视情况向前方站所属公安部门报告，通知前方沿途停车站派出所处理。动车组列车安全员作业内容及质量标准如表 1-3-2 所示。

表 1-3-2　动车组列车安全员作业内容及质量标准

作业流程	作业内容	质量标准
接车准备作业	1. 接收文电命令	按规定时间到车队接受工作任务和要求，摘抄上级文件，命令、通缉、通报和有关列车安全工作事项
	2. 检查仪容仪表	1. 着装规范整洁，正确佩戴职务标志，精神饱满。 2. 检查对讲机作用是否良好，统一佩挂在右腰后部，耳机挂右耳，耳机线隐蔽在制服内，确保设备状态良好
	3. 列队点名	乘务班组按列车员、餐服人员、随车保洁人员、安全员的顺序列队到派班室点名，听取派班员或车队干部传达命令、指示，接受业务抽考，听取列车长布置趟工作计划及要求
	4. 进站接车	在始发站进行指纹考勤录入，酒精测试完毕后统一列队从指定进站口进站
始发作业	1. 始发检查	1. 始发站发车前，列车安全员对全列车厢重点部位、隐蔽部位等进行全面检查。 2. 参加客运设施设备检查工作，发现设备故障、作用不良、缺失等问题，做好记录，追踪整改
	2. 检查反恐装备	在始发站开车前要清点×号车厢备品柜内反恐防暴备品，包括防割手套、伸缩棍、约束带、臂盾、伸缩式腰插、防爆毯等

续表

作业流程	作业内容	质量标准
始发作业	3. 立岗引导	在始发作业阶段立岗引导旅客乘车，立岗引导的位置固定，背靠反面车门立岗引导，脚跟与反面内侧门框平齐后，前移约 30 cm（约一脚距离）
	4. 始发联检	动车组列车始发 30 min 内，列车安全员与列车长、随车机械师等一起参与列车始发联检。检查列车上部设施，并对车内设施设备进行故障排查
途中作业	1. 巡视检查	1. 巡视车厢，加强安全宣传，维护列车秩序，检查情况应做出记录，发现问题通知有关人员立即整改。 2. 观察旅客动态，参加列车长组织查票以及清查旅客越席乘车工作。 3. 对行为异常人员和可疑物品进行安全检查。必要时可采取控制措施，并及时向列车长、公安部门报告；发现可疑物品应立即进行先期处置，必要时可隔离可疑物品，疏散旅客，并向列车长、公安部门报告。 4. 发生烟雾报警时，立即赶到现场，协助列车长做好处理，到站按规定交站。 5. 制止列车上发生的扰乱秩序行为，接到列车发生扰乱秩序信息后，立即赶到现场处理，稳定车内秩序；发生旅客斗殴时及时调解，耐心疏导，化解矛盾，调换座位，防止事态扩大。必要时动员周围旅客予以协助，向列车长及公安部门报告现场情况，并按照要求开展处置。 6. 妥善处置发现的危险、违禁物品；发现易燃、易爆、危险物品、违禁品应立即进行先期处置，并向列车长、公安部门报告；易燃、易爆物品应立即隔离，并按规定妥善处理；易燃、易爆、危险物品、违禁品应协同列车长编制客运记录，交最近前方停车站公安部门处理。 7. 应对突发事件，组织应急逃生
	2. 安检查危	1. 途中遇无票人员上车补票时，使用金属探测仪对无票人员进行安检查危工作。 2. 未发现危险品，列车长或列车值班员才能为其补票
	3. 安全宣传	1. 提醒旅客盖好杯盖，打开水时不要装得太满。 2. 提醒带小孩的旅客照顾好小朋友，不要让小朋友在车厢内随意跑动。 3. 提醒取放行李物品时拿稳、放好。 4. 中途转换运行方向转动座椅时，提醒旅客注意安全。 5. 防止烫伤、砸伤、摔伤等
途中停站作业	1. 组织旅客乘降	在车门处背靠反面车门立岗引导，脚跟与反面内侧门框平齐后，前移约 30 cm（约一脚距离），对下车旅客使用规范用语："请慢走，注意脚下安全，欢迎下次乘车。"对上车旅客使用规范用语："您好！欢迎乘车。"

续表

作业流程	作业内容	质量标准
途中停站作业	2. 垃圾投放	在途中停站时，把岗位门处的垃圾投放至站台指定位置的垃圾投放站
	3. 立岗出站	接到列车长指令后，进行边门瞭望，确认旅客乘降完毕后，在靠近站台一侧面向站台立岗，脚尖与靠近站台内侧门框平齐，直至列车驶出站台，发现情况立即报告列车长
终到作业	1. 巡视车厢	1. 终到站前，安全员对全列车厢状况、旅客动态、消防设施和治安重点部位进行一次全面检查。 2. 参加客运设施设备联检。发现遗失物品，会同列车长进行检查，编制客运记录交旅客到站或终到站处理。 3. 如有机密文件、枪械、巨款等贵重物品，应列出移交清单，交车站公安派出所，做好签字交接手续
	2. 检查反恐备品	列车终到旅客下车完毕后，检查清点备品柜内反恐防暴备品（防割手套、伸缩棍、约束带、臂盾、伸缩式腰插、防爆毯）
	3. 列队退乘	1. 作业完毕后，安全员在岗位门下车，面向车门站在安全线以内，做好车门关闭防护。 2. 车门关闭（或接列车长对讲机通知）后，到规定车厢站台停车位集中，列队退乘
	4. 退乘交款	1. 动车组列车终到后，安全员陪同列车长到进款室交款，交票机、票据。 2. 到车队存放携带的多功能腰带、可伸缩警棍、约束带等，做好交接登记。同时汇报往返值乘情况

任务实施

1. 任务准备

（1）设备准备：仿真高速铁路车站设备、仿真动车组列车相关设备、实训室，专业训练服（可着正装）。

（2）实训资料准备：相关岗位作业指导书、实训任务单、相关规章、教材等。

（3）情景准备：实训前各小组查阅、收集资料，选择高速铁路车站和动车组列车客运服务组织相关情景，情景中包括各客运服务岗位相关人员。

（4）人员准备：实训分小组进行，每组6~8人，每个小组做好人员分工。

2. 实施步骤

（1）高速铁路车站作业安全管理。

（2）动车组列车旅客乘降安全管理。

（3）动车组列车票据安全管理。

（4）组内互查，教师总结并评分、评价。

3. 任务单

训练名称	高速铁路站、车客运作业安全管理训练		
班　级		姓　名	
1. 高速铁路车站各岗位客运作业安全管理			
2. 动车组列车旅客乘降安全管理			
3. 动车组列车车门安全管理			
4. 动车组列车票据安全管理			
任务总结：			

4. 效果评价

	项目	A—优	B—良	C—中	D—及格	E—不及格	综合
小组评价	车站作业安全（15%）						
	乘降安全（15%）						
	人身安全（20%）						
	团队合作（10%）						
教师评价	客运服务安全（20%）						
	任务单（20%）						
	教师签名						

1. 简述高速铁路旅客运输安全保障体系。
2. 高速铁路客运服务人员应遵守哪些劳动安全通用控制措施？
3. 高速铁路客运人员在站场与线路行走有哪些安全要求？
4. 简述电气化铁路作业安全。
5. 叙述“复兴号”动车组救援工作过程。
6. 叙述高速铁路车站各岗位作业安全管控措施。
7. 叙述动车组列车安全员作业内容及标准。

项目二 高速铁路车站客运非正常情况应急处置

项目描述

高速铁路车站坚持以人为本，以确保旅客运输安全，最大限度地减少各种突发事件对旅客运输造成的影响。本项目主要介绍高速铁路车站火灾爆炸事故应急处置、车站客运设备故障应急处置、电子客票相关业务应急处置和车站客运组织异常应急处置的相关知识。

学习目标

1. 素质目标

通过学习高速铁路车站客运应急处置的过程及要求，使学生们坚持以人民安全为宗旨，增强安全意识和素养，坚持安全第一、预防为主，公共安全治理模式向事前预防转型，提高防灾减灾救灾和重大突发公共事件处置保障能力。培养学生尊重劳动、热爱劳动；遵章守纪，执行命令，听从指挥的良好职业素质。

2. 能力目标

能有效进行车站客运设备故障、电子客票业务和车站客运组织异常等情况的应急处置。维护车站旅客运输安全畅通。

3. 知识目标

掌握高速铁路车站发生客运组织非正常情况的应急处置流程。

任务一 车站客运设备故障应急处置

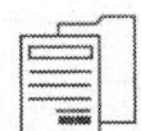

任务引入

高速铁路车站应科学、快速处置车站客运设备引起的铁路客运突发事件，最大程度降低对运输秩序的影响，确保运输畅通有序。

请思考：如何做好高速铁路车站客运设备故障应急处置工作？

相关知识

一、车站火灾爆炸事故应急处置

高速铁路车站人流密集，消防安全直接关系到旅客的生命财产安全。灭火的基本方法有隔离法、窒息法、冷却法、抑制法。车站消防安全要做到“一畅（畅通消防安全疏散通道和安全出口）四会（会扑救初期火灾、会自救逃生、会报警、会组织疏散）”。

（一）车站消防安全预防措施

防止火灾发生的基本措施是控制可燃物，隔绝空气，消除着火源。车站按规定配备消防设备、器材，定期检测维护，合格有效。

为了救早、灭小和及时扑救初期火灾，建立“微型消防站”。配备消防器材，灭火器和消火栓（也叫消防栓）设置在检票口、站台、出站口等地，标识醒目。组建车站消防队伍，弥补 1 min 附近人员处置、3 min 微型消防站处置、5 min 消防队员处置的时间空缺，争分夺秒、有效处置。加强对站内各部位的巡检工作，及时掌握相关岗位的状态情况，科学、有效进行预警防范。在候车区卫生间加强禁烟宣传语音提示，在站台、站外设立吸烟处，满足旅客室外使用需求，杜绝室内吸烟。

车站消防设备设施如图 2-1-1 所示。

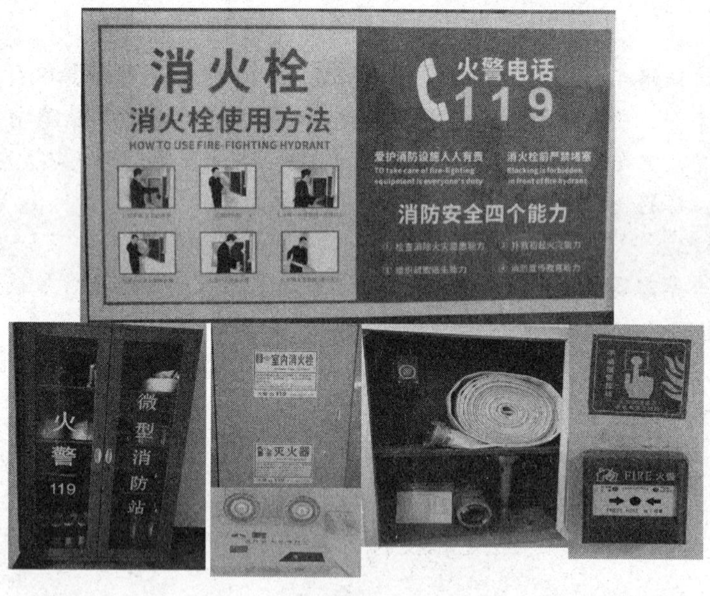

图 2-1-1　车站消防设备设施

（二）车站发生火灾、爆炸事故应急处置

车站发生火灾、爆炸事故时应遵循“以人为本，统一指挥，快速反应，科学处置，减少损失”的原则。及时、正确、有序地进行处置，最大限度地减小事故影响，保证铁路运输和旅客生命财产安全。

1. 报警确认

（1）现场确认。

车站工作人员发现或接到旅客反映站内（含停留动车组）有爆炸、明火、冒烟或消防设施报警时，应立即现场确认，通知车站消防中控室及车站值班人员。

（2）设备确认。

消防中控室值守人员接到或发现火灾报警时，判明火灾报警位置，一名值守人员必须立即通知车站值班干部、使用单位或现场工作人员到现场确认，同时消防中控室另一名值守人员应以最快方式携带应急包到现场共同确认。火灾确认后，立即通知消防中控室值守人员将火灾报警联动控制开关转入自动状态（处于自动状态的除外）。

（3）判定报警。

车站值班干部到达现场后，判定火势情况，指定专人拨打当地“119”火警电话（有人员伤亡时一并拨打 120 急救电话），讲明车站具体位置、火灾爆炸情况、起火物品、人员伤亡和灾害程度等情况。同时，要立即向所属铁路公安部门（或驻站警务区）报告请求出警并启动相应等级应急处置预案。

2. 现场处置

（1）接到火情报警后，车站值班干部要迅速组织车站志愿消防队及站区人员立即赶赴现场。

（2）车站值班干部负责现场指挥，首先要确保人身安全，组织人员立即疏散就近旅客，设置隔离防护，维护现场秩序。根据现场疏散需求，立即开启售票厅、候车室、出站通道等区域应急疏散门，组织旅客安全有序地撤离事故现场。

（3）车站志愿消防队及站区人员迅速使用灭火器、消火栓组织初期火灾扑救。

（4）车站指派专人做好消防救援车辆及人员进站引导，配合消防人员做好灭火工作。

3. 后续处置

（1）保护现场。

车站工作人员应积极配合公安部门保护事故现场，视情况设置警戒区，禁止无关人员进入现场（持有机要交通专用证，抢救保护机要文件的交通机要人员除外），未经公安机关消防机构同意不得擅自清理火灾现场。除因救护伤员等需要外不得擅自移动火场中的任何物品（因救护伤员等需要必须移动现场物品时，应当绘制现场原状草图或拍摄照片）。对易灭失的火灾痕迹和物证，在公安部门的要求和指导下采取有效措施，妥善保护，并协助公安机关调查火灾情况，积极提供线索。同时，配合公安部门维护现场秩序，防止发生混乱。

（2）帮扶救治。

对受伤人员开展紧急救护，做好重点旅客帮扶工作。

（3）逐级上报。

车站要按照应急处置信息汇报制度及时汇报火灾、爆炸事故信息，并随时注意搜集情况，保持信息畅通，做好后续处置工作。

（4）恢复秩序。

爆炸或火情经公安现场勘查、事故处理完毕，车站要组织旅客有序购票、候车，做好乘降组织，恢复正常秩序。

4. 紧急疏散广播

（1）各位旅客请注意，由于突发（火灾、地震等灾难），请大家不要恐慌，服从工作人员疏导，有秩序撤离。

（2）各位旅客请注意，第×候车区出现火情，已被消防人员控制，请第×第×第×…候车区的旅客不要恐慌，服从工作人员疏导，有秩序撤离。

二、安检仪故障应急处置

安检工作台（桌）上可放置液体检测仪、爆炸物检测仪、利器测量仪，查获登记本，不摆放其他台账资料等，与安检工作无关的物品（含个人），需隐蔽存放，不得在外摆放。安检岗位设备定置定位如图 2-1-2 所示。

图 2-1-2　安检岗位设备定置定位

（1）安检人员发现安检仪出现故障不能使用时，应立即向相关部门汇报。信息化车间负责安排人员到现场进行维修。

（2）安检仪故障期间，安检人员应对旅客携带品进行手工检查，并向旅客做好解释工作。

（3）信息化车间应对故障设备及时进行维修，如无法修复，应联系设备厂家到站进行处理。

（4）车站客运工作人员应配合安检人员做好现场秩序维护工作，避免进站旅客在安检仪处积压。

三、客运电梯故障应急处置

车站工作人员发现或接到客运电梯运行异常报告后，应立即停止使用电梯，按规定做好防护并及时通知电梯维保人员，车站应引导旅客使用步梯或其他电梯，并对重点旅客给予帮助。

（一）自动扶梯、自动人行道故障应急处置

1. 停梯处置

自动扶梯或自动人行步道发生意外情况时，造成旅客身体某一部位或衣物卷入、行李跌落、出口堵塞、旅客摔倒等危及旅客安全的情形，车站电梯值守人员立即向电梯上的旅客提示："请旅客站稳、紧握扶手带，电梯有异常情况，需要马上停梯"。提示后，立即按动红色紧急（或集中控制平台）停止按钮，进行停梯处理。当控制平台急停按钮失效，值守人员应迅速按下扶梯红色紧急停止按钮。停梯处置如图 2-1-3 所示。

图 2-1-3　停梯处置

当紧急停止装置失效无法停梯或发生逆转时，电梯值守人员应阻止后续旅客进入，引导梯上旅客迅速有序离开，防止踩踏事件的发生。

2. 信息汇报

值守人员发现客运电梯紧急情况或突发故障时，要立即通知客运值班员。客运值班员赶赴现场，通知车间、相关部门领导。

3. 疏散引导

（1）入口疏散。

入口值守人员阻止后续旅客进入；协助救援小组帮扶重点旅客撤离，并提示旅客防止跌倒，避免发生挤压、踩踏事件；待滞留旅客疏散完毕后，放置警示标识进行封堵防护，防止旅客误入。

（2）出口疏散。

出口值守人员持续关注梯上旅客动态，用语音广播指挥滞留旅客就近离开，并提示旅客保持镇静、抓牢行李物品、小心脚下踏空，有序撤离。

（3）引导换乘。

车站救援人员在入口处引导后续旅客改乘其他电梯或引导其走步行楼梯，对重点旅客进行帮扶。

（4）设置警示标识。

疏散扶梯上所有旅客后，要在扶梯出、入口处设置警示标识，提示旅客电梯故障无法使用，疏散围观旅客。

4. 故障维修

做好旅客宣传、引导、疏散，对受伤旅客及时组织救治。

电梯专业管理人员、电梯维保人员到达现场后，立即切断电源，查明原因，组织检修。检修电梯时，防止旅客误入，确保人身安全。

5. 恢复运行

自动扶梯或自动人行步道应急处置及故障修复后，电梯维保人员要进行正反向试运行 30 min，经车站安全管理人员确认无误后，方可投入运行。

自动扶梯故障应急处置如图 2-1-4 所示。

图 2-1-4　自动扶梯故障应急处置

（二）垂直电梯应急处置

1. 安抚旅客

车站工作人员发现旅客被困，应做好安抚和安全提示。旅客被困电梯轿厢内触按求救按钮后，值守人员应立即接听求救电话，询问被困人所在具体位置、受困人员的身体状况、是否需要医疗救助，安抚乘客使之保持冷静，耐心等待救援。

2. 信息汇报

值守人员立即通知电梯维保人员、电梯管理人员到场处置，并通报综控室；综控室呼叫客运值班员迅速赶赴现场了解情况，得知有人员受伤需要救治时，立即联系“120”救护人员到场处置，并现场广播寻找医护人员进行救治。

3. 协助解困

在电梯专业管理人员的指挥下，客运工作人员配合维保人员做好对被困人员的施救工作。

4. 故障维修

电梯专业管理人员、电梯维保人员赶赴现场，查明原因，组织抢修。在未修复前要采取有效防护措施，防止旅客使用故障电梯。

5. 恢复运行

垂直电梯应急处置及故障修复后，电梯维修人员要试运行 30 min，经车站安全管理人员确认无误后，方可投入运行。

四、LED（引导揭示系统）、广播发生故障应急处置

客运人员发现故障后，按照报告程序及时汇报。信息化车间接到设备故障信息后，应联合维保人员及时赶赴现场进行维修。

1. 调派人员

值班干部及时赶赴现场，根据现场情况与驻站公安联系，请求增派人员支援客运现场作业，配合客运值班员和客运人员维护好旅客候车、检票秩序。值班员增派客运人员至进站口、服务台、检票口，做好旅客的宣传引导，重点提示旅客当前车站 LED（引导揭示系统）、当前

车站广播故障，请旅客注意自己的行程，听从车站工作人员的应急广播和指挥，以免耽误行程。售票处窗口显示屏故障的，应增派人员在售票厅内加强宣传，引导旅客至相应功能窗口排队办理。

2. 信息显示

各部门按照具体情况，在售票处、进站口、候车室、检票口、出站口等必要场所，利用各类临时车次牌、移动 LED 显示屏向旅客公告服务信息。售票窗口也可打印纸质版窗口功能信息，张贴至相应窗口，打印公告要统一、美观。

3. 信息确认

客运值班员抽调人员提前上岗，按照一趟一联系的原则，指定专人与综控室（应急值守人员）联系确认列车到发时刻及停靠站台。确认具体运行信息后，及时通告相关岗位作业人员。综控室（应急值守人员）加强与现场客运人员的联系互控，逐车次通知列车运行和作业信息（包括列车预告、开始检票、停止检票等）。列车有上水作业时，综控室还应通知上水值班员，确保现场人员准确掌握列车运行等信息。

4. 现场组织

有检票作业的列车，提前掌握上车人数，检票口人员通过小区广播、便携式扩音器等提前宣传旅客在相应检票口排队候车，检票作业中除固定检票大广播外，还应加强小区广播宣传检票信息，防止旅客漏乘、误乘。站台客运人员通过小区广播、便携式扩音器等加强车次、车厢的引导宣传，避免旅客上错车或车厢。

故障处置完毕后，由客运值班员负责做好情况记录写实。加强服务台和流动岗对旅客的宣传和引导。对于情绪激动的旅客要做好解释安抚工作，避免出现不良反映。

LED（引导揭示系统）如图 2-1-5 所示。

图 2-1-5　LED（引导揭示系统）

五、车站大面积停电应急处置

（一）客运应急处置

（1）现场发生突然停电时，要按照汇报流程逐级上报，同时关闭电器开关，以防通电后对设备、人员的伤害。

（2）立即联系设备科抢修恢复供电，同时联系公安维持现场秩序。

（3）安检人员持手动检查仪查验。

（4）安排专人在候车通道使用便携式扩音器引导进站旅客按检票口分区候车。

（5）值班站长（值班员）随时与综控室（应急值守）联系，了解旅客列车的到发时间和变更股道情况。

（6）候车室检票员及时设置移动显示牌，引导旅客按相应检票口检票乘车，并做好安全乘降提示。

（7）站台工作人员利用便携式扩音器加强宣传，提示旅客安全乘降，按照列车编组情况引导旅客乘车。

（8）抽调专人在出站通道使用便携式扩音器加强宣传，引导旅客安全出站。

（二）售票应急处置

（1）窗口计算机及制票机使用不间断电源（UPS）一般停电可正常发售车票，保留一个售票窗口和一个退票窗口，其余售票机一律退出售票系统并关闭机器和电源，使用应急电源照明。其余设备关闭电源。不间断电源（UPS）用毕后关闭各设备电源。

（2）自动售作业关闭设备电源，关闭各自动售处所门户，做好旅客解释工作。

（3）不间断电源（UPS）用毕后，组织售票岗位人员到售票大厅协助旅客用 12306 手机客户端购买车票。

（4）不间断电源（UPS）用毕后，改签车票旅客，引导使用 12306 手机客户端重新购买车票，待系统恢复后，为旅客办理原票退票手续；退票旅客，待系统恢复后，为旅客办理原票退票手续。

六、铁路旅客服务系统故障应急处置

（一）故障类型

车站综控室客服综控员发现旅服集成管理平台出现问题或系统故障提示，应立即通知维护技术人员进行抢修。

1. 本站故障

本站故障，如可在短时间内排除的，由维保人员及时修复。如判断无法短时间内排除故障，车站可切换为应急模式。

2. 区域或全局性故障

维保人员联系同级车站确认是否存在相同故障，以判断是否为区域或全局性故障。如果为区域及全局性故障，则上报车站启动应急模式。

3. 无法接收列车信息

旅服集成平台（旅客服务与生产管控平台）无法接收到列车调度系统提供的列车信息时，由列车调度员（车站值班员）将列车运行调整计划及列车到发信息通知车站控制台操作人员。车站控制台操作人员采用人工维护的方式，做好列车开行信息、列车实时运行信息等外部信息的维护，确保车站旅服系统各功能模块正常运行。如需对检票计划进行修改，由车站控制台操作人员登录自动检票系统管理终端，对自动检票计划进行相关修改、调整。

（二）研判故障影响

（1）维保技术人员到达后，判断车站旅服集成管理平台（旅客服务与生产管控平台）与局端服务器（国铁集团服务器）是否存在网络故障，以及故障影响范围及时长。

（2）车站客服综控员根据维保技术人员汇报故障影响范围及预计故障时长，向主管领导请示是否切换至应急模式。

（三）切换应急模式

主管领导同意切换应急模式时，由综控客运员将本站切换至应急管理模式。

（1）旅服系统应急管理。

如本站代管其他车站，则判断车站与被代管站之间旅服网络是否正常联网，如旅服网络畅通，继续采用大站代管小站模式。如旅服网络不通，则通过远程呼叫或电话联系方式通知相关车站站长，由被代管车站应急处置人员将被代管车站旅服系统控制台切换至应急管理模式并值守。根据由列车调度员（车站值班员）提供的列车运行信息负责对本站动态导向、广播、查询和自动检票设备的控制。

（2）旅客服务与生产管控平台应急管理。

如本站代管其他车站，则通过远程呼叫或电话联系方式通知相关车站站长，由被代管车站应急处置人员将被代管车站旅服系统控制台切换至应急管理模式并值守。根据由列车调度员（车站值班员）提供的列车运行信息负责对本站动态导向、广播、查询和自动检票设备的控制。

（四）故障恢复

当局端旅服服务器（“旅服客服与生产管控平台”为国铁集团数据库服务器）及旅服网络恢复正常后，由代管车站客服综控员通知被代管车站站长，同意将旅服系统运行模式切换至大站代管小站模式后将本站由应急模式切换为正常模式。如无代管车站则直接切换回正常模式。

铁路旅客服务系统界面如图 2-1-6 所示。

七、客运站接触网断线应急处置

1. 发现汇报

当车站发现或接到站内接触网断线报告时，立即报告列车调度员。

2. 疏散人员

车站迅速在断线地点周围设置警戒区，确保人员及所携带的物件远离断线地点 10 m 以外。

3. 配合处置

车站及时通知设备管理部门或单位立即进行处置，并积极做好配合工作。

【案例 2-1-1】旅客服务系统故障应急处置模拟演练

××年×月×日 9:00 综控室客运员发现旅客服务系统故障，不能正常使用。广播，显示屏、自动检票闸机、验证设备不能正常工作，车间启用应急预案。

综控室客运员：“客运值班员有吗？综控室客服系统故障，不能正常广播、显示、检票、验证。”

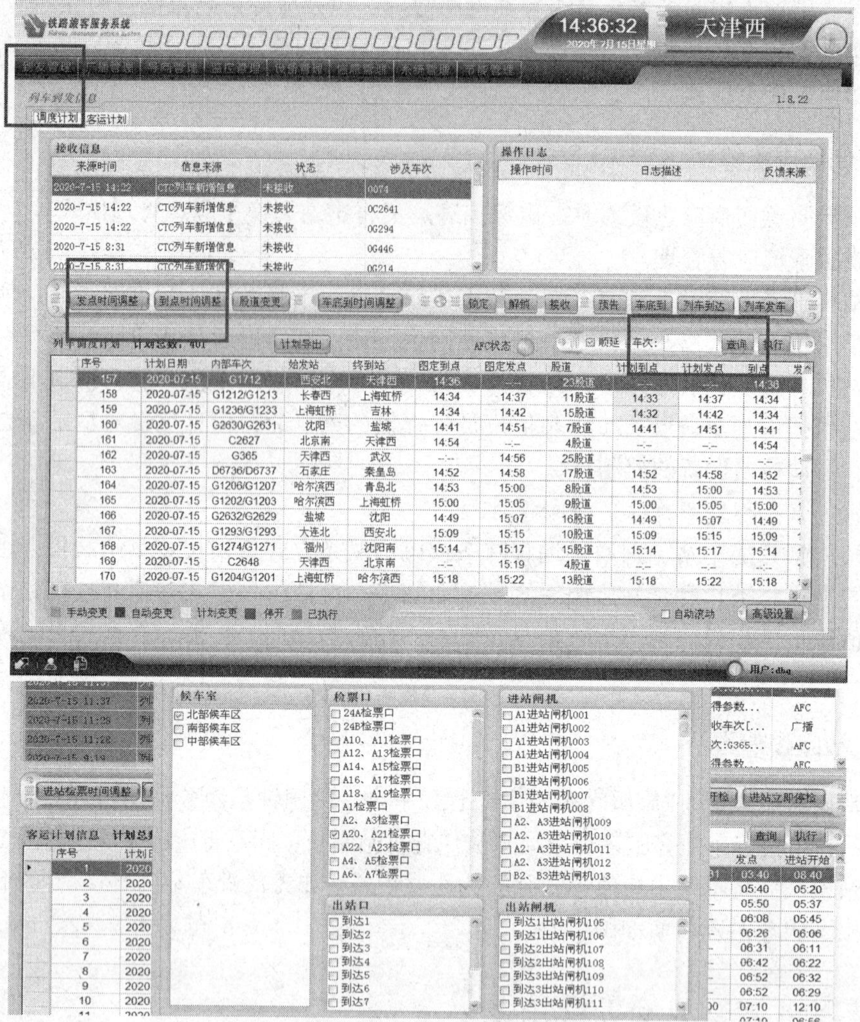

图 2-1-6　铁路旅客服务系统界面

客运值班员："好的，明白。值班站长有吗？综控室客服系统故障，不能正常广播、显示、检票、验证。"

值班站长："明白。客运主任有吗？综控室客服系统故障，不能正常广播、显示、检票、验证。请求启动应急预案。"

客运主任："立即启动应急预案。生产指挥中心、客运业务科有吗？综控室客服系统故障，不能正常广播、显示、检票、验证，已启动应急预案。"

值班站长："明白。"

生产指挥中心："明白。"

客运业务科："明白，立即汇报主管站长，赶赴现场。"

值班站长："客运值班员安排人员在中央通道值岗宣传，设置临时车次牌，利用便携式扩音器加大宣传力度。安排人员宣传旅客打印行程信息提示单。"

客运值班员："明白。人员、便携式扩音器、临时车次牌马上到位。立即组织人员宣传旅客打印行程信息提示单。"

值班站长：“综控室有吗？加强与站台、客运值班员联系，马上联系信息化车间进行修复。”

综控室客运员：“明白，马上联系信息化车间进行修复。”

值班站长：“验证口值班员有吗？立即增派人员至验证口，采取人工验证，确保进站秩序。”

验证口值班员：“明白。”

验证口值班员分别组织验证口客运员采取人工验证进站措施，控制旅客情绪。

客运值班员：“检票口客运员有吗？现全员上岗，因显示屏、广播、检票闸机故障，大家按列车发车时刻逐趟列车做好盯控，加强小区广播宣传。”

检票口客运员：“明白。人员已到位。”

客运值班员：“通道客运员有吗？请将临时车次牌放置候车区中央通道，加强宣传引导，疏导旅客到相应检票口候车，不要在通道内停留，保证秩序顺畅。”

通道客运员：“明白。”

客运值班员：“客运员有吗？请宣传引导旅客打印行程信息提示单。”

检票口客运员：“明白。”

检票口客运员宣传引导旅客打印行程信息提示单。通道客运员组织设置临时车次牌，利用便携式扩音器现场宣传。

通道客运员：“客运值班员有吗？临时车次牌已摆放到位，正在宣传引导旅客有序候车。”

客运值班员：“明白。”

检票口客运员：“客运值班员有吗？已宣传引导旅客打印行程信息提示单。”

客运值班员：“明白。”

检票口客运工作人员启动闸机应急模式，组织C××次列车检票。

站台客运员：“检票口有吗，C××次列车具备检票条件，到点可以检票。”

检票口客运员：“C××次列车具备检票条件到点可以检票，检票口明白。”

小区广播宣传：“各位旅客，欢迎您到××站乘车。由××开往××站的C××次列车即将检票，请您准备好行程信息提示单到10/11AB检票口排队等候，老人、带小孩及行动不便的旅客，请您到人工口排队。消防救援人员、军人依法优先进站。商务座旅客优先进站。检票时请出示身份证及行程信息提示单，将身份证放置在检票闸机闪光处，进站后请您按照黄色地标排队候车。感谢您的配合，祝您旅途愉快。”

检票口客运员联系站台后先将重点旅客放行。

综控室客运员：“检票口注意C××次列车开始检票。”

检票口客运员“C××次列车开始检票，检票口明白。”

在检票口过程中检票口客运员继续宣传旅客出示行程信息提示单进行检票。

检票中小区广播宣传：“C××次列车正在检票，请您到10/11AB检票口检票上车，祝您旅途愉快！”

综控室客运员：“检票口注意C××次列车停止检票。”

检票口客运员：“C××次列车停止检票，检票口明白。”

检票口客运员：“C××次列车停止检票，检票口无赶车旅客。”

站台客运员：“C××次列车无赶车旅客，站台明白。”

站台客运员：“C××次列车东部客运有关作业完毕。”

站台客运员：“C××次列车东部客运有关作业完毕，西部明白。”

客运值班员将电台调至×频："C××次列车长，××站客运有关作业完毕。"

列车长："C××次车长明白。"

信息化车间维修人员积极抢修旅客服务系统，系统修复后汇报。

综控室客运员："值班站长、客运值班员有吗？客服、自动检票系统故障已修复，各部位广播、显示、检票闸机、验证设备可以正常使用。"

候车室值班员："明白。"

值班站长："明白。客运主任有吗？客服系统故障已修复，各部位广播、显示、检票闸机、验证设备可以正常使用。"

客运主任："明白。客运业务科有吗？客服系统故障已修复，各部位广播、显示、检票闸机、验证设备可以正常使用。"

客运业务科："明白。"

值班站长："各部位值班员有吗？客服系统故障已修复，可以恢复正常作业。"

验证口值班员、客运值班员："明白。"

客运主任："报告站长，客服系统故障已修复，各部位广播、显示、检票闸机、验证设备可以正常使用，已恢复正常作业。"

行程信息提示单如图 2-1-7 所示。

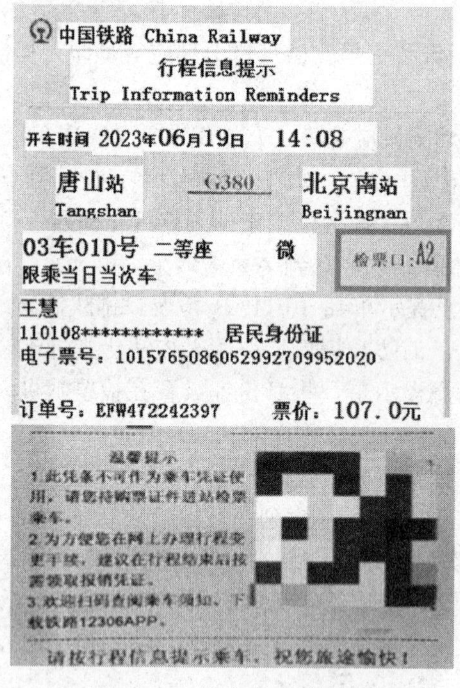

中国铁路 China Railway

行程信息提示

Trip Information Reminders

开车时间 2023年06月19日 14:08

唐山站 Tangshan　G380　北京南站 Beijingnan

03车01D号 二等座　微　检票口:A2

限乘当日当次车

王慧

110108************ 居民身份证

电子票号：10157650860629927099520 20

订单号：EFW472242397　票价：107.0元

温馨提示

1.此凭条不可作为乘车凭证使用，请您持购票证件进站检票乘车。

2.为方便您在网上办理行程变更手续，建议在行程结束后按需领取报销凭证。

3.欢迎扫码查阅乘车须知，下载铁路12306APP。

请按行程信息提示乘车，祝您旅途愉快！

图 2-1-7　行程信息提示单

任务实施

1. 任务准备

（1）设备准备：仿真高速铁路车站客运设备、实训室，专业训练服（可着正装）。

（2）实训资料准备：相关应急处置预案、实训任务单、相关规章、教材等。

（3）情景准备：实训前各小组查阅、收集资料，选择高速铁路车站客运设备故障应急处置相关情景，情景中包括高速铁路车站售票及客运服务相关人员、旅客若干。

（4）人员准备：实训分小组进行，每组 6 ~ 8 人，每个小组做好人员分工。

2. 实施步骤

（1）自动扶梯故障应急处置。

（2）LED（引导揭示系统）故障应急处置。

（3）车站大面积停电应急处置。

（4）组内互查，教师总结并评分、评价。

3. 任务单

<table>
<tr><td>训练名称</td><td colspan="3">高速铁路车站客运设备故障应急处置训练</td></tr>
<tr><td>班　级</td><td></td><td>姓　名</td><td></td></tr>
<tr><td colspan="4">1. 自动扶梯故障应急处置</td></tr>
<tr><td colspan="4">2. 车站大面积停电应急处置</td></tr>
<tr><td colspan="4">3. LED（引导揭示系统）故障应急处置</td></tr>
<tr><td colspan="4">4. 客服系统故障应急处置</td></tr>
<tr><td colspan="4">任务总结：</td></tr>
</table>

4. 效果评价

<table>
<tr><td></td><td>项目</td><td>A—优</td><td>B—良</td><td>C—中</td><td>D—及格</td><td>E—不及格</td><td>综合</td></tr>
<tr><td rowspan="4">小组评价</td><td>扶梯故障（15%）</td><td></td><td></td><td></td><td></td><td></td><td rowspan="6"></td></tr>
<tr><td>停电处置（15%）</td><td></td><td></td><td></td><td></td><td></td></tr>
<tr><td>客服系统故障处置（20%）</td><td></td><td></td><td></td><td></td><td></td></tr>
<tr><td>团队合作（10%）</td><td></td><td></td><td></td><td></td><td></td></tr>
<tr><td rowspan="3">教师评价</td><td>设备故障处置（20%）</td><td colspan="5"></td></tr>
<tr><td>任务单（20%）</td><td colspan="5"></td></tr>
<tr><td>教师签名</td><td colspan="6"></td></tr>
</table>

任务二　电子客票相关业务应急处置

任务引入

车站客票系统遇突发事件时，应规范客票系统突发事件紧急处理行为，达到迅速、有效地处置客票系统安全事故和突发事件，最大限度地减小事故影响的目的。

请思考：如何做好车站电子客票相关业务应急处置工作？

相关知识

一、售票系统故障应急处置

车站无法办理售票业务超过 10 min 时，由车站值班站长指挥启动应急处置流程，同时向局集团公司客运部报告；局客运部接到报告后，立即报国铁集团客运部，由国铁集团客运部通知相关集团公司车站、列车。

（一）无法正常发售电子客票处置

1. 启动电子客票应急模式

车站发现所有窗口无法正常办理电子客票相关业务，且出现大量旅客持有效购票身份证件无法正常进、出站检票时，应及时向集团公司客运部、科信部、信息技术所等部门汇报故障现象和范围，同时立即组织维护部门进行故障排查。确定故障无法立即解决时，根据集团公司要求，车站启动电子客票应急模式。

2. 启用纸质车票发售模式

车站优先引导旅客在 12306 网站或手机客户端上购买车票。根据集团公司要求，车站售票由电子客票模式调整为纸质车票模式。车站组织窗口、自动售（取）重新进班，启用纸质车票发售模式，向旅客发售纸质车票。

（二）无法售票应急处置

启动电子客票应急模式仍无法正常发售车票，或经过集团公司相关部门研判客票系统无法发售车票时，采取以下方式。

1. 启动应急售票程序

车站组织启动应急售票程序，发售本站 2 h 内列车无座车票。

2. 直接乘车办理

应急售票程序无法启动时，车站要组织旅客持本人身份证件直接进站乘车，并根据预售情况控制旅客上车人数，防止列车严重超员，同时向列车通报情况。列车加强车票查验，为直接进站上车的未购票旅客办理补票。

二、实名制核验系统故障应急处置

信息化车间接到无法办理实名制验证业务的通知时，应联合维保部门立即赶赴现场，排查故障是否为系统联网或设备硬件故障。系统联网故障分为个别车站验证故障、集团公司全部车站验证故障。

（一）自助实名制验证闸机故障

自助实名制核验闸机故障时，可引导旅客走人工验证通道，客流量较大无法满足时，将自助实名制闸机设置为常开模式，引导旅客先取行程信息提示单再进站，同时增派人员核验“票、证、人”一致性。

（二）人工实名制核验设备故障

优先引导旅客走自助实名制验证闸机通道，除持居民身份证、港澳台居民居住证、外国人永久居留证以外，对于实名制验证闸机不可识读证件的旅客，人工核对旅客、有效身份证件及行程信息提示单一致性。

三、检票系统故障应急处置

电子客票模式启动失败，客运部门使用闸机遥控器启用脱机应急模式，优先放行持“行程信息提示单”“报销凭证”旅客，再放行持购票短信旅客。客运人员应及时通知有关车次列车车长，通报系统故障及采取的相应措施。列车应与车站密切配合，以确保旅客乘降安全。

报销凭证如图 2-2-1 所示。

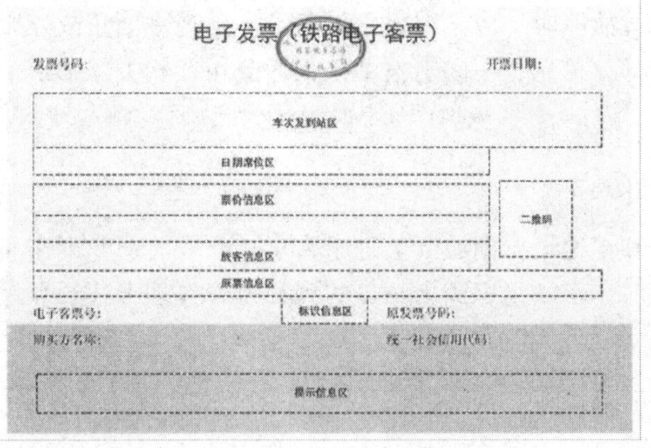

图 2-2-1　报销凭证

（一）进出站检票闸机设备故障

当进出站闸机无法检票时，应增派人员，采用手持终端进行检票。进站口无实名制核验的车站，在进站检票时应同时做好人、证一致性检查。

（二）全部检票设备故障

当检票闸机、手持终端、半自助检票设备全部故障无法检票时，采取人工查验方式组织旅客进站。检票口应加强宣传，引导旅客打印行程信息提示单，并优先组织持行程信息提示单的旅客进站，其次是有电子购票信息的旅客。如旅客无任何购票提示信息，应根据客票系统已售数控制进站人数，严格控制超员，做好旅客解释工作，同时与列车做好交接工作，全程进行音视频记录。

检票设备如图 2-2-2 所示。

图 2-2-2 检票设备

四、中铁银通/同城卡系统故障应急处置

中铁银通卡（同城卡）系统相关软硬件和网络通道配置必须符合国铁集团、各铁路集团公司有关文件要求。终端设备必须卸除光驱、软驱设备，并封闭 USB 端口，严禁安装、使用非允许的软件及数据。对银通卡（同城卡）相关设备及其运行状态进行 24 h 系统检测，发现安全隐患、故障等及时处理、上报。

现场人员发现系统故障时，应立即报告值班员。出现大面积故障影响卡业务办理时，及时上报集团公司客运部，信息化车间上报中铁银通公司及相关维护部门对故障进行排查，确定故障原因。

（一）进站闸机故障时

旅客凭席位凭条和银通卡（同城卡）进站乘车，并及时通知列车和相关到站，做好相应准备。旅客到站出站时，车站组织到出站口的到补窗口办理卡片补登进站记录并扣款，旅客凭扣款凭条出站。

（二）出站闸机故障时

车站组织到达旅客到出站口的到补窗口办理扣款，旅客凭扣款凭条出站。出站闸机故障或接到发站进站闸机故障的通知后，车站应在出站口增派人员，及时处理到站扣款，保证旅客顺利出站。

（三）取号机大面积故障无法取号时

车站出现取号机大面积故障无法取号的情况时，售票车间、相关人员在现场取号机处做好相应的应急处置、旅客组织和解释工作。系统开启闸机混合模式后，计划室将邻近开车车次的银通卡席位预留情况通知客运车间，客运车间制作银通卡（同城卡）应急乘车席位凭条，引导持卡旅客到指定地点，为持金卡旅客发放乘车席位凭条，组织持银卡旅客按预留席位数量直接刷卡进站乘车，并与列车长做好预留席位等相关的交接工作。

中铁银通/同城卡取号机如图 2-2-3 所示。

图 2-2-3　中铁银通/同城卡取号机

【案例 2-2-1】客票系统故障应急处置模拟演练

××年××月××日上午 9:20，某车站售票厅当班 16 号、17 号窗口售票员发现无法发售电子客票，立即报告值班员，核实情况后值班员立即电话通知信息化车间，进行故障排查，安排售票厅工作人员做好旅客引导，并通知车间值班干部。

16 号窗口售票员："报告值班员，16 号窗口无法发售电子客票。"

17 号窗口售票员："报告值班员，17 号窗口也无法发售电子客票。"

值班员（售票车间）："收到。其他窗口是否正常？"

19 号窗口售票员："窗口都正常。"

值班员（售票车间）："好的。"

（通知车间主任）："主任，16 号、17 号窗口系统故障不能办理业务，其他窗口正常。"

车间主任（售票车间）："收到，通知售票厅做好引导，通知信息化车间进行故障排查。"

值班员（售票车间）："好的，收到。"

（通知售票厅工作人员）："客运员（售票车间），16 号、17 号窗口系统故障，引导旅客到其他窗口、自动售票机办理业务。"

（通知信息化车间）："信息化车间吗，南售票处 16 号、17 号窗口不能发售电子客票，其他窗口正常，请立即进行故障排查。"

信息化车间："收到，立即排查。"

售票大厅工作人员做好旅客引导工作。引导旅客到 5～8 号正常的售票窗口办理业务，值班员抽调 1 名售票员到自动售票区域，协助旅客在自动售票机、12306 网站、手机客户端上购买车票。

值班员："××，你到自动售票机帮助旅客在机器、12306 网站、手机客户端上自助购票。"

××：“收到。”

主任值班口售票员（利用广播进行宣传引导）：“排在 16 号、17 号窗口的旅客请到 5～8 号窗口办理业务，买票的旅客还可以到售票厅东侧的自助区域办理业务，有工作人员协助您购票。”

任务实施

1. 任务准备

（1）设备准备：仿真电子客票售票设备、仿真电子客票实名制核验检票设备、实训室，专业训练服（可着正装）。

（2）实训资料准备：车站发生电子客票相关业务应急处置预案、实训任务单、相关规章、教材等。

（3）情景准备：实训前各小组查阅、收集资料，选择高速铁路车站电子客票相关业务应急处置情景，情景中包括高速铁路车站客运工作相关人员、旅客。

（4）人员准备：实训分小组进行，每组 6～8 人，每个小组做好人员分工。

2. 实施步骤

（1）车站发生客票及互联网售票系统故障应急处置。

（2）站内实名制核验系统故障应急处置。

（3）检票系统故障应急处置。

（4）组内互查，教师总结并评分、评价。

3. 任务单

<table>
<tr><td>训练名称</td><td colspan="3">高速铁路车站电子客票相关业务应急处置训练</td></tr>
<tr><td>班　级</td><td></td><td>姓　名</td><td></td></tr>
<tr><td colspan="4">1. 正确使用车站售票检票设备</td></tr>
<tr><td colspan="4">2. 无法发售电子客票应急处置</td></tr>
<tr><td colspan="4">3. 实名制核验设备故障应急处置</td></tr>
<tr><td colspan="4">4. 进出站检票设备故障应急处置</td></tr>
<tr><td colspan="4">5. 中铁银通/同城卡取号机大面积故障无法取号时应急处置</td></tr>
<tr><td colspan="4">任务总结：</td></tr>
</table>

4. 效果评价

	项目	A—优	B—良	C—中	D—及格	E—不及格	综合
小组评价	设备使用（15%）						
	售票处置（15%）						
	检票处置（20%）						
	团队合作（10%）						
教师评价	应急处置（20%）						
	任务单（20%）						
	教师签名						

任务三　车站客运组织异常应急处置

任务引入

车站客运组织异常时应在统一领导下，各相关部门按照各自管理权限及职责分工，协同做好应急处置工作。按照“反应迅速，科学处置”的原则，在保证旅客安全的前提下，采取有效措施，尽快恢复正常秩序。

请思考：如何做好车站客运组织异常应急处置工作？

相关知识

一、动车组列车晚点应急处置

（一）加强公告宣传

根据集团公司拟定的车站广播词，在站前广场、进出站口、候车室、售票厅等处所利用广播、显示屏滚动播报等方式，宣传有关列车调整等信息。及时维护“应急情况晚点原退”信息，引导旅客通过 12306 网站办理退票。指导传媒广告公司做好信息公告内容的制作与发布。

（二）设立退改签专区、专口

一是及时启动列车停运及大面积晚点应急窗口启动流程。二是车站及时调整窗口功能，减少售票窗口，增开退票、改签专口。三是提前做好揭示引导牌。有条件的车站，视停运晚点列车数量，设立停运晚点列车售票业务处置专区或专口。四是遇特殊情况，需要预留其他列车车票时，车站及时联系客票所预留其他车次剩余票额。引导旅客到窗口办理退票、改签手续。

（三）及时公布晚点信息

车站根据停运调度命令及晚点情况，及时统计受影响旅客数量并报客运部值班人员。针对晚点列车，车站快速决策，及时添加互联网晚点原退参数，并向旅客公布晚点信息。

（四）办理退票手续

一是接到列车停运调度命令，及时向旅客宣传，可于开车后 30 天内办理原退票手续。二是列车晚点时，车站及时维护互联网晚点参数，向旅客宣传可于实际开车前办理原退票手续。三是加强现场引导。引导持电子客票未取报销凭证的旅客在 12306 网站或开通了退票功能的自助售票机自助办理退票；引导持电子客票已取报销凭证或现金购买的旅客到退票窗口或 12306 网站办理退票手续（在 12306 网站办理退票手续的旅客，后续到人工窗口办理领款）；现场引导能够采用自助办理退票手续的旅客尽量采用自助办理方式，减少旅客排队时间。四是做好自动设备功能维护。车站日常要做好自动设备功能维护，遇到停运、晚点等旅客需要集中退票的情况时，及时增加可办理退票设备的数量，减轻人工窗口办理员退票压力。

（五）组织旅客换乘

遇列车停运后又加开新车次时，可组织购买停运列车车次的旅客乘车，但需要引导旅客通过 12306 网站办理改签，因时间原因上车前未办理改签的旅客，要通知相关车次列车长，由列车负责为旅客办理改签手续。

（六）客运乘降组织

一是要根据客流情况，合理安排候车布局、动态调整候车布局，防止旅客过度集中，必要时联动站区管委会启动虚拟候车区，同时要利用广播、电子显示屏等形式加强宣传，指派专人引导，确保乘降组织安全。二是加强广播宣传，及时更新列车晚点等信息。车站综控（广播）室根据列车预报，及时更新晚点列车信息，公告旅客。三是组织验证验票口分时放行旅客进站，对晚点超过 4 h 的列车，要限制旅客进站。四是对网络购票旅客，列车开车前 1 h 以内到达车站的旅客，可实行凭购票信息，不用改签，直接乘坐临时安排的列车。五是组织好晚点列车餐料供应及给水、吸污作业。六是根据晚点的程度，及时联系公安、武警部门请求警力支援。七是对应急组织要实行网格化管理，各司其职，各负其责，有序组织。启动应急预案后，从应急指挥、运输组织、人员安排、设备管理、后勤保障等各方面确保落实到位。车站应急指挥部门要加强与集团公司应急指挥中心联系，掌握第一手信息并及时发布。车站干部要包保到位，掌握现场情况，重要信息及时反馈。设备部门要特别关注电梯、空调、旅客饮水、厕所等基本服务设施状况，发现问题及时维修，不能及时修复时做好解释工作。八是按照集团公司防洪有关要求，做好应急食品、饮用水的储备，必要时要能保证列车供应。

（七）高铁快件作业组织

涉及高铁快件作业的，提前通知中铁快运公司，做好应急处置；对晚点站停时间较短的列车，取消该次装车作业，优先对重点行包和生鲜易腐包裹进行卸车，对未卸下的行包，通知前方站协助卸下，并做好行包返回安排。

（八）站区协调联动

由地方站区管理部门协调组织，按照车站区域划分，对站内、广场、地下等各个区域，明确区域联劳，建立突发情况报告、常态化调度会商、信息发布等机制，加强日常联合应急演练，保障特殊时期武警、公安、市政交通调度等各方支援力量，做好车站旅客疏导和救援组织工作。

（九）组织接驳运输

对于23:00以后到达的晚点列车，主动联系地方站区管理部门，协调解决地方公交、地铁及出租公司组织接驳旅客，确保旅客及时疏解。同时，利用广播或人工引导等形式，通告引导旅客到接驳的具体地点尽快离开车站。

（十）耐心宣传解释

发生旅客滞留列车时，积极配合车站民警，以共同说服劝解、诚恳道歉为主，耐心细致地做好解释和相关铁路法律法规的宣传工作，努力争取旅客的理解和配合，安全快速疏散旅客。

二、突发大客流及旅客列车大面积晚点应急处置

车站按照“日常与节假日、预防与应急”相结合原则，强化基础管理，完善应急预案，加强监测预警。突发大客流及旅客列车大面积晚点时，快速研判影响情况，迅速组织人员，充分利用站内设施，立即启动应急预案，加强站区旅客组织，及时通报晚点信息，做好旅客宣传引导，确保客运组织平稳有序。

（一）车站重点部位组织

按照集团公司应急指挥中心指令，认真落实职责分工，安排充足力量，做好现场客流组织、预案落实、宣传引导、旅客乘降等现场处置工作，确保现场安全有序。

1. 进站口处置

（1）设置缓冲区。

在进站口外，利用隔离栏杆设置进站验票缓冲区，安排足够人员进行宣传，引导未限制进站旅客验票进站，将限制进站旅客疏导至临时虚拟候车区候车。

（2）通道组织。

对于具有多处进站通道的车站，要加强对旅客聚集较多、容易产生拥挤通道处的组织引导，引导旅客从各通道均衡进站。

2. 候车区处置

（1）加强候车组织。

按照候车室使用方案，遇列车大面积晚点时，调剂使用候车室，分散安排晚点列车候车，加强检票放行组织，防止不同车次旅客交叉冲突，避免局部过度聚集。

（2）加强广播宣传。

候车室要利用广播、便携式扩音器不间断宣传，12306服务台利用区域广播及时提示旅客检票上车，安排足够人力，组织旅客排队，有序候车，强化候车室内部组织。

（3）加强秩序维护。

组织应急小分队，及时疏散进站口、候车室、通道、电扶梯等部位聚集的旅客，维护现场秩序，避免局部堵塞。

3. 临时虚拟候车区处置

（1）临时虚拟候车区分块科学合理安排车次，按优先使用原则分级逐次启用，直至全部启用。

（2）临时虚拟候车区要做到标志明显，通过区域电子显示屏、固定车次牌、护栏、喇叭，确保虚拟候车区旅客候车环境空间充足良好。遇节假日，根据客流量提前将较大设备摆放到位，做好临时准备工作。

（3）加强临时虚拟候车区排队组织，每个临时虚拟候车区安排足够的干部职工，明确点位，明确职责，加强秩序组织维护。

（4）加强临时虚拟候车区进站上车组织，临时虚拟候车区要留有安全通道、进出口，合理安排验票、安检，旅客从临时虚拟候车区进站的过程中，通道要封闭管理，确保每名上车旅客均安检、验票。

（5）提前组织排队旅客进站，按照车站应急指挥中心指令，适当提前组织引导旅客至出站通道内等候，待车底到达、旅客出站完毕后，有序组织旅客进站上车。

4. 关键部位处置

（1）加强临时虚拟候车区专用通道组织盯控，原则上在通道入口、出口、拐弯处安排工作人员维持秩序，组织乘降。

（2）加强楼梯、天桥、进出站口组织盯控，临时封闭的通道、进出口、楼梯、天桥等重点部位、重要处所安排工作人员维护秩序。

（3）加强电梯使用组织盯控，每部电梯在客流高峰时间段安排专人值守，组织旅客安全乘坐电扶梯。

5. 防止旅客踩踏应急措施

（1）候车室防范措施。

站内旅客严重聚集时，车站要在候车室、通廊用隔离栏杆预留安全通道，组织旅客集中候车、按流线进出，避免交叉、拥挤、推搡。引导旅客到商业区、商务座候车区等站内可利用空间进行候车。提前将有车底计划旅客放行至站台候乘，并安排人员做好防护。引导晚点时间较长候乘旅客到站外临时虚拟候车区候车，并提供饮用水、食品、移动卫生间等基本服务保障。

（2）进站口防范措施。

根据站内客流量，在进站口外用隔离栏杆设置缓冲区，增派足够人员力量，组织旅客有序进站。将晚点时间较长的列车安排在站外临时虚拟候车区。引导临时虚拟候车区旅客到站外候车。协调站区地方管理部门，增派武警、公安、志愿者等维持秩序。

（二）信息报告与发布

车站要按规定模板向集团公司、站区地方管理部门及时汇报有关情况，充分利用站内外显示屏、广播及微信公众号、新闻媒体，做好信息发布工作。

1. 发布晚点信息

（1）推送晚点短信。

车站应急指挥中心及时维护售票计划管理系统中售票控制“应急情况晚点原退”模块数

据，向旅客推送晚点短信。对于已公布晚点信息列车，开车时间原则上不早于公布的预计时间，以确保旅客及时上车。

（2）站内信息发布。

利用显示屏、广播加强车站晚点信息宣传，向旅客公布晚点原因、晚点列车及晚点时间，要充分利用广场显示屏，在大客流聚集时启动广场广播，以确保信息发布的及时准确。

（3）做好对外宣传。

车站宣传部门通过微博、公众号等多种形式以及新闻媒体向旅客、社会发布晚点信息。

（4）人工广播宣传。

现场工作人员利用小区广播、便携式扩音器在关键部位、关键场所加大宣传力度，加强人工组织宣传疏导，确保车站广场、临时虚拟候车区组织的有序有力。便携式扩音器如图 2-3-1 所示。

图 2-3-1　便携式扩音器

2. 报告信息内容

（1）报送集团公司信息。

报送集团公司信息涵盖列车始发终到晚点列数、人数、晚点时间、候车室能力、客流动态情况等相关信息。

报送集团公司信息模板：我是××站应急指挥中心，受××或××站与××站区间（线路故障、洪水、山体滑坡、泥石流……）影响，造成我站到达晚点××列，××人，最长晚点××时间，影响站折始发××列，最长晚点××时间，目前候车室滞留旅客××人，根据当日列车开行情况，后续进站旅客××人。

（2）站区广场显示屏信息公告内容。

站区广场显示屏及时发布信息，显示列车晚点、停运、售改签、退票等公告内容。

① 晚点公告模板：因××（降雨、降雪、大雾、雾霾、大风、洪水、山体滑坡、泥石流、铁路交通事故、设备故障……）原因，××、××……线路部分列车晚点。具体车次如下：××次、××次……。提醒乘坐以上列车的旅客通过 12306 手机客户端或前往售票厅人工窗口，办理改签或退票手续，如您需要办理接续车票退票，须前往本站售票厅人工窗口与晚点列车车票同时办理，均免收退票手续费。

② 停运公告模板：因××（降雨、降雪、大雾、雾霾、大风、洪水、山体滑坡、泥石流、铁路交通事故、设备故障……）原因，××、××……线路部分列车停运。具体车次如下：××次、××次……。提醒乘坐以上列车的旅客可于××月××日前通过 12306 手机客户端或前往任意车站售票厅人工窗口，办理退票手续，各渠道均免收退票手续费。如您需要办理接

续车票退票，须前往本站售票厅人工窗口与停运列车车票同时办理。

（3）晚点、停运旅客信息推送内容。

车站客运部门协调技术部门，向旅客手机推送晚点时间、预计开车时间、列车停运、退改签等相关信息。对始发晚点超过 2 h 的列车，提示列车开车时间，旅客到站候车时间，避免客流聚集滞留。

① 晚点列车短信推送模板：尊敬的旅客，非常抱歉地通知您，今日本站开××次列车晚点运行，预计开车时间为××，建议您合理安排时间，请于××时间（如高铁 1 小时）到达车站，您也可通过 12306 网站、手机客户端或前往售票厅人工窗口，办理改签或退票手续，各渠道均免收退票手续费。如您需要办理接续车票退票，须前往本站售票厅人工窗口与晚点列车车票同时办理。不便之处，敬请谅解！

② 停运列车短信推送模板：尊敬的旅客，非常抱歉地通知您，今日由本站开××次列车停运，您可于××月××日前登录 12306 网站、手机客户端或前往任意车站售票厅人工窗口，办理退票手续，各渠道均免收退票手续费。如您需要办理接续车票退票，须前往本站售票厅人工窗口与停运列车车票同时办理。不便之处，敬请谅解！

三、恶劣天气影响运行应急处置

因恶劣天气（含暴雨、大雾、大雪、冰雹、台风等）造成动车组晚点 15 min 及以上时，客服调度应与客运部门对接，将受影响的旅客列车车次及晚点情况推送至客运管理信息系统，局集团公司客运站段、客户服务中心及列车长通过客运管理信息系统查询相关晚点信息，客运部门应了解现场情况，指挥应急处置，站车及时公告旅客，并及时通报铁路公安部门。

1. 联系汇报

旅客列车不能继续运行时，事发地车站站长立即到现场指挥，车站值班员立即向集团公司调度所报告，并与列车长取得联系，及时通报车站派出所，必要时向地方政府请求援助。

2. 公告宣传

车站应及时公告旅客列车受影响情况，在售票厅、候车室、服务台等服务处所做好旅客宣传和服务工作。

3. 退票改签

旅客列车不能继续运行时，车站引导旅客合理调整出行方案，为旅客办理退票、改签等手续，并引导旅客利用线上渠道办理。

4. 应急保障

车站应根据安排，及时为旅客列车提供餐食和饮用水。配合列车做好餐饮供应，并保证食品、餐料、饮用水的供应质量。

5. 维护秩序

受阻旅客列车在站停留期间，客运部门配合公安部门维护好车站治安秩序，车站要组织驻站民警和干部职工对列车进行安全防护，防止次生事故。

6. 坚守岗位

车站领导坚守岗位，加强与列车长和上级部门的联系，根据现场实际和上级指示要求，及时处置现场发生各类问题。

7. 协助救治

车站要积极协助卫生防疫部门为旅客提供医疗救护等服务。

8. 恢复秩序

恢复运行时，车站要安排足够人员力量做好宣传引导工作，组织旅客有序乘车。

因恶劣天气造成旅客列车晚点、停运、滞留时的应急处置如图 2-3-2 所示。

图 2-3-2　因恶劣天气造成旅客列车晚点、停运、滞留应急处置

四、列车停运应急处置

1. 停运安排

原则上由客运部按始发时间段分期分批提出停运方案。直通列车临时停运由集团公司客服调度向国铁集团申请调度命令，及时通报铁路公安，并转发有关站段。管内列车临时停运由集团公司客服调度向有关单位转达。

2. 停运原则

高铁列车晚点超过 3 h 且晚点列数超过 5 列，原则上可以申请停运。但原则上应慎重停运，通过晚点组织、加开临客、合并开行，最大限度满足旅客出行需求。

3. 信息公告

停运列车担当局集团公司及受影响车站将相关信息通过多种方式向社会公告，引导旅客合理调整出行方案。客票管理所及时向旅客推送列车停运信息。

4. 退票改签

车站积极为旅客办理退票、改签等手续，开足退改签窗口，满足旅客需求，并引导旅客利用网上渠道办理。

5. 维护秩序

旅客列车停运时，相关车站应积极采取有效措施，及时疏散滞留旅客，防止发生拥挤、踩踏等事件，做好宣传解释、服务保障和秩序维护工作。

6. 优化运力

高普混合的车站，合理调配高普运力，当客流积压时，均衡高铁普速客流，引导客流改乘同方向正点列车。

五、旅客及携带品、作业车辆坠入股道应急处置

发现、接到旅客或旅客携带品坠入股道的突发情况，客运工作人员按照“先防护，后处理”的原则处置，接到列车调度员（车站值班员）扣停列车等措施的通知后，车站组织人员使用专用工具处置或下道处置，对故意肇事或拒绝配合的人员交由公安部门处置。

（一）旅客坠入股道应急处置

1. 立即拦停列车

若列车正在进站，站台工作人员要立即使用可录音电台喊停或使用手信号拦停列车并开启音视频记录仪。同时向车站值班员、车站综控室（车务应急值守人员）、客运值班员汇报。若在列车站停期间，站台工作人员立即用电台呼叫司机，通知司机暂不开车。

2. 及时汇报

车站值班员、车站综控室（车务应急值守人员）向列车调度员汇报。

3. 赶赴现场

客运工作人员要立即赶赴现场，了解情况，安抚旅客，如旅客伤势不重，指引旅客到安全地带等待救援；如伤势严重，立即拨打 120。

4. 上线确认

列车调度员（车站值班员）通知正在或即将进站的列车（含通过列车）停车；通知站停列车暂不开车。列车调度员确认列车停妥后，通知车务应急值守人员，车务应急值守人员通知现场上线处理。

5. 上线处置

现场处置人员根据车务应急值守人员准许上线口头指示，将坠落股道的旅客施救到站台安全区域。处置结束，确认不影响行车安全后，向车站值班员、车站综控室（车务应急值守人员）汇报，车站值班员、车站综控室（车务应急值守人员）向列车调度员汇报。

6. 救治安置

车站做好工作人员音视频记录仪及视频监控信息的证据保存、取证等工作，同时做好对受伤旅客的救治和转移安置。

7. 恢复行车

得到现场处置结束的汇报后，列车调度员组织已扣停的相关列车恢复行车。

（二）旅客携带品、作业车辆坠入股道应急处置

1. 现场汇报

若旅客携带品、作业车辆不影响行车安全时，站台工作人员要开启音视频记录仪，向旅客做好安抚、解释工作，采取措施阻止旅客自行跳下站台捡拾行为，告知旅客铁路会妥善处置，并向车站综控室（车务应急值守人员）、客运值班员汇报。

2. 立即拦停列车

若旅客携带品、作业车辆可能影响行车安全时，站台工作人员要立即开启音视频记录仪，使用可录音电台喊停或使用手信号拦停列车。同时向车站值班员、车站综控室（车务应急值守人员）、客运值班员汇报。若在列车站停期间，站台工作人员立即用电台呼叫司机，通知司机暂不开车。

3. 汇报调度

车站值班员、车站综控室（车务应急值守人员）向列车调度员汇报。

4. 上线确认

列车调度员（车站值班员）通知正在或即将进入受影响股道的列车（含通过列车）停车；通知站停列车暂不开车。列车调度员确认列车停妥后，通知车务应急值守人员，车务应急值守人员通知现场上线处理。

5. 上线处置

根据车务应急值守人员准许上线口头指示后，车站组织人员使用专用工具下道处置，将旅客携带品、作业车辆施救到站台安全区域。处置结束，确认不影响行车安全后，向车站值班员、车站综控室（车务应急值守人员）汇报，车站值班员、车站综控室（车务应急值守人员）向列车调度员汇报。

6. 留存证据

车站做好工作人员音视频记录仪及视频监控信息的证据保存、取证等工作。

7. 恢复行车

得到现场处置结束的汇报后，列车调度员组织已扣停的相关列车恢复行车。

六、车底临时更换旅客席位调整应急处置

（一）手持席位调整凭条打印设备使用步骤

手持席位调整凭条打印设备集成了专业二维码扫描头、专业身份证读卡器等模块。

（1）打开桌面中“换”字图标，进入登录界面，输入用户名和密码，点击登录。

（2）进入主界面后，先把蓝牙打印机电源打开再进行后续操作。

（3）在主界面右上角有一个“打印设置”的按钮。进入后点击“连接方式选择”，进入后可进行蓝牙配对操作。配对成功连接后打印机右边的蓝色指示灯亮，表示蓝牙连接成功，如果熄灭表示蓝牙断开，需要重新连接。

（4）电子票可通过读身份证的方式，点击读身份证按钮，并把二代身份证贴在设备背后的中间部分（集成了二代证读卡器），读取成功后会自动查询出相关信息，并通过蓝牙打印机把席位置换信息打印出凭条给旅客。如果打印机在打印过程中断线，程序会尝试自动连接一次打印机，这时界面中最右边的按钮字样会变成“打印”，点击后可把上次未打印的信息重新打印一次。

（5）凭条打印有次数限制，超过打印次数后，信息会显示在屏幕上，但是打印机不会打印凭条。

（6）进入右上角统计菜单，可以查询当日的换车底车次的统计信息。点击日期字样可弹出日期点选框。查询（未开）可以查询还没有发车的席位调整信息。查询（全部）可以查询当天所有发生席位调整的信息。

手持席位调整凭条打印设备操作界面如图 2-3-3 所示。

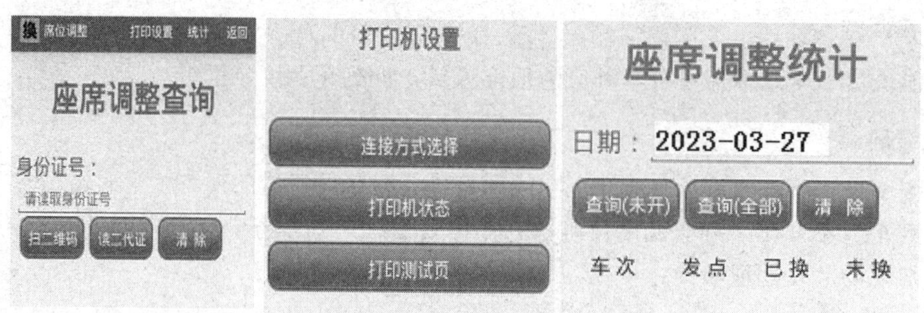

图 2-3-3　手持席位调整凭条打印设备操作界面

（二）车底临时更换旅客席位调整应急处置

（1）集团公司客运部客票管理所在接到动车组列车临时更换车底调度命令后，及时进行席位置换，在系统中生成“席位换乘通知单”。同时将换号席位信息推送至车站实名验证窗口和手持站车交互设备。

（2）设置有席位调整凭条打印设备的车站，启用打印“席位换号凭条”功能。提前通过广播等方式组织引导旅客打印“席位换号凭条”。旅客凭换号凭条，乘坐到正确的座位上，保障旅客及时正确乘车。

（3）旅客在车站进站口进行实名验证进站时，自动判断所乘列车席位变更信息，如有变更，将为旅客打印换号凭条。

（4）组织旅客在“站车无线交互设备”上，直接读取或输入旅客有效身份证件信息，自动判断所乘列车席位变更信息，如有变更，将为旅客打印换号凭条。

（5）车站放行前应提前与列车长取得联系沟通倒换车底情况，组织、部署现场人员按必要岗位进行分工，做好车底票号倒换、旅客乘降组织等准备工作。

（6）车站在组织检票放行旅客时，原则上应先行组织需调整的高等级席位旅客检票进站，保证高等级席位旅客优先上车。

（7）未配备席位调整凭条打印设备的车站接到调度命令后，及时与集团公司客票管理所联系，了解掌握具体席位调整方案。自行打印“席位置换通知单”，并及时通知相关人员。

（8）因临时更换车底定员小于原车底，导致部分旅客无席位时，车站应提前向相关旅客说明情况，有条件的，应引导旅客办理改签、退票手续；对坚持旅行的旅客，应做好站车交接工作，如列车餐车有席位的，列车长应优先将无席位的旅客安排在餐车。

（9）列车长应将席位调整方案通知相关车厢列车员，列车员要掌握席位调整方案，做好解释、安抚和服务工作。

（10）遇有低等级席位调整至高等级席位时，不补收票价差额。

（11）遇旅客已检票上车后因车底故障需更换车底时，车站和列车应加强席位调整工作的配合，组织旅客换乘时，原则上应优先组织需席位调整车厢的旅客进行换乘，保证换乘秩序。

七、客运车站线路进入闲杂人员应急处置

发现、接到客运车站线路进入闲杂人员的突发情况，车站工作人员原则上要严格遵循“先劝阻汇报、后防护处置”的处置原则，即：先劝阻旅客同时向有关部门（人员）及时汇报情况，在得到行车指挥部门允许上线、做好防护的条件下，再组织进行处置。

（一）通知汇报

（1）发现或接到现场反映闲杂人员进入线路，现场客运人员应开启音视频记录仪，对处置过程进行全程录音、录像。通过电台及时向综控室人员（车务应急值守人员）、客运值班员汇报，如发现（接到反映）人员为非客运人员，应及时通知客运人员。

（2）客运值班员接到汇报后应向车站值班干部汇报。综控室人员或车务应急值守人员接到闲杂人员进入线路的汇报后，应及时向列车调度员报告。

（3）车务应急值守人员接到列车调度员通知闲杂人员进入线路的情况后，要及时通知现场附近的客运人员、车站值班干部。车站值班员或车站干部及时通知驻站公安。

（二）现场处置

（1）车站发现或接到反映有闲杂人员进入线路，车站客运人员、车站干部、驻站公安应立即赶赴现场最近安全区域进行处置。

（2）车站应及时将视频监控调整到最佳监控角度，对突发情况进行指挥、录像。

（3）现场处置人员应安抚、劝阻、引导闲杂人员不要在线路上逗留、奔跑，禁止追赶、恫吓闲杂人员。

（4）现场处置人员与车站应急值守（车站综控室）人员联系确认事发区域线路列车运行情况，掌握情况后引导、劝阻闲杂人员到安全区域躲避。

（5）公安人员在得到列车调度员准许上线的通知后，现场处置人员在做好现场防护的情况下，由公安人员进入线路将闲杂人员带离至安全地点。

（6）如遇列车危及闲杂人员生命安全时，按照《技规》要求拦停或扣停列车。

（三）恢复运行

（1）现场处置结束后，确认不影响行车安全后，车站综控室人员或车务应急值守人员向调度部门报告可以恢复运行。

（2）车站要配合公安人员将带离线路的闲杂人员按规定进行处理，将涉事闲杂人员信息按要求录入铁路客运信息管理系统。

（3）闲杂人员进入线路的突发事件必须按照突发事件快速汇报制度，限时、逐级向上级部门进行汇报。

【案例 2-3-1】动车组列车车站不同站台换乘应急处置模拟演练

7 月 26 日 9:00，停靠在 8 站台的 C2002 次列车开始检票，高架与地下检票员按规定出务并宣传引导旅客检票上车。在检票 5 min 后，综控室接到动车调度员通知，C2002 次列车车底故障，须倒换 9 站台的热备车底，须立即组织旅客换乘。

综控室立即通知车间值班干部，车间干部汇报客运业务科及主管站长，赶赴现场。

综控室："客运主任有吗，动调通知 8 站台 C2002 次列车车底故障须倒换 9 台的热备车底，请立即赶赴现场。"

客运主任："明白。我立即赶赴现场，通知客运值班员加强组织。客运业务科有吗，动调通知 8 站台 C2002 次列车车底故障须倒换 9 台的热备车底，车间干部已赶到现场。"

客运业务科："明白，我立即汇报站长。"

综控室："客运值班员有吗？C2002 次列车动调通知车底故障，须倒换 9 台热备车底。"

客运值班员："明白，综控室请确认热备车底何时能到达站台？"

综控室："热备车底现已从库里出发，停稳后立即组织旅客换乘。"

客运值班员："现场明白。"

综控室："上水值班员有吗？C2002 次列车动调通知车底故障，须倒换 9 台热备车底。"

上水值班员："明白。"

客运值班员："C2002 次高架、地下检票口、8、9 站台客运员有吗，请提示旅客 C2002 次列车在 9 站台乘车，不要上错列车。"

高架检票员："高架检票口明白。旅客们你们好！C2002 次列车停靠在 9 站台，请不要上错车。"

地下检票员："地下检票口明白。旅客们你们好！C2002 次列车停靠在 9 站台，请不要上错车。"

站台客运员："站台明白。"

综控室将站台列车显示进行调整，将 C2002 次列车由 8 站台调整到 9 站台。客运值班员立即与 C2002 次故障列车车长联系，并安排两名客运员将故障车底上的旅客引导到站台。

客运值班员："××，××有吗，立即到 9 站台组织旅客换乘。"

客运员："××、××明白。"

两名客运员到达故障列车后组织旅客下车，并在白色安全线以内按照车厢号排队等候热备车底到达。待热备车底在 9 站台停稳后，组织旅客按照车厢号、座位号乘坐热备车底，同时在故障车底安排一名客运员由头到尾巡视故障车底有无遗留旅客。上水值班员确认列车停稳后，组织人员以最快速度将列车上满水。停检后，客运值班员确认旅客已全部换乘至热备车底，听取上水值班员上水完毕的汇报后，通知综控室 C2002 次列车组织完毕。

站台客运员：“高架、地下检票口客运员有吗，是否还有赶车旅客？”

高架检票员：“高架没有赶车旅客。”

地下检票员：“地下没有赶车旅客。”

上水值班员：“9 站台客运员有吗，C2002 次上水作业完毕。”

站台客运员：“9 站台客运员明白。”

客运值班员：“综控室有吗，C2002 次列车旅客换乘热备车底完毕，旅客上下，列车上水均已完毕。”

综控室：“综控室明白。”

综控室通知动车调度：“C2002 次列车旅客换乘、列车上水均组织完毕，可以开车。”

动车调度：“明白。”

站台客运员再次确认旅客乘降完毕后响铃发车。

客运值班员：“主任有吗，C2002 次列车已换乘完毕，特向您汇报。”

客运主任：“好的，客运业务科有吗，C2002 次列车已换乘完毕，特向您汇报。”

客运业务科：“好的，我立即汇报站长。”

车站站台接送车作业位置示意如图 2-3-4 所示。

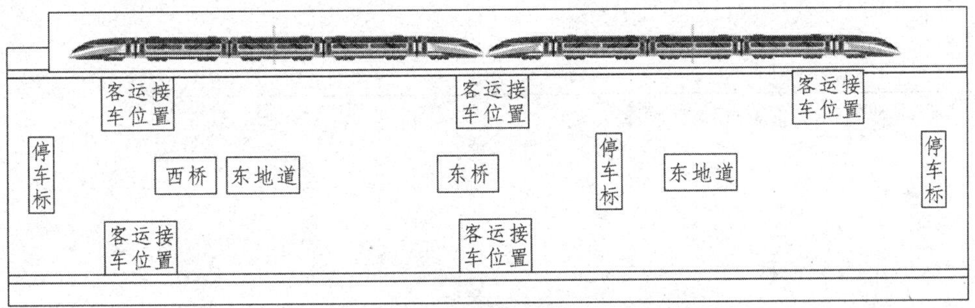

图 2-3-4　车站站台接送车作业位置示意

任务实施

1. 任务准备

（1）设备准备：仿真高速铁路车站客运设备、实训室，专业训练服（可着正装）。

（2）实训资料准备：相关应急处置预案、实训任务单、相关规章、教材等。

（3）情景准备：实训前各小组查阅、收集资料，选择高速铁路车站客运组织异常应急处置相关情景，情景中包括高速铁路车站售票及客运服务相关人员、旅客若干。

（4）人员准备：实训分小组进行，每组 6 ~ 8 人，每个小组做好人员分工。

2. 实施步骤

（1）突发大客流及旅客列车大面积晚点应急处置。

（2）旅客和旅客携带品坠落应急处置。

（3）车底临时更换旅客席位调整应急处置。

（4）组内互查，教师总结并评分、评价。

3. 任务单

训练名称	高速铁路车站客运组织异常应急处置训练		
班　级		姓　名	
1. 恶劣天气造成旅客列车晚点、停运、滞留应急处置			
2. 动车组列车不同站台换乘应急处置			
3. 线路进入闲杂人员应急处置			
4. 车底临时更换旅客席位调整应急处置			
任务总结：			

4. 效果评价

	项目	A—优	B—良	C—中	D—及格	E—不及格	综合
小组评价	晚点停运（15%）						
	旅客坠落（15%）						
	席位调整（20%）						
	团队合作（10%）						
教师评价	应急处置（20%）						
	任务单（20%）						
	教师签名						

思考题

1. 叙述车站消防安全预防措施。
2. 叙述车站发生火灾、爆炸事故应急处置过程。
3. 叙述车站电子客票相关系统故障应急处置过程。
4. 叙述车站客运组织异常时的应急处置原则。
5. 叙述动车组列车晚点应急处置过程。

项目三 高速铁路非正常行车应急处置

项目描述

高速铁路行车安全要管理职责明确，安全设备设施配备齐全到位，作用良好。新技术新装备的应用使我国高速铁路运营组织有了很多安全保障措施，但是由于地质灾害、极端恶劣天气、技术设备故障等突发因素，高速铁路行车的应急处置至关重要。本项目主要介绍高速铁路灾害天气及设备故障情况下的行车处置方法。

学习目标

1. 素质目标

通过学习高速铁路非正常行车应急处置的内容及要求，提高防灾减灾救灾和重大突发公共事件处置保障能力，提高防范化解重大风险能力，严密防范系统性安全风险。培养学生的社会责任感、爱岗奉献精神和工匠精神。

2. 能力目标

能够判断高速铁路非正常行车情况；能够模拟各种灾害天气行车的应急处理；能够模拟各种设备故障行车的应急处理；能够模拟非正常行车的应急处理。

3. 知识目标

掌握高速铁路灾害天气行车工作组织方法；掌握高速铁路设备故障行车工作组织方法；掌握高速铁路设备故障行车的相关规定；掌握高速铁路非正常行车的相关规定。

任务一 高速铁路灾害天气行车

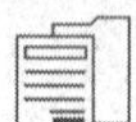

任务引入

灾害天气对行车安全的影响是多方面的，有些极端恶劣的天气，还可能带来其他方面的损伤和破坏，所以行车部门应加强与气象部门的沟通，并确保自然灾害及异物侵限监测系统状态良好，遇到灾害天气要立即妥当处理。常见的灾害天气主要有“风、雷、雨、雪、雾”五种。

请思考：如何做好灾害天气行车组织工作？

相关知识

列车调度员是一个调度区段行车的统一指挥者，有关行车人员必须执行列车调度员的命令、指示，服从调度指挥。列车调度员应掌握天气变化对行车工作影响的规律，组织行车有关人员协调动作。

为维护良好的列车运行秩序，列车调度员应加强与现场行车有关人员的联系，及时布置重点工作。发生非正常情况时，现场行车有关人员应立即按规定采取安全措施，并及时向列车调度员报告，列车调度员向行车有关人员了解情况时，有关人员应如实汇报。

一、大风天气行车

高速运行的列车，在大风特别是侧向风环境中，运行稳定性降低，车体侧向偏移量加大不利于行车安全，必须根据不同的风速采取相应的安全措施。

（一）自然灾害及异物侵限监测系统风速监测子系统大风报警

1. 遇风速监测子系统提示大风报警信息时

列车调度员根据报警提示向相关列车发布限速运行的调度命令。对来不及发布调度命令的列车，立即通知司机限速运行。遇风速不稳或同一地段多处风速报警时，列车调度员可合并设置，按最低限速值发布限速调度命令。司机接到调度命令或通知后，应立即采取措施。

遇风速监测子系统提示大风报警信息时，列车调度员根据报警限速提示及时组织列车临时限速运行，向相关列车发布临时限速调度命令。对已进入或即将进入限速区段，来不及发布调度命令的列车，列车调度员应立即通知司机限速运行。司机接到限速运行的通知或收到限速调度命令后，均应按要求采取降速措施。

遇风速不稳或同一地段多处风速报警时，为消除限速重叠、不一致和交叉的问题，迅速进行处置，列车调度员可合并设置，按最低限速值发布限速调度命令。

调度命令格式见表 3-1-1。

表 3-1-1 调度命令

年　月　日　时　分　第　号

受令处所		调度员姓名	
内　容	____月____日____时____分至____月____日____时____分（另有命令时），____线____站（含、____道、____号道岔）至____站（含、____道、____号道岔）间____行线____km____m至____km____m处施工（灾害、故障），限速____km/h。		

（规格 110 mm × 160 mm）　　受令车站..........　　车站值班员..........

2. 遇大风天气，当风速监测子系统发出禁止运行的报警信息时

列车调度员应及时关闭有关信号（车站控制时为通知车站值班员关闭有关信号）并通知司机停车。司机接到通知后，应立即采取停车措施。

当风速监测子系统发出禁止运行的报警信息时，列车调度员（车站控制时为列车调度员通知车站值班员）及时关闭有关信号，拦停、扣停列车，对于在区间运行的列车，应立即通知司机停车，司机接到通知后，应立即采取停车措施。

3. 列车运行途中遇大风时

司机根据情况控制列车运行速度，并报告列车调度员。列车调度员通知后续首列列车司机在该地段注意运行。列车通过该地段后，司机应及时向列车调度员报告。

列车调度员对风速监测子系统报警的处置需要一定的时间，加之风速监测子系统监测点是固定设置，没有全部覆盖监测所有地点，为确保列车运行安全，要求列车运行途中，司机遇大风后，应根据情况控制列车运行速度，并报告列车调度员。列车调度员通知后续首列列车司机在该地段注意运行；司机控制列车驶离大风区域后，应及时向列车调度员报告情况，以便列车调度员掌握大风区域和风速情况，组织后续列车安全运行。

4. 风速监测子系统限速报警解除

风速监测子系统限速报警解除后，列车调度员应及时取消前发限速调度命令，恢复正常行车。

（二）动车组列车遇大风时行车限速的规定

1. 无挡风墙时运行速度要求

在环境风速不大于 15 m/s 时，可以正常速度运行；环境风速不大于 20 m/s 时，运行速度不大于 300 km/h；环境风速不大于 25 m/s 时，运行速度不大于 200 km/h；环境风速不大于 30 m/s 时，运行速度不大于 120 km/h；环境风速大于 30 m/s 时，严禁动车组列车进入风区。

2. 站台边缘限速

动车组高速运行时，受线路平纵面及风力等影响，车体会有一定的侧向偏移。高速铁路均为 1 250 mm 的高站台，动车组在邻靠站台的线路上运行时，存在与站台接触摩擦危及行车安全的风险，所以必须根据站台限界情况限制列车运行速度。目前高速铁路正线、到发线中心线距站台边缘大多为 1 750 mm，办理动车组列车通过时，在环境风速不大于 15 m/s 情况下，统一规定速度不得超过 80 km/h；当环境风速超过 15 m/s 时，动车组运行速度不得超过 45 km/h，并注意运行。对于线路中心线距站台边缘为 1 800 mm 的正线、到发线，不受此限制。

（三）自然灾害及异物侵限监测系统风速监测子系统故障

自然灾害及异物侵限监测系统风速监测子系统故障时，如调度监控终端黑屏、灰屏、死机、通信中断、风速风向现场监测设备故障等，将不能检测和提供大风报警及限速、禁止运行等报警信息，一方面要立即组织修复，另一方面要按照天气预报信息继续组织列车运行，具体信息由工务部门提供。

1. 风速监测子系统故障

列车调度员发现风速监测子系统故障时，应立即通知设备管理单位，并在《行车设备检查登记簿》内登记，设备管理单位应立即查明原因、尽快修复。日常检测、使用过程中，设备管理单位发现风速监测子系统故障时，应立即报告列车调度员，并在调度所《行车设备检查登记簿》内登记，迅速组织查明原因、尽快修复。

2. 风速监测子系统故障期间遇 7 级及以上大风天气

风速监测子系统故障期间，故障区段如遇天气预报 7 级及以上大风天气时，工务部门应及时向列车调度员提交天气预报信息，列车调度员按照天气预报的最大风级向相关列车发布限速调度命令。相关限速规定如下：当最大风速达 7 级时，运行速度不大于 300 km/h；达 8 级、9 级时，运行速度不高于 200 km/h；达 10 级时，运行速度不大于 120 km/h；达 11 级及以上时，禁止列车进入风区。具体的限速里程由工务部门根据故障情况以及天气预报信息确定后，通知列车调度员。

二、雨天行车

遇强降雨天气时，路基、桥隧、通信信号、供电等铁路基础设施会受到影响，可能危及行车安全，必须根据不同的雨量采取相应的安全措施。

（一）接到自然灾害及异物侵限监测系统雨量监测子系统报警信息

遇雨量监测子系统提示雨量监测报警信息时，列车调度员根据报警提示向相关列车发布限速运行的调度命令。对来不及发布调度命令的列车，立即通知司机限速运行。

列车调度员根据报警提示要求及时组织列车临时限速运行，及时向相关列车发布限速运行的调度命令，并通知工务、电务、车辆、供电等专业调度，及时通知有关设备管理单位检查设备。对已进入或即将进入限速区段，来不及发布调度命令的列车，列车调度员应立即通知司机限速运行。司机接到限速运行的通知或收到限速调度命令后，无论列控限速设置与否，均应采取降速措施。

（二）列车通过防洪重点地段

工务部门应根据现场环境、气候特点、设备状况等并结合历年防洪经验，确定并公布防洪重点地段，防洪重点地段多是汛期灾害多发区域，如洪水、泥石流、山体滑坡、塌方落石等，线路、桥隧、路基、道床等稳定性会受到影响。日常当列车通过防洪重点地段时，司机要加强瞭望，并随时采取必要的安全措施。

1. 积水高于轨面

动车组列车运行中，司机发现积水高于轨面时，应立即停车，根据现场情况与随车机械师共同确认行车条件或请求救援，并立即报告列车调度员（车站值班员），车站值班员报告列车调度员。列车调度员（车站值班员）立即通知已进入区间的后续列车停车并禁止向该区间放行列车。司机接到通知应立即采取停车措施，应根据实际情况尽量避免停在隧道内等有潜在危险的地段。

2. 洪水漫到路肩

当洪水漫到路肩时，列车司机应按规定控制列车限速运行，并立即报告列车调度员或车站值班员，车站值班员报告列车调度员。列车调度员（车站值班员）立即通知已进入区间的后续列车注意运行；遇有落石、倒树等障碍物危及行车安全时，司机应立即停车，并报告列车调度员，列车调度员立即通知已进入区间的后续列车停车，并禁止向该区间放行列车。经救援或检查、排除障碍并确认安全无误后，方可恢复运行。

3. 线路塌方、道床冲空等突发情况

列车遇到线路塌方、道床冲空等危及行车安全的突发情况时，司机应立即停车或根据实际情况采取其他应急处置措施，并立刻通知追踪列车、邻线列车及列车调度员（邻近车站值班员或应急值守人员），配备列车防护报警装置的列车应立即使用列车防护报警。追踪列车、邻线列车司机得到通知或接收到防护报警后应根据本列车位置和报警列车位置立即采取措施。列车调度员得到报告后应立即通知后续、邻线列车采取停车等相应的安全措施。邻近车站值班员或应急值守人员得到报告后应立即报告列车调度员并通知后续、邻线列车采取停车等相应的安全措施。

（三）列车在不同降雨量下的运行速度要求

1. 列车限速

遇有降雨天气，重点防洪地段 1 h 降雨量达到 45 mm 及以上时，列车限速 120 km/h；1 h 降雨量达到 60 mm 及以上时，列车限速 45 km/h。当 1 h 降雨量降至 20 mm 及以下且持续 30 min 以上时，可逐步解除限速。

2. 取消限速或解除线路封锁

列车调度员在得到工务及其他相关专业调度台检查无异常的报告后，及时取消限速或解除线路封锁。

雨停或降雨减小等情况下，有关设备管理单位对有关设备进行检查确认，具备提速、取消限速、解除线路封锁等条件时，应及时报告相关专业调度台，列车调度员应根据工务及在得到其他相关专业调度台检查无异常的报告后，及时提高限速、取消限速或解除线路封锁。

（四）自然灾害及异物侵限监测系统雨量监测子系统故障

自然灾害及异物侵限监测系统雨量监测子系统故障时，如调度监控终端黑屏、灰屏、死机、通信中断、雨量现场监测设备故障等，将不能提供雨量报警及限速运行的信息，一方面要立即组织修复，另一方面要根据工务部门提供的降雨信息组织列车运行。

1. 列车调度员发现雨量监测子系统故障

列车调度员发现雨量监测子系统故障时，应立即通知设备管理单位，并在《行车设备检查登记簿》内登记，设备管理单位应立即查明原因、尽快修复；日常检测、使用过程中，设备管理单位发现雨量监测子系统故障时，应立即报告列车调度员，并在调度所《行车设备检查登记簿》内登记，迅速组织查明原因、尽快修复。

2. 列车调度员发现或接到设备管理单位通知雨量监测子系统故障

设备管理单位发现雨量监测子系统故障时，应立即报告列车调度员，并在调度所《行车设备检查登记簿》内登记。雨量监测子系统故障期间，由工务部门根据降雨情况在调度所《行车设备检查登记簿》内登记限速或封锁。列车调度员根据工务部门的登记组织列车限速运行或封锁线路。

三、冰雪天气行车

冰雪天气下，设备积雪或结冰等会导致稳定性降低，动车组下部积雪、结冰降低了转向架高速运行的性能，脱落时会击打地面设备，地面应答器、接触网受流、车地通信等会因此受到影响，动车组高速运行中还可能出现被冰雪击打等情况，影响列车运行和行车安全，必须根据不同的情况采取相应的安全措施。列车调度员接到自然灾害及异物侵限监测系统雪深监测子系统报警信息、有关设备管理单位或司机、随车机械师等有关人员的冰雪天气报告后，应按规定进行快速、准确的处置，加强信息传递、相互联系和协作配合，确保列车运行安全。

（一）遇冰雪天气时的处置

1. 自然灾害及异物侵限监测系统雪深监测子系统报警雪深值达到警戒值

自然灾害及异物侵限监测系统雪深监测子系统报警雪深值达到警戒值时，系统发出报警信息和限速提示，列车调度员应根据提示信息及时对即将进入报警区域的列车发布限速运行的调度命令。来不及发布调度命令时，列车调度员应立即通知司机限速运行。

未安装雪深监测子系统的区段或雪深监测子系统故障时，工务、电务部门根据降雪情况和需要，提出限速或提速申请，在调度所《行车设备检查登记簿》内登记限速申请，并可根据积雪量变化情况，提出提速或进一步限速的申请，列车调度员要及时发布调度命令。

2. 安装动车组运行故障动态图像检测系统（TEDS）的区段

安装动车组运行故障动态图像检测系统（TEDS）的区段，TEDS 监控中心要加强对动车组转向架结冰、积雪等情况的监测分析，发现动车组转向架结冰需限速运行时，应立即将车次及限速要求等按规定报告动车调度员。动车调度员应立即通知列车调度员，由列车调度员通知相关列车司机限速运行。司机接到通知后应立即按要求限速运行，并通知随车机械师。

（1）动车调度工作。

动车调度是高铁运输调度体系的重要组成部分，承担动力分散型电动车组日常运用和检修生产组织及应急处置工作。做好动车组运用、检修调度工作是保证动车组运行安全、提高动车组运用效率、维护铁路运输秩序的基础。

① 动车调度编制日计划内容包括动车组车底运用方案（包括运用动车组车型、车组号、定员和担当交路）。

② 热备动车组（包括车型、车组号、定员和停放位置）。

③ 其他重点事项。

（2）随车机械师发现动车组车底异响、动车组被击打等异常情况。

列车运行过程中，随车机械师发现动车组车底异响、动车组被击打等异常情况需要列车限速时，应立即通知司机限速。司机根据随车机械师的限速要求运行，并向列车调度员报告被击打地点里程，列车调度员同样不再发布限速调度命令，通知动车调度员并提示后续首列列车司机（通过司机通知随车机械师）在该被击打地点注意列车运行状态，动车调度员应立即通知前方 TEDS 监测点进行重点监测。列车通过该被击打地点后，司机（随车机械师将检查情况报告司机）应及时上报有关运行情况，以便列车调度员组织后续列车运行。

3. 启用道岔融雪装置

我国绝大多数高铁在设计、建设时都考虑了降雪问题，设有电加热的道岔融雪装置，降雪时应根据线路积雪情况及时启用道岔融雪装置。

降雪达到中雪及以上，车站道岔转动困难时，为减少道岔扳动，车站可采取固定接发车进路的方式办理接发列车作业，上下行各固定一条接发车进路。始发、终到列车较多的车站执行有困难时，可选择交叉干扰少、道岔位置改变少的几条线路相对固定办理接发车作业。较大客运站尽量停靠便于上水、吸污的线路。

没有道岔融雪装置或道岔融雪装置作用有限，持续、较大的降雪仍然会引起车站道岔转动困难。而且在高铁区段，列车运行速度高，人员上线作业需封锁或限速，既不利于人身安全又影响列车运行。所以，当降雪量较大、达到中雪及以上（实际上列车已经按冰雪天气规定进行了限速，运输秩序已经受到影响），应尽可能减少道岔扳动，车站采取固定接发车进路的方式办理接发列车作业，上下行各固定一条接发车进路，减少列车在中间站会让、越行，不办理客运业务的会让站固定上下行正线，保证不间断接发（通过）列车；办理客运业务的车站，固定为上下行各一条可以办理旅客乘降的到发线，保证不间断接发列车。始发、终到列车较多的大站或多线交会的车站执行有困难时，可选择交叉干扰少、道岔位置改变小的几条线路相对固定地办理接发车作业。较大客运站应尽量停靠便于上水、吸污的线路。

4. 人工上道除雪

需人工上道除雪时，上、下道作业应执行登记签认要点制度，由指定单位驻调度所联络员在调度台（车站控制方式的车站为驻站联络员在车站）登记申请和防护，列车调度员应根据书面登记或车站值班员的汇报，办理停止本线接发列车及调车作业、将邻线列车限速160 km/h 及以下后准许上线作业。由于扫雪时需频繁转动道岔，集控站可根据需要转为车站控制。

上线除雪作业完毕、人员及工具撤离后，由申请登记单位人员办理销记手续，列车调度员确认作业完毕的销记后方可恢复本线行车、撤销邻线限速。

5. 道床积雪、接触网结冰受电弓取流不畅

道床积雪、接触网结冰受电弓取流不畅时，司机应先采取减速措施，并及时向列车调度员汇报，列车调度员通知有关专业调度，专业调度及时通知有关设备管理单位，设备管理单位及时查明情况，按规定提出限速申请，列车调度员及时发布限速调度命令。

道床积雪时，在高速运行列车的带动下，可能影响动车组列车车地通信（如应答器和应答器信息接收单元）和电子监测设备正常使用；接触网结冰会引起动车组或电力机车受电弓取流不畅，产生电流电压不足、瞬间断电、电弧等问题，影响正常受电和牵引运行。列车在运行过程中，司机发现道床积雪、接触网结冰受电弓取流不畅时，应先采取减速措施，并及时向列车调度员汇报。列车调度员通知工务、电务、车辆、供电等相关专业调度，由专业调度及时通知有关设备管理单位，设备管理单位及时查明情况，需要列车限速时，按规定办理限速申请，列车调度员根据各设备管理单位的限速申请，发布限速调度命令。

6. 接触网导线结冰

供电部门应掌握接触网导线结冰情况，需要列车限速时，应立即登记《行车设备检查登

记簿》，向列车调度员提出限速申请。需要接触网除冰时，供电部门提出除冰申请，列车调度员应及时安排接触网除冰车辆上线运行。

冰雪天气，遇接触网导线覆冰时，为防止接触网长时间停电，加重导线覆冰，根据需要可停止天窗停电作业，并在天窗时间内开行动车组、电力机车，通过接触网导线与受电弓的摩擦、受流进行热滑融冰。

7. 始发、折返站发现动车组异常情况

随车机械师在始发、折返站发现动车组转向架结冰、受电弓无法升起、动车组被击打等异常情况需要处理时，应及时通知司机，由司机报告列车调度员，列车调度员通知动车调度员，动车调度员根据随车机械师反映情况和车辆运用情况提出更换车底或限速申请，并组织入库动车组除雪融冰。

8. 降雪结束

降雪结束后，提出限速的设备管理单位应做好对有关行车条件的检查确认，及时恢复常速运行。在具备提速条件或限速情况消除时，应向列车调度员提出申请，列车调度员及时发布相关调度命令。雪后恢复常速运行的具体程序和办法由铁路局集团公司规定。

9. 雪深监测子系统故障

列车调度员发现雪深监测子系统故障时，应立即通知设备管理单位，并在《行车设备检查登记簿》内登记；设备管理单位发现雪深监测子系统故障时，应立即报告列车调度员，并在调度所《行车设备检查登记簿》内登记。

（二）冰雪天气限速要求

（1）当运行区段降中雪或积雪覆盖轨枕板或道砟面时，无砟轨道区段限速 250 km/h，有砟轨道区段限速 200 km/h；当运行区段降大雪、暴雪时，无砟轨道区段限速 200 km/h，有砟轨道区段限速 160 km/h。中雪、大雪、暴雪的界定，以气象部门公布或观测为准。

当无砟轨道区段轨枕板积雪厚度 100 mm 以上时，限速 200 km/h；有砟轨道区段道砟面积雪厚度 50 mm 以上时，限速 160 km/h。

（2）接触网导线结冰受电弓取流不畅时，限速 160 km/h。

（3）动车组转向架结冰需要列车限速时，无砟轨道区段限速 250 km/h，有砟轨道区段限速 200 km/h。

四、异物侵限报警

（一）自然灾害及异物侵限监测系统异物侵限子系统灾害报警

1. 异物侵限子系统报警

异物侵限子系统通过现场监测设备对上跨铁路的道路桥梁等处所进行实时监测，一旦监测到异物侵入限界时，异物侵限子系统会发出异物侵限灾害报警信息，并联动触发信号系统，使报警地点所在的轨道电路显示红光带，列车调度员接到报警信息后要立即通知区间内已进入报警地点及尚未经过报警地点的列车立即停车，不再向该区间放行列车，同时向调度所值

班主任（值班副主任）汇报，值班主任（值班副主任）应立即通知工务、电务、供电等相关设备管理单位赶赴现场检查处理。

2. 组织列车运行

在设备管理单位检查人员到达报警点前，列车调度员通过视频监控系统查看现场情况，有异状或不能确认时，必须经设备管理单位检查处理并具备放行列车条件后，方可组织列车运行。无异状时，按下列规定办理。

（1）列车调度员处理。

列车调度员确认报警地点次一个闭塞分区空闲后，对区间内已进入报警地点及尚未经过报警地点的列车，口头通知司机逐列恢复运行，以遇到障碍能随时停车的速度（动车组列车最高不超过 40 km/h，其他列车最高不超过 20 km/h）越过报警点所在闭塞分区，指示后列恢复运行前必须确认前列已完整越过报警点次一个闭塞分区并得到前列无异状的报告。

（2）列车司机处理。

尚未进入报警地点的列车司机在报警点所在闭塞分区通过信号机（区间信号标志牌）前必须停车（此时通过信号机显示红灯、列控车载设备收到禁止运行的信号），等候 2 min 后，以遇到障碍能随时停车的速度(动车组列车最高不超过40 km/h,其他列车最高不超过20 km/h）越过该闭塞分区，按次一通过信号机显示（列控车载设备显示）运行。司机应加强瞭望，发现异状立即停车，并报告列车调度员；如无异状，司机确认列车完整越过报警点次一个闭塞分区后应及时报告列车调度员。由于列车需在通过信号机显示红灯、列控车载设备收到禁止运行的信号的情况下越过该通过信号机（区间信号标志牌），虽然列车调度员已确认前列已完整越过报警点次一个闭塞分区并得到前列无异状的报告，但现场异物侵限报警尚未撤除，有关设备管理单位正在组织检查，行车条件仍有变化的可能，所以司机在停车等候的同时，必须与列车调度员联系，如确认前方闭塞分区内有列车，不得进入。

（3）区间空闲后。

区间空闲后，在设备管理单位检查处理并登记行车限制条件前，列车调度员应按站间组织行车。设备管理单位未登记允许取消报警点所在闭塞分区红光带前，不得取消报警地点所在轨道电路红光带。

3. 设备管理单位处理

设备管理单位检查人员到达报警点现场检查处理后，在故障修复前，按以下规定办理：

（1）设备管理单位应迅速明确具体行车限制条件，在《行车设备检查登记簿》内登记，列车调度员根据设备管理单位在《行车设备检查登记簿》内登记的行车限制条件组织列车运行。

（2）为减少设备故障对运输组织的影响，提高运输效率，在现场处理故障的过程中，具备取消报警点所在闭塞分区红光带的条件时，允许取消报警点所在闭塞分区红光带，恢复区间列车追踪运行，由设备管理单位人员在《行车设备检查登记簿》内登记，列车调度员根据设备管理单位的登记，使用临时行车按钮取消异物侵限灾害报警红光带，下达限速 120 km/h 及以下注意运行的调度命令，限速位置为报警点所在闭塞分区，恢复区间列车追踪运行，司机在报警点所在闭塞分区应加强瞭望，有异状时立即报告列车调度员。

（3）异物侵限子系统的设备管理单位须派人在现场看守，并及时向列车调度员报告现场情况。

4. 故障未修复前处理

在故障未修复前，设备管理单位须派人在现场看守，并及时向列车调度员报告现场情况，在报警点所在闭塞分区红光带取消后，列车调度员应下达限速 120 km/h 及以下注意运行的调度命令，限速位置为报警点所在闭塞分区，司机应加强瞭望。

5. 故障修复后处理

故障修复后，由设备管理单位人员在《行车设备检查登记簿》内登记恢复正常行车，列车调度员根据设备管理单位的登记，将自然灾害及异物侵限监测系统中复原按钮解锁，使系统恢复到正常状态，恢复正常行车组织。

（二）一路电网断线报警

自然灾害及异物侵限监测系统异物侵限子系统一路电网断线报警时，属双电网的一路供电中断，根据系统设置，异物侵限子系统会发出异物侵限传感器故障报警信息，自然灾害及异物侵限监测系统不向列控系统发送灾害报警信息。属于电网断线故障引起的，则不影响正常行车。列车调度员接到异物侵限子系统一路电网断线报警信息后，应按正常组织行车，并立即通知设备管理单位检查处理。

异物侵入导致电网断线，电网状态指示灯由绿变为红，上行、下行行车状态指示由绿变红，上下行临时通车具备操作条件（由灰变黄）。

异物侵限监测电网断线报警界面如图 3-1-1 所示。

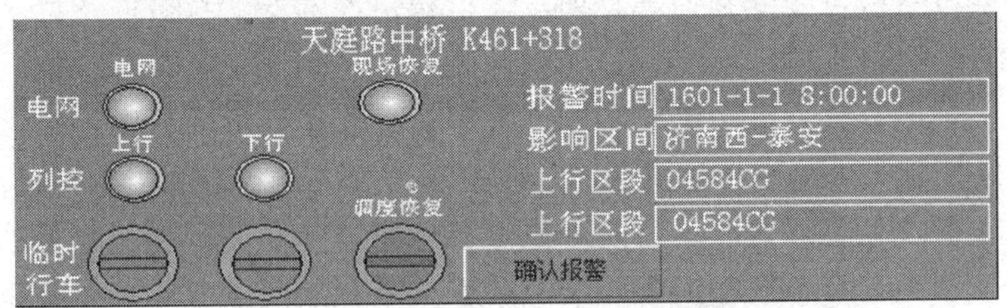

图 3-1-1　异物侵限监测电网断线报警界面

（三）自然灾害及异物侵限监测系统异物侵限子系统故障导致系统不能反映现场情况时

异物侵限子系统故障主要是指异物侵限现场采集设备（双电网传感器、现场控制器）、监控单元、相关电缆等设备故障。因为异物侵限子系统对现场的监测主要是通过异物侵限现场采集设备和监控单元来实现的，当有异物侵入使双电网传感器两路电网断线时，监控单元至现场采集设备间（双电网传感器、现场控制器）电路中断，监控单元内继电器落下，联动触发信号系统，相关轨道电路出现红光带，此时在相应列调台上也可看见轨道电路状况。因此，异物侵限现场采集设备（双电网传感器、现场控制器）、监控单元、相关电缆等设备出现故障时，异物侵限子系统不能反映现场情况，将无法对现场情况进行监测。

1. 异物侵限子系统故障导致系统不能反映现场情况

列车调度员发现异物侵限子系统调度监控终端黑屏、灰屏、死机、通信中断等情况时，应立即通知设备管理部门，设备管理部门应立即确认工务终端显示情况并查找原因。如果仅仅是异物侵限子系统调度监控终端故障，工务终端显示正常时，工务部门应立即报告列车调度员，并及时在调度台《行车设备检查登记簿》内登记，列车调度员根据登记不再发布限速 120 km/h 及以下注意运行的调度命令，由工务部门通过工务终端监控现场情况，发现异物侵限报警时及时报告列车调度员。工务终端也不能反映现场情况时，列车调度员应下达限速 120 km/h 及以下（异物侵限监测点为隧道口时，限速 40 km/h 及以下）注意运行的调度命令，限速位置为监测点所在闭塞分区。

2. 异物侵限子系统故障未修复前

异物侵限子系统故障未修复前，设备管理单位须派人在现场看守，并及时向列车调度员报告现场情况，列车调度员应下达限速 120 km/h 及以下注意运行的调度命令，限速位置为监测点所在闭塞分区，司机应加强瞭望。遇有异物侵限时，看守人员应立即通知列车调度员，列车调度员呼叫列车停车。

3. 看守人员未到达异物侵限监测点前

在看守人员未到达异物侵限监测点前，由于是否异物侵限只能由列车司机注意观察确认，所以，为确保列车运行安全，规定列车在报警点所在闭塞分区限速 120 km/h 及以下并注意运行。

五、地震监测报警

地震是危害极大的自然灾害，发生地震时，高速铁路轨道、路基、道床、边坡、挡墙、桥隧、通信及信号设备极可能受到损害，列车运行稳定性降低，直接危及行车安全，必须立即停车，采取应急处置措施。

列车调度员接到地震监测子系统地震监控报警信息或接到现场的地震报告后，应立即关闭有关信号（车站控制时为通知车站值班员关闭有关信号），通知相关列车停车。司机接到通知应立即停车，根据现场实际情况尽可能避免停在危险地段。停车后，由司机会同随车机械师（车辆乘务员）和列车乘务组根据需要组织旅客疏散，最大限度规避危险、减少损失。同时，列车调度员应立即报告调度所值班主任（值班副主任），通知工务、电务、供电、通信、房建等设备管理单位检查设备。经设备管理单位检查处理后，方可根据设备管理单位登记的行车限制条件组织行车。

地震监测报警界面如图 3-1-2 所示。

图 3-1-2　地震监测报警界面

列车调度员立即报告调度所值班主任（值班副主任），通知工务、电务、供电、通信、房建等设备管理单位检查。设备管理单位检查处理后，根据设备管理单位登记的行车限制条件组织行车。

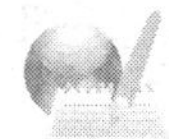

任务实施

1. 任务准备

（1）设备准备：仿真自然灾害及异物侵限监测系统、仿真高速铁路运输设备、仿真动车组列车、实训室，专业训练服（可着正装）。

（2）实训资料准备：实训任务单、相关规章、教材等。

（3）情景准备：实训前各小组查阅、收集资料，选择高速铁路灾害天气行车某个情景，情景中包括高速铁路列车调度员、动车组司机、动车组随车机械师、客运乘务组相关人员、旅客。

（4）人员准备：实训分小组进行，每组 6 ~ 8 人，每个小组做好人员分工。

2. 实施步骤

（1）大风天气行车。

（2）雨天行车。

（3）冰雪天气行车。

（4）组内互查，教师总结并评分、评价。

3. 任务单

<table>
<tr><td>训练名称</td><td colspan="3">高速铁路灾害天气行车组织训练</td></tr>
<tr><td>班　级</td><td></td><td>姓　名</td><td></td></tr>
<tr><td colspan="4">1. 大风天气时行车组织</td></tr>
<tr><td colspan="4">2. 雨天时行车组织</td></tr>
<tr><td colspan="4">3. 冰雪天气时行车组织</td></tr>
<tr><td colspan="4">4. 异物侵限报警时行车组织</td></tr>
<tr><td colspan="4">任务总结：</td></tr>
</table>

4. 效果评价

<table>
<tr><td></td><td>项目</td><td>A—优</td><td>B—良</td><td>C—中</td><td>D—及格</td><td>E—不及格</td><td>综合</td></tr>
<tr><td rowspan="4">小组
评价</td><td>大风行车（15%）</td><td></td><td></td><td></td><td></td><td></td><td rowspan="6"></td></tr>
<tr><td>雨天行车（15%）</td><td></td><td></td><td></td><td></td><td></td></tr>
<tr><td>冰雪行车（20%）</td><td></td><td></td><td></td><td></td><td></td></tr>
<tr><td>团队合作（10%）</td><td></td><td></td><td></td><td></td><td></td></tr>
<tr><td rowspan="3">教师
评价</td><td>灾害天气行车（20%）</td><td colspan="5"></td></tr>
<tr><td>任务单（20%）</td><td colspan="5"></td></tr>
<tr><td>教师签名</td><td colspan="6"></td></tr>
</table>

任务二　高速铁路设备故障行车

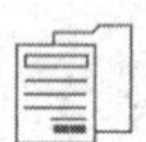

任务引入

设备故障下行车是铁路行车组织工作的重点和高风险点。如果处置不当，就会扩大事件的影响范围，给列车运行带来不安全的因素。发生设备故障事件后应冷静对待，迅速、正确地进行处置，把故障事件对列车运行的影响降到最低。

请思考：如何做好设备故障情况下的行车组织工作？

相关知识

列车调度员应熟悉管辖区段内主要行车人员和机车车辆、线路桥隧、通信信号、牵引供电等设备的基本情况。

一、列控车载设备不能正常使用

（一）动车组列车运行中遇列控车载设备故障并导致列车停车

动车组列车运行中遇列控车载设备故障并导致列车停车后，司机应报告列车调度员（车站值班员），并通知随车机械师。车站值班员报告列车调度员。司机转换冗余切换开关（开关不在司机室时，司机通知随车机械师进行转换）启动冗余设备或将列控车载设备断电 30s 后重新启动，设备恢复正常时，报告列车调度员，继续运行。

动车组列车运行中遇列控车载设备故障并导致列车停车后，为了使列车调度员（车站值班员）掌握该列车的运行情况，及时调整列车运行，司机应报告列车调度员或车站值班员，车站值班员接到报告后应报告列车调度员。为了使随车机械师掌握动车组列车停车情况及做好相关的配合工作，司机应通知随车机械师。同时，由于在列控车载设备故障的情况下，装备 LKJ 的动车组列车与未装备 LKJ 的动车组列车的行车办法不同，部分动车组列车装备有 LKJ，为了便于列车调度员（车站值班员）正确掌握动车组列车是否装备 LKJ，采用正确的行车办法，司机还应报告列车调度员或车站值班员动车组列车是否装备了 LKJ。动车组列车列控车载设备均设有冗余，遇列控车载设备故障可采用转换冗余切换开关启动冗余设备，或者将列控车载设备断电 30 s 后重新启动，重启后，列控车载设备进行系统重新检测和复位，有可能使系统恢复正常。断电 30 s 后重新启动是为了保护车载安全计算机，防止造成车载安全计算机损坏。

（二）已在区间内运行的装备 LKJ 的动车组列车列控车载设备故障

列车调度员（车站值班员）根据动车组列车是否装备了 LKJ 以及其运行区间的信号设备不同，采用不同的行车办法。已在区间内运行的装备 LKJ 的动车组列车因列控车载设备故障，不能恢复正常运行但能提供机车信号时，司机应报告列车调度员（车站值班员），车站值班员报告列车调度员。在信号机常态点灯的 CTCS-2 级区段，列车调度员发布改按 LKJ 方式行车的调度命令，动车组列车改按 LKJ 方式运行。在 CTCS-3 级及信号机常态灭灯的 CTCS-2 级区段，列车调度员在确认该列车至前方站（线路所）间空闲后，发布改按 LKJ 方式行车的调度命令，动车组列车改按 LKJ 方式运行。

对于装备 LKJ 的动车组列车，采用 LKJ 设备控车，在信号机常态点灯的 CTCS-2 级区段，动车组列车按地面信号显示运行；在 CTCS-3 级及信号机常态灭灯的 CTCS-2 级区段，由于区间未设地面通过信号机，为保证列车运行安全，列车调度员在确认该列车至前方站（线路所）间空闲后，发布改按 LKJ 方式行车的调度命令，动车组列车改按 LKJ 方式运行（前方车站进站信号机或线路所通过信号机需点灯），后续按列控车载设备方式控车的动车组列车可以继续追踪运行。

（三）已在区间内运行的未装备 LKJ 的动车组列车列控车载设备故障

已在区间内运行的未装备 LKJ 的动车组列车列控车载设备故障，不能恢复正常运行时，司机应报告列车调度员（车站值班员），车站值班员报告列车调度员。列车调度员（车站值班员）不再向该区间放行列车，并通知已进入区间的后续列车立即停车。确认该列车至前方站（线路所）间空闲后，列车调度员发布改按隔离模式运行的调度命令，列车改按隔离模式，按地面信号显示以不超过 40 km/h 的速度运行至前方站（线路所）。该列车到达前方站（线路所）后，列车调度员方可通知后续列车恢复运行。

对于未装备 LKJ 的动车组列车，由于该列车列控车载设备故障，只能改按隔离模式运行。动车组列车按隔离模式运行时一般情况下最高运行速度不超过 40 km/h，而在高速铁路上列车运行速度高，如动车组列车正常情况下运行速度一般为 200 km/h 以上，速度差异过大，所以规定列车调度员（车站值班员）接到报告后不再向该区间放行列车，并通知已进入区间的后续列车立即停车，该区间后方站（线路所）为车站控制时，列车调度员还应通知车站值班员不再向该区间放行列车。在确认该列车至前方站（线路所）间空闲后，列车调度员发布改按隔离模式运行的调度命令，列车改按隔离模式，按地面信号显示以不超过 40 km/h 的速度运行至前方站（线路所）。该列车到达前方站（线路所）后，列车调度员方可通知后续列车恢复运行。

（四）动车组列控车载设备故障不能恢复正常运行在车站出发

动车组列控车载设备故障不能恢复正常运行在车站出发时，装备 LKJ 的动车组列车改按 LKJ 方式运行，未装备 LKJ 的动车组列车改按隔离模式运行。

动车组列控车载设备故障不能恢复正常运行在车站出发时，对装备 LKJ 的动车组列车，列车调度员发布改按 LKJ 方式运行的调度命令，在 CTCS-3 级及信号机常态灭灯的 CTCS-2 级区段，信号机应点灯；对未装备 LKJ 的动车组列车，列车调度员发布改按隔离模式运行的调度命令，动车组列车按隔离模式运行，运行速度不超过 40 km/h，在 CTCS-3 级及信号机常态灭灯的 CTCS-2 级区段，信号机应点灯。

（五）司机报告列车调度员

因设备故障，动车组列控车载设备在 CTCS-3 级与 CTCS-2 级间进行转换时，为了让列车调度员掌握动车组列车运行情况，组织列车运行，司机应报告列车调度员。

二、CTC 故障

调度集中系统（CTC）是调度中心（调度员）对某一区段内的信号设备进行集中控制、对列车运行直接指挥、管理的技术装备。我国调度集中系统采用分散自律结构，由各车站配置的自律机独立处理本站逻辑，同时和邻站、调度中心进行数据交换，以列车运行调整计划和安全约束条件为核心实现自动控制功能。分散自律可以解决列车进路和调车进路相互干扰的问题，实现在不影响列车运行的原则下，允许中心和车站通过调度集中自主进行调车的功能。车站自律机完成正常接发列车以及协调列车、调车作业冲突的功能，实现列车和调车作业的统一控制。

（一）列车车次号错误或丢失

正确的车次号是实现 CTC 自动排路、自动采点的必要前提。发现 CTC 终端列车车次号错误或丢失时，应与列车运行计划进行核对确认（车站值班员修改车次号前还要与列车调度员核对确认），确认正确后重新输入正确的车次号，防止因车次号错误而造成不能自动排路、不能自动采点等问题出现。

（1）列车调度员发现 CTC 终端列车车次号错误或丢失时，应进行核对确认，重新输入正确的车次号。

（2）车站值班员发现 CTC 终端列车车次号错误或丢失时，应报告列车调度员，与列车调度员核对确认后，重新输入正确的车次号。

（二）CTC 不能下达列车运行计划

CTC 是通过车站自律机将列车运行计划自动解析为进路命令发送给联锁系统实现对列车的指挥和调度，如果 CTC 不能下达列车运行计划，车站自律机和联锁系统也就没有可以执行的对象，无法实现调度集中控制，所以列车调度员要通知车站转为非常站控，采取电话等方式下达列车运行计划。

（1）CTC 不能下达列车运行计划时，列车调度员通知电务部门进行检查处理，并在《行车设备检查登记簿》内登记。

（2）通知车站转为非常站控。

（3）采取电话等方式下达列车运行计划。

集控站正常情况下由列车调度员负责指挥和办理接发列车，同时要求在车站行车室设置车务应急值守人员，一是在设备故障、施工维修、非正常等情况下有些作业列车调度员无法直接办理，由车务应急值守人员按列车调度员指示办理相关作业；二是在集控站转为车站控制时，根据列车调度员指示，担当车站值班员，负责指挥和办理车站有关行车作业。

（三）CTC 不能自动触发进路

CTC 不能自动触发进路时，列车调度员（车站控制时为车站值班员）应采取人工触发进路或人工排列进路方式办理，并通知电务部门进行处理，在《行车设备检查登记簿》内登记。

CTC 不能自动触发进路时，列车调度员（车站控制时为车站值班员）应优先采取人工触发进路，人工触发进路不成功时采用人工办理进路方式办理。

（四）当 CTC 设备登记停用或全站表示信息中断未及时恢复时，应转为非常站控

全站表示信息中断未恢复时，应视为 CTC 故障，应转为非常站控。

（五）调度所及车站 CTC 设备均不能正确显示列车占用状态

调度所及车站 CTC 设备均不能正确显示列车占用状态时，列车调度员已无法监视列车运行、进路排列及信号开放情况，所以，列车调度员应立即通知已进入区间的列车司机立即停车。CTC 设备不能正确显示列车占用状态的故障暂时无法修复，具备放行列车条件时，列车调度员根据电务部门登记的行车限制条件放行列车，通知车站转为非常站控。

（1）调度所及车站 CTC 设备均不能正确显示列车占用状态时，列车调度员应立即通知已进入区间的列车司机立即停车，通知电务部门进行处理。

（2）CTC 设备不能正确显示列车占用状态故障暂时无法修复，具备放行列车条件时，列车调度员根据电务部门登记的行车限制条件放行列车，通知车站转为非常站控。对已进入区间的列车，列车调度员确认列车至前方站（线路所）间空闲后，通知列车司机逐列恢复运行，指示后列恢复运行前必须确认前列已完整到达前方站（线路所）。司机按信号显示运行，逐列运行至前方站（线路所）。

区间空闲后，按站间组织行车。

（3）CTC 设备不能正确显示列车占用状态故障修复，列车调度员根据电务部门的销记，通知有关列车司机恢复正常行车。

三、列车无线调度通信设备故障

（一）FAS（固定用户接入交换机）故障

高速铁路的列车运行密度大、调度台管辖多个车站，在调度台，FAS 均故障时，列车调度员无法通过 FAS 快捷地与车站和司机联系，无法及时发布口头指示和指挥行车，所以要尽快利用其他通信工具指示车务应急值守人员转为车站控制办理行车。

1. 调度台 FAS 均故障

（1）列车调度员通知通信部门检查处理，在《行车设备检查登记簿》内登记。

（2）列车调度员指示车务应急值守人员转为车站控制办理行车。

（3）设备故障修复后，列车调度员根据通信部门在《行车设备检查登记簿》内的销记，恢复设备正常使用和正常行车组织。

2. 车站 FAS 故障

（1）车站值班员（车务应急值守人员）通知通信部门检查处理，在《行车设备检查登记簿》内登记，报告列车调度员。

（2）车站值班员（车务应急值守人员）使用 GSM-R 手持终端或有语音记录装置的自动电话办理行车通话。

（3）故障修复后，车站值班员（车务应急值守人员）根据通信部门在《行车设备检查登记簿》内的销记，恢复设备正常使用。

（二）GSM-R 故障

GSM-R 从功能上可分为数据传输单元、电路域数据传输和语音通信功能。GSM-R 分组数据传输功能失效时，会影响调度命令无线传送和进路预告信息发送功能。此时，向司机发布的调度命令，按《铁路运输调度规则》等规定准许采用列车无线调度通信设备以语音通信方式发布、转达或以书面方式人工交递。电路域数据传输功能失效时，将会导致装备 CTCS-3 级列控的动车组列车通信连接超时，降级为 CTCS-2 级。GSM-R 智能网功能失效无法使用车次功能号呼叫时，列车调度员、车站值班员和列车司机间可使用电话号码（ISDN 和 MSISDN）进行呼叫。

（1）列车调度员（车站值班员）得到 GSM-R 故障的报告后，应立即通知通信部门检查处理，在《行车设备检查登记簿》内登记。车站值班员接到报告后应及时报告列车调度员，列车调度员报告调度所值班主任（值班副主任）。

（2）根据通信部门在《行车设备检查登记簿》内登记的停用内容、影响范围及行车限制条件，按下列规定办理：

① GSM-R 故障导致 CTCS-3 级降为 CTCS-2 级时，按 CTCS-2 级行车。

② 影响调度命令无线传送功能时，向司机发布的调度命令，按规定采用列车无线调度通信设备发布、转达或采用人工书面交递方式。

③ 遇无进路预告信息，司机须报告列车调度员（车站值班员），列车由正线通过改为侧线接车时，列车调度员（车站控制时为车站值班员）应提前预告司机。

（3）设备故障修复后，列车调度员（车站值班员）根据通信部门在《行车设备检查登记簿》内的销记，恢复设备正常使用。

（三）机车综合无线通信设备故障

机车综合无线通信设备（CIR）从功能上可分为数据传输单元和语音单元。数据传输单元故障时，将不能通过无线方式接收调度命令和进路预告信息。语音单元故障时，司机可使用 GSM-R 手持终端进行通话。

在机车综合无线通信设备或 GSM-R 手持终端均故障不能通话的情况下，司机可临时借用列车上其他工作人员的 GSM-R 手持终端并向列车调度员报告，在借用的 GSM-R 手持终端也故障的情况下，由于没有了可靠的联系手段，一旦区间发生危及安全的情况（如异物侵限、线路晃车、区间轨道电路红轨、接触网挂异物、占用丢失、区间被迫停车等），列车调度员（车站控制时为车站值班员）将无法及时通知司机并采取措施，所以，为保证列车运行的安全，该列车应运行到前方站停车报告；待机车综合无线通信设备或 GSM-R 手持终端修复或更换性能良好的设备，或者司机临时借用车站或车站通信工区的 GSM-R 手持终端后，方准继续运行，确保列车运行中司机与列车调度员、车站值班员间的联系畅通。

（1）司机报告列车调度员（车站值班员），车站值班员报告列车调度员。

① 影响调度命令无线传送功能时，向司机发布的调度命令，按规定采用列车无线调度通信设备发布、转达或采用人工书面方式交递。

② 遇无进路预告信息，司机须报告列车调度员（车站值班员），列车由正线通过改为侧线接车时，列车调度员（车站控制时为车站值班员）应提前预告司机。

提前掌握前方进路情况，司机才能做到心中有数、提前准备，所以一旦司机未收到进路预告信息，要及时报告列车调度员（车站控制时为车站值班员），以便于列车调度员（车站值班员）掌握有关情况。

在列车无进路预告信息的情况下，列车由正线通过改为侧线接车时，列车要从经道岔直向改为经道岔侧向运行，列车调度员（车站控制时为车站值班员）应提前预告司机，目的就是使司机提前了解前方站进路情况，提前做好控车降速准备。

③ 机车综合无线通信设备不能通话时，司机应立即使用 GSM-R 手持终端报告列车调度员（车站值班员）。如 GSM-R 手持终端也不能进行通话时，司机应在前方站停车报告；机车综合无线通信设备或 GSM-R 手持终端修复（更换）后，方准继续运行。

（2）设备故障修复后，恢复设备正常使用。

（四）列车调度员、车站值班员因无线通信设备故障，均无法与司机取得联系

列车调度员、车站值班员因无线通信设备故障均无法与司机取得联系时，一旦有危及安全的紧急情况将无法与司机联系，所以规定在这种情况下不得向区间放行列车。该处无线通信设备系指能保证列车调度员、车站值班员与司机间在站内及区间保持可靠联系的通信联系设备，高速铁路一般为 FAS 和 GSM-R 手持终端。

（1）不得向区间放行列车。

（2）列车调度员（车站值班员）通知通信部门检查处理，在《行车设备检查登记簿》内登记。

（3）通信部门抢修完毕后，列车调度员根据通信部门在《行车设备检查登记簿》内的销记，恢复正常行车组织。

四、接触网停电

接触网停电后，动车组列车及电力机车失去了牵引动力，为保证列车运行安全，要求列车司机立即停车并降弓。接触网停电后，列车调度员与供电调度员要相互通知，以便列车调度员尽快掌握接触网停电范围，列车调度员（车站值班员）接到接触网停电的报告后，要及时扣停未进入停电区域的有关列车。确定接触网停电范围后，列车调度员（车站值班员）要在 CTC 终端上设置停电标识，充分发挥设备保安全的功能，防止人为作业疏漏，将列车放入停电区域。

1. 接触网停电报告

遇接触网停电时，司机应立即停车并降弓，报告列车调度员（车站值班员）停车原因及停车位置，通知随车机械师、列车长，车站值班员报告列车调度员。供电调度员发现接触网停电时，应立即确认停电范围并通知列车调度员。

2. 接到接触网停电的报告后处理

列车调度员（车站值班员）接到接触网停电的报告后，应立即扣停未进入停电区域的相关列车，对已进入停电区域的列车应通知司机停车。列车调度员立即通知供电调度员确认停电范围，通知供电部门检查处理，在 CTC 上设置停电标识。

3. 接触网跳闸重合或送电成功

接触网跳闸重合或送电成功，原因不明时，供电调度员应立即将接触网跳闸情况、故障标定装置指示地点的里程及限速要求通知列车调度员。列车调度员立即向尚未经过该地点的本线及邻线首列列车发布口头指示限速 80 km/h 注意运行，限速位置原则上按故障标定装置指示地点前后各 2 km 确定。司机应注意观察接触网设备状态，发现影响行车异常情况时应立即停车并向列车调度员报告，列车调度员立即通知尚未经过异常地点的后续列车停车，不得再向该区间放行列车，并立即通知供电部门检查处理，列车调度员按供电部门登记的行车限制条件组织行车；无异常时，司机在通过限速地点后立即向列车调度员报告。列车调度员根据本线司机确认本线无异常的报告组织本线后续列车正常运行，根据邻线司机确认邻线无异常的报告组织邻线后续列车正常运行。

接触网跳闸，可能由接触网设备故障、动车组（电力机车）设备故障以及外部因素（如异物、结冰等）等原因引起。虽然接触网跳闸后重合或送电成功，但如原因不明，可能存在接触网设备损坏或故障，从而影响行车安全的情况。因此需要对相关接触网设备运行状态进行巡视确认。对接触网设备巡视检查的方式有多种，为降低对列车运行秩序的影响，在供电人员现场检查或添乘列车检查前，通知故障区段邻线及本线尚未经过故障区域的首列运行司机进行初步观察便是一种方便可行的方式。列车运行速度过快时，一方面不利于动车组司机观察接触网状态；另一方面发现接触网设备异常影响行车时，可能来不及采取相应措施，造成故障扩大或影响行车，因此本线及邻线首列速度不宜过快，规定为限速 80 km/h。司机发现影响本列行车安全的异常情况，应立即停车。

同时，供电调度员应立即组织供电人员登乘本线或邻线列车巡视检查设备。供电人员根据需要及时向列车调度员提出利用动车组列车运送人员处理故障的申请，列车调度员应及时安排。

限速位置原则上按故障标定装置指示地点前后各 2 km 确定。

五、接触网上挂有异物

接触网上挂有异物是高速铁路常见的故障现象，但因接触网上挂有异物的具体情况不同，在供电人员到达现场确认前，主要依靠司机根据挂异物的具体情况来掌握行车，根据不同情况采取正常运行、降速运行、降弓运行、停车等处置方式。

（一）异物情况和故障地点汇报

司机在运行中发现本线或邻线接触网上挂有异物时，应立即采取措施并向列车调度员（车站值班员）汇报异物情况和故障地点，列车调度员（车站值班员）及时通知供电部门检查处理，在《行车设备检查登记簿》内登记，车站值班员报告列车调度员。列车调度员转报供电调度员。

（二）本线挂有异物

本线挂有异物时，如异物情况不影响行车，司机按正常行车方式通过。本线降弓可以通过时，司机按降弓方式通过该地点，列车调度员向该线后续列车发布限速 160 km/h 降弓通过故障地点的调度命令（不设置列控限速），限速降弓位置原则上按司机汇报故障地点前后各 2 km 确定。不能降弓通过时司机应立即停车并报告，列车调度员（车站值班员）应立即通知本线后续列车停车，不得再向该区间放行列车。

前行列车以降弓方式通过故障地点时，司机应报告列车调度员或车站值班员。为了防止后续列车因速度过高而不便准确掌握降弓时机，规定列车调度员向该线后续列车发布限速 160 km/h 降弓通过故障地点的调度命令。考虑到司机在高速运行中报告的故障地点可能有一定的误差，所以规定限速降弓位置原则上按司机汇报故障地点前后各 2 km 确定，列车调度员立即向后续列车发布限速 160 km/h 降弓通过故障地点的调度命令。

司机不能降弓通过时，为保证列车运行安全，司机应立即停车并报告，列车调度员（车站值班员）应立即通知本线后续列车停车，不得再向该区间放行列车。

（三）邻线挂有异物

邻线挂有异物时，如司机汇报邻线异物不能降弓通过，列车调度员（车站值班员）应立即通知邻线尚未经过该地点的列车停车，不得再向邻线该区间放行列车。如司机汇报邻线异物可降弓通过或异物情况不影响行车，列车调度员向该线后续列车发布限速 160 km/h 降弓通过故障地点的调度命令（不设置列控限速），限速降弓位置原则上按司机汇报故障地点前后各 2 km 确定。

如司机汇报不能确定异物是否影响邻线行车，列车调度员应立即向邻线尚未经过该地点的首列列车司机发布口头指示限速 80 km/h 注意运行，限速位置原则上按司机汇报故障地点前后各 2 km 确定。司机应注意观察接触网设备状态。如司机汇报不能确定异物是否影响邻线行车，规定列车调度员应立即向邻线尚未经过该地点的首列列车司机发布口头指示限速 80 km/h 注意运行，之所以限速 80 km/h 运行，一是司机能够清楚地观察接触网设备的状态，二是一旦司机发现接触网设备有异常，在这个速度下也能够及时采取措施。考虑到司机在高速运行中报告的故障地点可能有一定的误差，所以规定限速位置原则上按司机汇报故障地点前后各 2 km 确定。

（四）供电部门检查处理

供电调度员接到报告后，应立即组织供电人员登乘本线或邻线列车巡视检查设备并处理。供电人员根据需要及时向列车调度员提出利用动车组列车运送人员处理故障的申请，列车调度员应及时安排。

高铁站间距较大，为了便于供电抢修人员尽快赶到现场，供电人员可根据需要申请添乘动车组列车快速赶赴现场进行处置，列车调度员应及时安排。

供电部门检查处理后，列车调度员按供电部门登记的行车限制条件组织行车。故障处理完毕后，列车调度员根据供电部门在《行车设备检查登记簿》内的销记，恢复正常行车组织。

六、受电弓挂有异物

受电弓挂有异物运行时，可能造成受电弓或接触网损坏。所以，司机接到受电弓挂有异物通知或发现受电弓挂有异物时，立即降弓、停车。接到受电弓挂有异物的报告时，为了保证后续列车的运行安全，列车调度员（车站值班员）应立即通知区间内后续列车停车，不得再向该区、间放行列车。

（1）列车运行途中，司机接到受电弓挂有异物通知时，应立即降弓、停车，向列车调度员（车站值班员）报告，车站值班员报告列车调度员。需下车检查或登顶作业时，司机（动车组列车为随车机械师通过司机）及时向列车调度员提出请求。

需下车检查或登顶作业时，由司机（动车组列车为随车机械师通过司机）向列车调度员提出申请。为保证司机（随车机械师）下车检查时的人身安全，列车调度员应发布邻线列车限速 160 km/h 及以下的调度命令并设置列控限速。为了保证司机（随车机械师）登顶作业时的人身安全，列车调度员通知该供电臂内的列车停车并降弓，与供电调度员办理接触网停电手续，得到供电调度员接触网停电的通知后，发布准许登顶作业的调度命令。司机（随车机械师）登顶作业前，应进行验电、接地，确认接触网无电后方准登顶。

（2）列车调度员（车站值班员）得到报告后，应立即通知区间内后续列车停车，不得再向该区间放行列车。列车调度员根据下车检查或登顶作业的请求，发布邻线列车限速 160 km/h 及以下的调度命令；需登顶作业时，列车调度员还应通知该供电臂内的列车停车并降弓，与供电调度员办理接触网停电手续，得到供电调度员接触网已停电的通知后，发布准许登顶作业的调度命令。

（3）司机在接到邻线列车限速 160 km/h 及以下调度命令已发布的口头指示后，下车检查（动车组列车为司机通知随车机械师下车检查）。司机根据准许登顶作业的调度命令和邻线列车限速 160 km/h 及以下调度命令已发布的口头指示登顶作业（动车组列车为司机通知随车机械师登顶作业）。

（4）异物处理完毕后，司机应报告列车调度员，列车调度员与供电调度员办理接触网送电手续，通知该停电供电臂内的列车升起受电弓，取消邻线限速，恢复正常行车。需限速运行时，司机（动车组列车根据随车机械师的通知）限速运行。

（5）司机（动车组列车为随车机械师）现场检查发现受电弓滑板及托架有损伤或接触网有异状时，应及时报告列车调度员，列车调度员扣停后续列车，并通知供电部门对接触网设备进行检查处理，根据供电部门在《行车设备检查登记簿》内登记的行车限制条件组织行车。

七、运行途中自动降弓

接触网设备异常打碰受电弓或受电弓自身状态不良均可能导致动车组（电力机车）自动

降弓。发生自动降弓时，在未查明原因前，为防止故障的进一步扩大，要求自动降弓的列车立即停车，列车调度员（车站值班员）应立即通知区间内后续列车停车，不再向该区间放行列车。列车调度员将降弓情况转报供电调度员，以便供电调度员及时处置。

（1）列车在运行途中，因不明原因降弓，司机应立即切断主断路器并停车，同时查看降弓地点公里标，向列车调度员（车站值班员）报告，车站值班员报告列车调度员。列车调度员（车站值班员）应立即通知区间内后续列车停车，不再向该区间放行列车，列车调度员将降弓情况转报供电调度员。动车组列车随车机械师应根据故障信息记录，及时向司机反馈故障发生时间等信息，由司机报告列车调度员，列车调度员及时转报供电调度员。

（2）列车调度员根据司机下车检查或登顶作业的请求（动车组列车为随车机械师通过司机提出的），发布邻线列车限速 160 km/h 及以下调度命令；需登顶作业时，列车调度员还应通知该供电臂内的列车停车并降弓，与供电调度员办理接触网停电手续，得到供电调度员接触网已停电的通知后，发布准许登顶作业的调度命令。

（3）司机在接到邻线列车限速 160 km/h 及以下调度命令已发布的口头指示后，下车检查（动车组列车为司机通知随车机械师下车检查）。司机根据准许登顶作业的调度命令和邻线列车限速 160 km/h 及以下调度命令已发布的口头指示登顶作业（动车组列车为司机通知随车机械师登顶作业）。

（4）经检查处理，列车恢复运行后，司机应立即报告列车调度员，列车调度员应立即向本线尚未经过该地点的首列列车发布口头指示限速 80 km/h 注意运行，限速位置原则上按司机汇报故障地点前后各 2 km 确定。司机应注意观察接触网设备状态，发现影响行车异常情况时应立即停车并向列车调度员报告，列车调度员立即通知尚未经过异常地点的后续列车停车，不再向该区间放行列车，并立即通知供电部门检查处理，列车调度员按供电部门登记的行车限制条件组织行车。无异常时，司机在通过限速地点后立即向列车调度员报告，列车调度员根据司机确认无异常的报告组织后续列车正常运行。

故障列车经检查处理恢复运行后，接触网设备可能存在异常情况。为确认接触网状态，列车调度员应向本线尚未经过该地点的首列列车司机发布口头指示限速 80 km/h 注意运行，主要是考虑在限速 80 km/h 运行的情况下，一是司机能够清楚地观察接触网设备的状态，二是一旦司机发现接触网设备有异常时，也能够及时采取措施。

考虑到司机在高速运行中报告的故障地点可能有一定的误差，所以规定限速位置原则上按司机汇报故障地点前后 2 km 确定。

（5）供电调度员接到报告后，应立即组织供电人员登乘本线或邻线列车巡视检查设备。供电人员根据需要及时向列车调度员提出利用动车组列车运送人员处理故障的申请，列车调度员应及时安排。

八、列车运行途中车辆故障

在动车组控制系统启动状态下，监控系统对动车组设备有监控功能，监控系统检测到设备发生问题，在司机室车载信息监控装置上显示设备故障信息，并对司机和随车机械师作业进行提示。

动车组列车运行中出现故障，司机应按车载信息监控装置的提示，按规定及时处理，需要由随车机械师处理时，司机应通知随车机械师。经处置确认无法正常运行时，司机应按车载信息监控装置的提示和随车机械师的要求，选择维持运行或停车等方式，并报告列车调度员（车站值班员），车站值班员报告列车调度员。

1. 动车组车轮抱死不缓解

动车组在运行中，发生动车组车轮抱死不缓解故障时，为避免轮对、钢轨擦伤危及行车安全，司机应立即停车处置。为保证随车机械师下车检查时的人身安全，司机在接到列车调度员已发布邻线列车限速 160 km/h 及以下调度命令的口头指示后，通知随车机械师下车检查处理。

司机发现或得到基础制动装置故障致使车轮抱死不缓解的报告时，应立即停车，报告列车调度员（车站值班员）停车原因和停车位置，车站值班员报告列车调度员。列车调度员（车站值班员）应立即通知区间内后续列车停车，不再向该区间放行列车。司机在接到列车调度员已发布邻线列车限速 160 km/h 及以下调度命令的口头指示后，通知随车机械师下车检查处理。当动车组列车制动系统故障须切除单车制动力时，随车机械师应将切除制动力的情况及限速要求通知司机，司机报告列车调度员（车站值班员）后，按限速要求运行；车站值班员接到报告后，应及时报告列车调度员，列车调度员及时通知本调度区段相关车站值班员，跨调度区段运行时还应通知邻台列车调度员。

全列车制动不缓解，司机、随车机械师按故障应急手册或车载信息系统的提示处理；全列常用制动不施加，司机立即将制动手柄拉到紧急制动位或按压紧急停车按钮，使动车组紧急停车。动车组停车后，司机复位紧急制动，由随车机械师进行故障处理。司机在开车前必须进行一次完整的制动试验，确认制动系统功能正常。动车组发生制动系统失效的情况时，由司机请求救援。

2. 动车组空气弹簧故障

动车组空气弹簧故障时，动车组运行平稳性降低，在高速运行时会影响运行安全，所以需降低运行速度（CRH2/CRH380A/AL 型限速 120 km/h，其余车型限速 160 km/h），列车调度员不再发布动车组列车限速运行的调度命令。

3. 轴承温度超过报警

动车组车载信息监控装置对动车组每个轴端进行温度监控，检测到轴端温度超出设定值将报警，并在车载信息监控装置上显示报警位置和处置要求。当车载信息监控装置提示轴承温度超过报警温度时，司机应立即停车，报告列车调度员或车站值班员停车原因和停车位置，通知随车机械师处理，车站值班员报告列车调度员。列车调度员（车站值班员）应即通知区间内后续列车停车，不再向该区间放行列车。随车机械师检查后，需要限速运行时，通知司机限速要求，司机报告列车调度员或车站值班员后，按限速要求运行。不能继续运行时，及时请求救援。

4. 转向架监测故障，车辆下部异音、异状

时速 300 km 动车组对转向架具有监测功能，能对动车组转向架运行安全参数进行监测，发生异常时报警。在发现或接到转向架监测故障，车辆下部异音、异状的通知时，为保证动车组运行安全，须停车对动车组转向架和有关设备进行检查。发现或接到转向架监测故障、车辆下部异音、异状的通知时，司机（A 车工作人员）应立即采取紧急停车措施，司机向列

车调度员或车站值班员报告，车站值班员报告列车调度员。列车调度员（车站值班员）应立即通知区间内后续列车停车，不再向该区间放行列车。司机在接到列车调度员已发布邻线列车限速 160 km/h 及以下调度命令的口头指示后，通知随车机械师下车检查处理。随车机械师检查后，需要限速运行时，通知司机限速要求，司机报告列车调度员或车站值班员后，按限速要求运行。不能继续运行时，及时请求救援。

任务实施

1. 任务准备

（1）设备准备：仿真列车运行控制系统车载设备、仿真调度集中系统、仿真高速铁路运输设备、仿真动车组列车、实训室，专业训练服（可着正装）。

（2）实训资料准备：实训任务单、相关规章、教材等。

（3）情景准备：实训前各小组查阅、收集资料，选择高速铁路设备故障时行车组织的某个情景，情景中应包含高速铁路列车调度员、车站值班员、司机、随车机械师、客运乘务组人员、旅客。

（4）人员准备：实训分小组进行，每组 6～8 人，每个小组做好人员分工。

2. 实施步骤

（1）列控车载设备不能正常使用行车组织。

（2）CTC 故障行车组织。

（3）接触网挂有异物时行车组织。

（4）组内互查，教师总结并评分、评价。

3. 任务单

训练名称	高速铁路设备故障行车组织训练		
班　级		姓　名	
1. 列控车载设备不能正常使用时行车组织			
2. 列车无线调度通信设备故障时行车组织			
3. 接触网停电时行车组织			
4. 受电弓挂有异物时行车组织			
任务总结：			

4. 效果评价

	项目	A—优	B—良	C—中	D—及格	E—不及格	综合
小组评价	系统故障（15%）						
	供电故障（15%）						
	动车组故障（20%）						
	团队合作（10%）						
教师评价	设备故障行车（20%）						
	任务单（20%）						
	教师签名						

任务三　高速铁路非正常行车

任务引入

高速铁路在日常行车工作中，由于自然灾害、设备故障、人为失误等原因，导致列车运行状态、秩序不正常，这些问题如果不能得到准确的判断和及时正确的处置，就有可能导致行车事故发生，产生严重的后果。

请思考：如何做好非正常情况下的行车组织工作？

相关知识

一、双线区间反方向行车

我国铁路规定在双线区间按左侧单方向行车，这个运行方向称为正方向，相应的闭塞设备、列车信号机（区间信号标志牌）等行车设备也是按此设置的，在行车安全上有着可靠的保证；同时根据我国铁路成对行车的特点，列车在各自的线路上运行时，只要互不干扰，就能够保证最大的通过能力，发挥最大的效益。

双线区间列车反方向运行时，改变了线路正常运行方向，对运输安全、效率都有不利影响。

（1）在双线区间，列车应按左侧单方向运行。旅客列车仅在正方向区间的线路封锁、发生自然灾害、因事故中断行车，以及正方向设备故障严重影响列车运行秩序而反方向自动站间闭塞设备良好等特殊情况下，经调度所值班主任（值班副主任）准许，方可反方向运行。

（2）列车反方向运行时，列车调度员应发布调度命令。列车调度员（车站控制时为车站值班员）确认反方向区间空闲。

（3）动车组列车反方向运行时，在 CTCS-3 级区段，CTCS-3 级列控系统最高允许速度为 300 km/h，CTCS-2 级列控系统最高允许速度为 250 km/h；在 CTCS-2 级区段，在 250 km/h 线路上最高允许速度为 200 km/h，在 200 km/h 线路上最高允许速度为 160 km/h。

二、列车被迫停车后的处理

列车在区间被迫停车是指因线路中断、接触网停电、动车组（电力机车）停在分相无电区、制动失效及其他机车车辆故障等原因，导致列车在区间不能按信号显示（行车凭证）继续向前运行的情况。

（一）区间被迫停车不能继续运行

在区间被迫停车不能继续运行时，司机应立即使用列车无线调度通信设备通知列车调度员（两端站）及随车机械师，报告停车原因和停车位置，根据需要迅速请求救援。需要防护时，列车前方由司机负责，列车后方由随车机械师负责，配备列车防护报警装置的列车应首先使用列车防护报警装置进行防护。

（1）随车机械师、客运乘务组均应听从司机指挥，处理行车、列车防护和事故救援等相关事宜。

（2）列车调度员（车站值班员）接到司机通知后，应将区间内列车运行情况通知司机，并立即使用列车无线调度通信设备通知区间内后续列车停车，在停车原因消除前不得再向区间内放行列车。

（3）对已请求救援的列车，不得再行移动，并按规定对列车进行防护。

（4）列车在区间被迫停车后，应保证就地制动，防止列车溜逸。如遇自动制动机故障，列车司机应立即采取安全措施，并向列车调度员报告。

（5）需要防护时，列车前方由司机负责，列车后方由随车机械师负责，配备列车防护报警装置的列车应首先使用列车防护报警装置进行防护。单班单司机值乘的列车防护作业办法由铁路局集团公司规定。

（二）列车被迫停车可能妨碍邻线

列车在区间发生脱轨、颠覆等事故或其他原因被迫停车时，司机及随车机械师应认真观察，注意是否妨碍邻线。

（1）配备列车防护报警装置的列车应首先使用列车防护报警装置进行防护。

（2）司机应立即用列车无线调度通信设备通知邻线上运行的列车，并通知列车调度员（或两端站车站值班员）。

（3）司机与随车机械师分别在列车头部和尾部附近对邻线来车方向短路轨道电路。

（4）司机亲自或指派人员沿邻线一侧对列车进行检查，发现妨碍邻线时，立即报告列车调度员（或两端站车站值班员），如发现邻线有车开来，司机应鸣示紧急停车信号。

（5）列车调度员（或两端站车站值班员）接到列车被迫停车可能妨碍邻线的通知后，应立即通知邻线有关列车停车，在妨碍邻线行车的原因被消除前不得向邻线放行列车。

三、列车在区间退行、返回

（一）列车在区间退行

发生列车在区间因自然灾害、发生事故或其他原因必须退行的情况：

（1）在不得已情况下，列车必须在区间退行时，列车调度员须扣停后续列车，并在确认退行距离内的闭塞分区空闲后通知司机允许退行。随车机械师或指派的胜任人员应站在列车尾部注视运行前方，发现危及行车或人身安全的情况时，应立即使用紧急制动装置（紧急制动阀）或通知司机，使列车停车。列车退行速度不得超过 15 km/h。

（2）列车若需退行至站内，列车调度员还应确认列车至后方站间已空闲。列车调度员（车站控制时为车站值班员）根据线路占用情况，可开放进站信号机或按引导办法将列车接入站内。动车组列车若需退行至站内，列车调度员应发布调度命令。

（3）动车组列车退行时，改按隔离模式退行。

（4）在降雾、暴风雨雪及其他不良条件下，难以辨认信号时，列车不准退行。

（二）动车组列车由区间返回

动车组列车在区间被迫停车后须返回后方站时，列车调度员必须确认动车组列车至后方站间已空闲，方可发布调度命令。司机根据调度命令，在动车组列车运行方向（折返）前端操作，列车改按隔离模式返回，运行速度不得超过 40 km/h。

四、列车运行晃车

（1）运行途中列车司机发现晃车时，应立即减速运行并向列车调度员（车站值班员）报告晃车地点及晃车时列车运行速度，待本列无异常状况后恢复常速运行。车站值班员报告列车调度员。

（2）晃车时列车运行速度为 160 km/h 以下时，列车调度员（车站值班员）立即通知已进入区间的后续列车停车，不再向该区间放行列车，通知工务部门。列车调度员根据工务部门上道检查的申请，及时发布本线封锁、邻线限速 160 km/h 及以下的调度命令后，准许上道检查。工务检查设备后，根据现场具体情况，确定列车放行条件。

（3）晃车时列车运行速度为 160 km/h 及以上时，列车调度员应向后续首列发布限速 120 km/h 的调度命令，限速位置按司机汇报的晃车地点前后各 1 km 确定。列车通过晃车地点后，司机应立即向列车调度员报告运行情况。若仍晃车，列车调度员立即通知已进入区间的后续列车停车，不再向该区间放行列车，通知工务部门，根据工务部门上道检查的申请，及时发布本线封锁、邻线限速 160 km/h 及以下的调度命令后，准许上道检查；工务检查设备后，根据现场具体情况，确定列车放行条件。若不再晃车，则按 160 km/h、250 km/h、常速逐级逐列提速。

在逐级逐列提速的过程中，再次发生晃车时，列车调度员应立即通知已进入区间的后续列车停车，不再向该区间放行列车，通知工务部门，根据工务部门上道检查的申请，及时发布本线封锁、邻线限速 160 km/h 及以下的调度命令后，准许上道检查。工务检查设备后，根据现场具体情况，确定列车放行条件。

五、列车停在接触网分相无电区

分相区大概长 100 m，短分相区长 190 m，这段接触网是没有电的，正常状态下是靠列车的惯性通过分相区，而发生意外时，列车可能会停在分相无电区。

由于动车组有两个或多个受电弓，当停在分相无电区时，可以根据具体的停车位置、本身的设备条件、牵引供电设备状况等，确定是否可以采用换弓、退行闯分相等方式自救。当具备自救条件时，司机应准确报告电力机车（动车组）停车位置，由列车调度员、供电调度员、机车调度员（动车司机调度员）共同根据电力机车（动车组）类型、停车位置、牵引供电设备状况等确定自救方案，组织自救。

（一）动车组列车停在接触网分相无电区不能继续运行

动车组列车停在接触网分相无电区不能继续运行时，司机应立即降弓，并报告列车调度员（车站值班员），车站值班员报告列车调度员。列车调度员（车站值班员）立即通知已进入区间的后续列车停车，不再向该区间放行列车。

（二）采用换弓、退行闯分相等方式自救

具备采用换弓、退行闯分相等方式自救时，司机应准确报告动车组停车位置，由列车调度员、供电调度员、动车司机调度员共同根据动车组类型、停车位置、牵引供电设备状况等确定自救方案，组织自救。

（三）不具备自救条件

当不具备自救条件时，可根据是否具备向中性区送电条件，来进一步确定救援方案。

1. 具备向中性区远动送电条件

具备向中性区远动送电时，可在该分相后方接触网供电臂办理停电后，由列车调度员向供电调度员办理向中性区远动送电手续，通知停在该分相的列车升弓，待该列车驶出分相区后，再通知供电调度员恢复原供电方式并向后方接触网供电臂送电，恢复后续列车正常运行。

2. 不具备向中性区远动送电条件

不具备向中性区远动送电时，列车调度员发布邻线限速 160 km/h 及以下的调度命令，司机组织相关人员按规定对列车进行防护，并确认列车前、后方接触网无电区长度，向列车调度员报告。列车调度员根据司机有关前、后方接触网无电区长度的报告，确定救援方案，组织救援。

六、列车碰撞异物

（一）列车运行中碰撞异物影响行车安全时

列车运行中碰撞异物影响行车安全时，司机应立即采取停车措施，并向列车调度员（车站值班员）报告碰撞异物地点、碰撞异物情况及停车地点，动车组列车司机还应通知随车机械师。车站值班员报告列车调度员。列车调度员（车站值班员）立即通知本线已进入区间的后续列车停车，不再向该区间放行列车。需下车检查时，列车调度员根据司机请求及时发布邻线限速 160 km/h 及以下的调度命令，司机在接到列车调度员已发布相关调度命令的口头指

示后，下车检查（动车组列车为通知随车机械师下车检查）。

（1）经检查列车可以继续运行时，恢复运行（动车组列车按随车机械师的要求运行），司机向列车调度员报告检查情况。如检查未发现异常情况，列车调度员向本线后续首列发布口头指示限速 160 km/h 运行，限速位置按碰撞异物地点前后各 2 km 确定，列车司机应加强瞭望，确认线路和接触网有无异常状态，在通过限速地点后立即向列车调度员报告，列车调度员在得到司机无异常的报告后，组织本线后续列车恢复正常运行；有影响行车的异常情况时，列车调度员根据司机报告，扣停后续列车或组织后续列车限速运行，及时通知有关部门按规定上道检查处理。

（2）经下车检查确认不能继续运行时，应及时请求救援，并按规定进行防护。

（二）碰撞异物侵入邻线影响邻线行车安全时

列车调度员（车站值班员）接到报告后，应立即通知邻线尚未经过该地点的列车停车，不再向邻线该区间放行列车，并通知有关部门按规定上道检查处理。

（三）碰撞异物情况不明，不能确定是否影响邻线时

列车调度员接到报告后，应立即向邻线尚未经过该地点的首列发布口头指示限速 160 km/h 运行，限速位置按碰撞异物地点前后各 2 km 确定。

邻线首列列车司机应加强瞭望，确认线路和接触网有无异常状态，在通过限速地点后立即向列车调度员报告，列车调度员在得到司机无异常的报告后，组织邻线后续列车正常运行。有影响行车的异常情况时，列车调度员根据司机报告，扣停后续列车或组织后续列车限速运行，及时通知有关部门按规定上道检查处理。

为防止碰撞异物后对固定行车设备正常使用带来影响，工务、电务、供电部门应利用天窗时间对碰撞异物地点前后 2 km 范围内的设备进行重点检查。

任务实施

1. 任务准备

（1）设备准备：仿真高速铁路行车设备、仿真动车组列车、实训室，专业训练服（可着正装）。

（2）实训资料准备：实训任务单、相关规章、教材等。

（3）情景准备：实训前各小组查阅、收集资料，选择高速铁路非正常行车组织某个情景，情景中包括高速铁路列车调度员、车站值班员、司机、随车机械师、工务、电务、供电部门相关人员、客运乘务组人员、旅客。

（4）人员准备：实训分小组进行，每组 6 ~ 8 人，每个小组做好人员分工。

2. 实施步骤

（1）双线区间反方向行车。

（2）列车被迫停车后处理。

（3）列车在区间退行、返回。

（4）组内互查，教师总结并评分、评价。

3. 任务单

训练名称	高速铁路非正常行车组织训练		
班　级		姓　名	
1. 列车被迫停车后行车组织			
2. 运行途中发现列车晃车时行车组织			
3. 列车停在接触网分相无电区时行车组织			
4. 列车运行中碰撞异物时行车组织			
任务总结：			

4. 效果评价

	项目	A—优	B—良	C—中	D—及格	E—不及格	综合
小组评价	列车晃车（15%）						
	被迫停车（15%）						
	碰撞异物（20%）						
	团队合作（10%）						
教师评价	非正常行车（20%）						
	任务单（20%）						
	教师签名						

1. 大风天气行车的应急处理方法是什么？
2. 雨天行车的应急处理方法是什么？

3. 冰雪天气行车的应急处理方法是什么？
4. 列控车载设备不能正常使用的应急处理方法是什么？
5. CTC 故障的应急处理方法是什么？
6. 接触网停电的应急处理方法是什么？
7. 动车组列车运行途中发生车辆故障的应急处理方法是什么？
8. 列车运行晃车如何处理？

项目四　动车组列车应急疏散处置

项目描述

高速铁路的消防安全管理贯彻“预防为主，防消结合”的方针，实行岗位防火责任制和标准化管理。人人达到消防安全“四懂四会”(懂得本岗位火灾危险性、懂得预防火灾的措施、懂得扑救火灾的方法、懂逃生的方法，会报火警、会使用各种消防器材、会扑救初起火灾、会组织人员疏散)。本项目主要介绍“复兴号”动车组列车安全应急设备的位置及使用方法、动车组列车发生火灾爆炸事故时的应急处置和高速铁路高架线路和隧道应急疏散处置的相关知识。

学习目标

1. 素质目标

通过学习“复兴号”动车组列车安全应急设备的使用及高速铁路应急疏散处置，使学生坚持人民至上，主动防范化解风险，坚持科技自立自强。培养学生具有良好的职业意识和安全意识，具有较强的集体意识和团队合作精神，具有一定的综合指挥能力。

2. 能力目标

正确使用动车组列车安全应急设备，发生火灾、爆炸事故时能够及时应急处置，能够按要求组织旅客应急疏散。

3. 知识目标

熟悉动车组列车安全设备的种类、配置情况和使用要求，掌握火灾应急处置流程，掌握高架线路和隧道应急疏散处置流程。

任务一　“复兴号”动车组安全应急设备操作

任务引入

复兴号动车组列车设置应急车窗、灭火器、紧急制动手柄、紧急解锁装置、逃生梯等应急安全设施。

请思考：如何正确使用复兴号动车组列车应急安全设施?

相关知识

动车组列车各车厢灭火器、紧急制动阀（手柄或按钮)、烟雾报警器、应急照明灯、防火隔断门、紧急门锁、紧急破窗锤、气密窗、厕所紧急呼叫按钮及车门防护网（带）、应急梯、紧急用渡板、应急灯（手电筒）、扩音器等安全设施设备配置齐全，作用良好，定位放置。乘务人员知位置、知性能、会使用。

一、复兴号动车组列车应急安全设施布置（以 CR400BF 型为例）

1 号和 8 号车应急安全设施布置如图 4-1-1 所示，2、3、6、7 号车应急安全设施布置如图 4-1-2 所示，4 号车应急安全设施布置如图 4-1-3 所示，5 号车应急安全设施布置如图 4-1-4 所示。

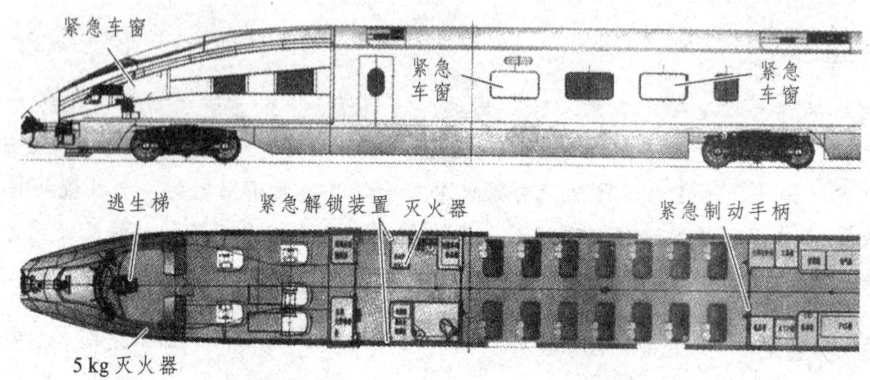

图 4-1-1　1 号和 8 号车应急安全设备设施

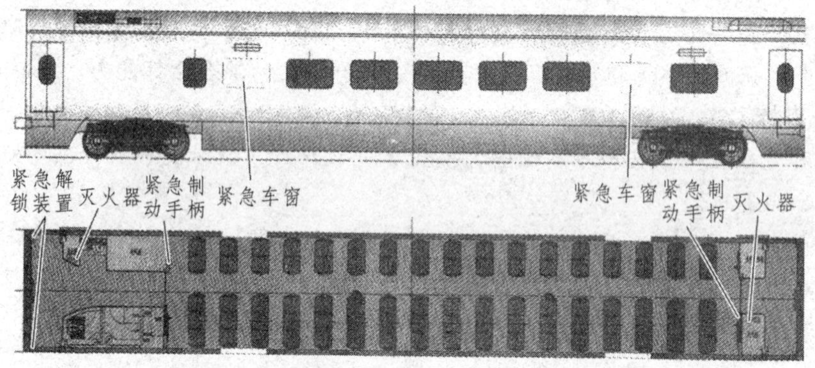

图 4-1-2　2、3、6、7 号车应急安全设备设施

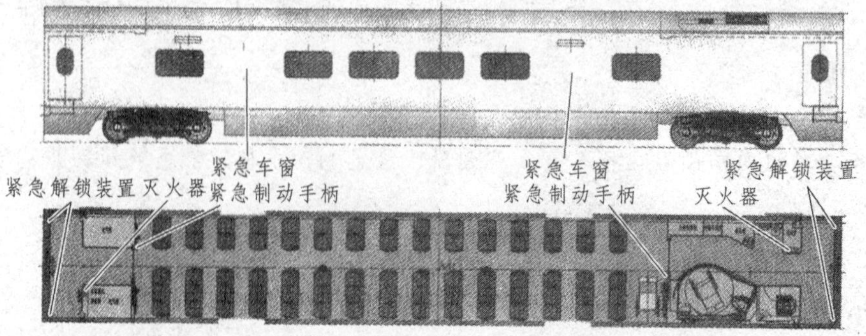

图 4-1-3　4 号车应急安全设备设施

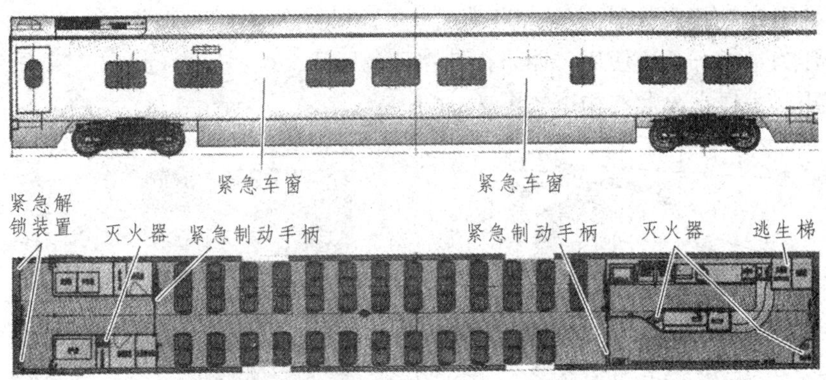

图 4-1-4　5 号车应急安全设备设施

二、灭火器（以 8 辆编组为例）

灭火器是指在内部压力下，将充装的灭火剂喷出，以扑灭火灾的灭火器材。

（一）灭火器适用范围

1. 干粉灭火器

由于充装的干粉灭火剂不同，适用场所也不同。干粉灭火器一般适用于扑救石油、石油产品、油漆、有机溶剂和电气设备等的初期火灾。

2. 手提式水雾型灭火器

手提式水雾型灭火器可扑灭 A 类（可燃固体）、B 类（可燃液体）、C 类（可燃气体）及一般电器火灾，有效期为 3 年。该灭火器具有抗 3.6 万伏电压的特点，是现阶段比较适合铁路电气化区段的新型灭火器。

（二）配备位置和数量

在 1 号车（TC01）和 8 号车（TC08）司机室内放置一个 5 kg 的干粉灭火器；一位端和二位端走廊放置两个 2 kg 的灭火器，包括一个水型灭火器和一个干粉灭火器；其余各车在一位端和二位端走廊各放置两个 2 kg 灭火器，包括一个水型灭火器和一个干粉灭火器，如图 4-1-5 所示。

图 4-1-5　灭火器

灭火器需要定期检查其压力值，确保压力指针保持在绿色区间内，如果指针已经在红色区间，说明压力过小，无法使用；如果指针在黄色区间，说明压力过大，需要维修。

常见储压式手提灭火器的构造如图 4-1-6 所示。

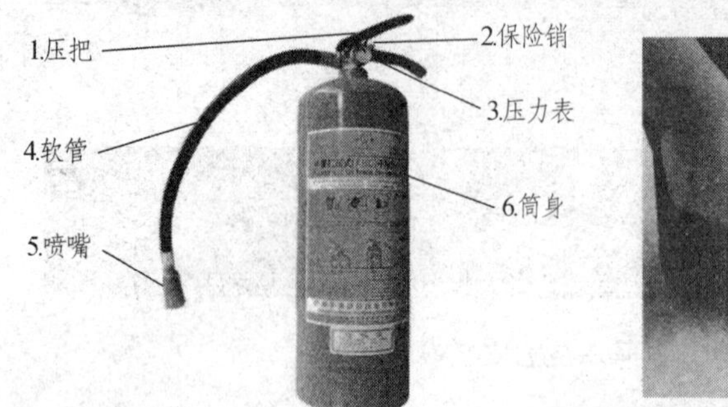

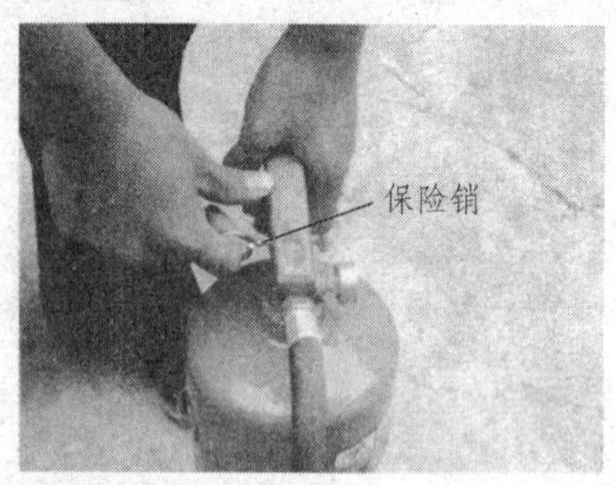

图 4-1-6　常见储压式手提灭火器

（三）动车组列车灭火器的使用方法

（1）将灭火器向上提出取下灭火器，快速带到起火现场。

（2）在使用前拉出灭火器上的金属保险销。

（3）将喷嘴对准火源根部（带软管的灭火器，要紧握软管喷嘴）压下压把，快速推进，直至将火扑灭。使用水雾灭火器扑灭电器火灾时，灭火距离不少于 1 m。灭火后处理现场时，必须切断电源。

动车组列车灭火器的使用方法如图 4-1-7 所示。

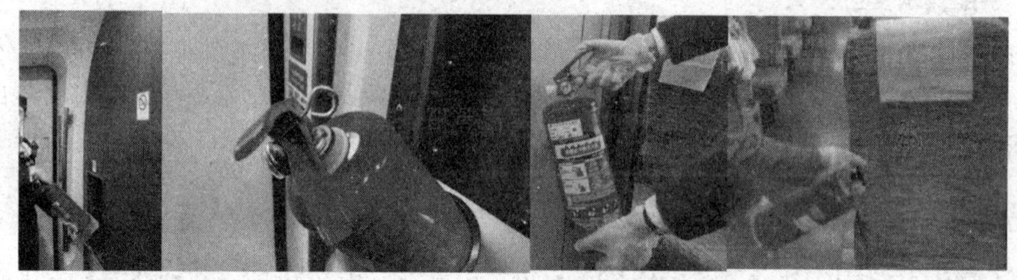

图 4-1-7　动车组列车灭火器的使用方法

三、紧急制动操作设施

为应对突发状况，在车辆内部界面设置了紧急制动操作设施，主要分为乘客紧急报警装置、乘务员室紧急制动拉闸、监控室（机械师室）紧急制动拉闸。

（一）乘客紧急报警装置

（1）乘客紧急报警装置由紧急制动拉闸手柄、话筒及扬声器三部分组成。

（2）当乘客拉下紧急制动拉闸手柄，自动触发乘客紧急报警，对讲灯亮起时讲话，实现和司机的对讲通话。对讲由司机话筒端挂断复位或直接复位。当多个乘客紧急报警装置触发报警时，按照时间先后顺序排队等候，依次触发。

（3）拉下紧急制动拉闸手柄后，乘客紧急制动环路断开，触发全列车紧急制动。司机操纵台上设有乘客紧急制动报警复位按钮，司机可以操纵此按钮缓解紧急制动，使动车组继续行驶，以选择适当位置停车。乘客紧急报警装置如图 4-1-8 所示。

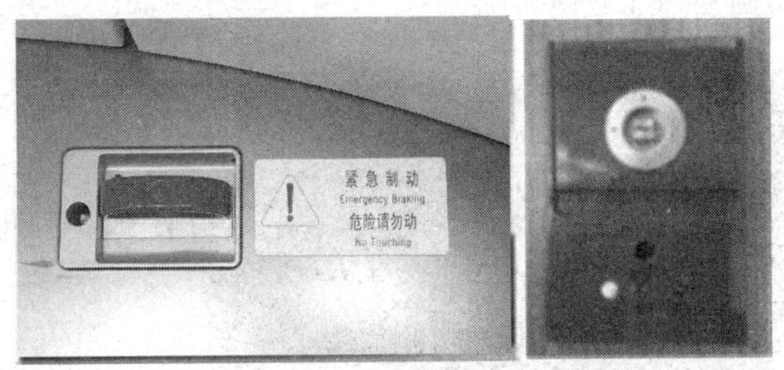

图 4-1-8　乘客紧急报警装置

（二）乘务员室紧急制动拉闸

在 5 号车乘务员室内设置紧急制动拉闸。紧急制动拉闸手柄被拉下后，乘客紧急制动环路断开，触发全列车紧急制动。

司机可以操纵司机台上的乘客紧急制动报警复位按钮缓解紧急制动，使动车组继续行驶，以选择适当位置停车。

当紧急制动拉闸手柄恢复后，乘客紧急制动环路重新建立，紧急制动指令取消。

乘务员室紧急制动拉闸如图 4-1-9 所示。

图 4-1-9　乘务员室紧急制动拉闸

（三）监控室紧急制动拉闸

在 5 号车监控室（机械师室）内设置紧急制动拉闸。

紧急制动拉闸手柄被拉下后，触发全列车紧急制动。紧急制动不能被司机旁路，只有在动车组停车后，通过复位紧急制动拉闸，主控司机室进行紧急制动复位操作后，才能缓解紧急制动。

监控室紧急制动拉闸如图 4-1-10 所示。

图 4-1-10　监控室紧急制动拉闸

四、防火隔断门

动车组车厢连接处设有防火隔断门。发生火灾等特殊情况时，在旅客及财物疏散完毕后，按规定操作打开防火隔断门，将相邻两车厢隔断。防火隔断门由具备防火性能的材料制成，发生火灾时，能阻止或延缓火势蔓延。

1. 开门操作

通过门扇的两侧的开门按钮开门时，两个门上的任意一个按钮可打开同一车端的两个车门，延时 10 s 后自动关闭。

2. 外端拉门隔火操作

电动状态时，人员撤离后，延时 10 s 后自动关闭，或切换车门到手动状态手动关门。无电或处于手动状态时，直接手动拉动关闭到位即可。外端拉门操作如图 4-1-11 所示。

五、车门开关隔离操作

拉门在全开和全关位置可分别操作两种隔离锁将门锁闭在全开或全关位置。

图 4-1-11　防火隔断门操作

（一）全关

全关时，操作门板上的隔离锁可将门锁定在全关位置，并且切断门系统的供电。关闭到位后，用四角钥匙操作，将锁芯的标线指向隔离锁的红点即可将门锁闭，如图 4-1-12 所示。

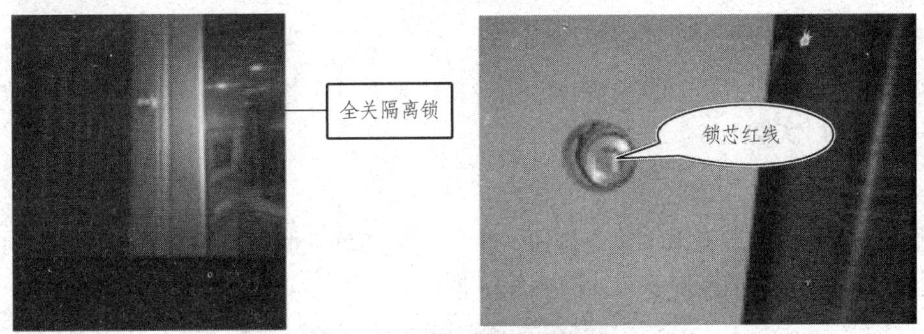

图 4-1-12　拉门开关隔离操作

（二）全开

全开时，操作通过台顶板上的隔离锁可将门锁定在全开位置，并且切断门系统的供电。全开到位后，用四角钥匙操作，将锁芯的标线转向与门扇垂直即可将门锁闭。

（三）车门隔离操作

每套侧门都设有在客室内可操作的车门隔离装置，用通用四角钥匙操作，当该门出现故障功能不正常时可以将此门隔离掉而不影响其他门的正常动作。当隔离锁锁闭时，它将门设为一种非使用状态，在紧急情况下也无法打开车门。具体操作如下：手动关闭至完全锁闭后，从车内用四角钥匙操作门扇上的隔离锁，将车门可靠锁闭隔离。隔离到位与否不能以隔离锁是否拧不动为判断标准，需以隔离锁锁舌是否可靠地插入锁口板为准，同时只有隔离到位时，隔离锁的指示标识（红点）才能出现在相应的观察窗（如图 4-1-13 所示）。

（四）车内紧急解锁操作

紧急开门分为车内紧急开门和车外紧急开门两种情况。每套车门在车内门口处设置有内部紧急解锁装置，在车外侧墙上设置有车外紧急解锁装置。

图 4-1-13　隔离锁

1. 紧急情况下

车辆有电时，机械师、乘务员首先操作四角锁芯从“红点”到“绿点”，或乘客需打破塑料保护罩按下内部的红色按钮，此时蜂鸣器鸣响。然后拉起红色的紧急解锁手柄

2. 保持拉起状态

手动向外推门并打开车门。

3. 退出紧急解锁状态

把四角锁芯从“绿点”转到“红点”或者复位乘客红色按钮，此时蜂鸣器停止鸣响。电控关门一次，车门恢复正常。

4. 车辆无电时

无须操作四角锁芯或者乘客红色按钮，直接拉起红色手柄保持拉起状态，手动向外推门便可打开车门。内部紧急解锁装置如图 4-1-14 所示。

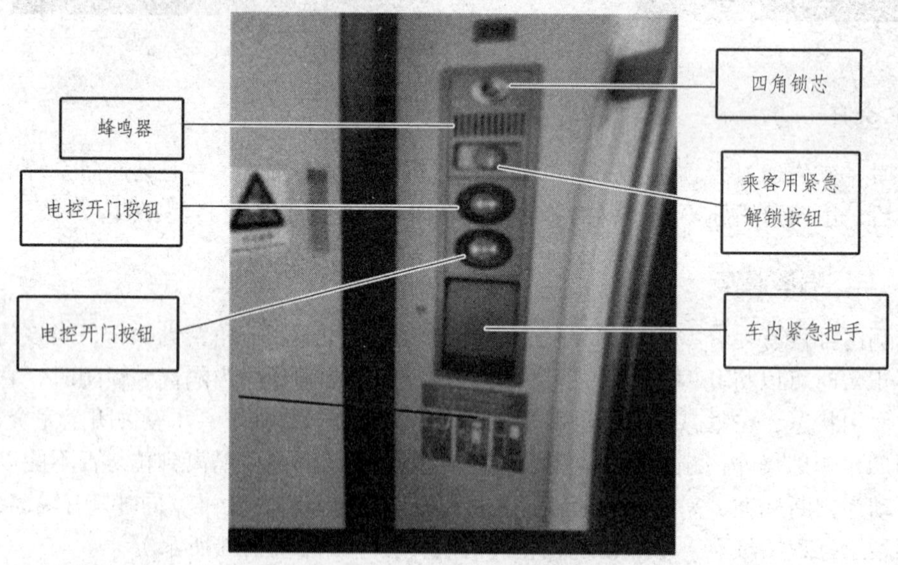

图 4-1-14　内部紧急解锁装置

（五）车外紧急解锁操作

拉起车外白色手柄并保持拉起状态，手动拉门并打开。车外紧急解锁装置如图 4-1-15 所示。

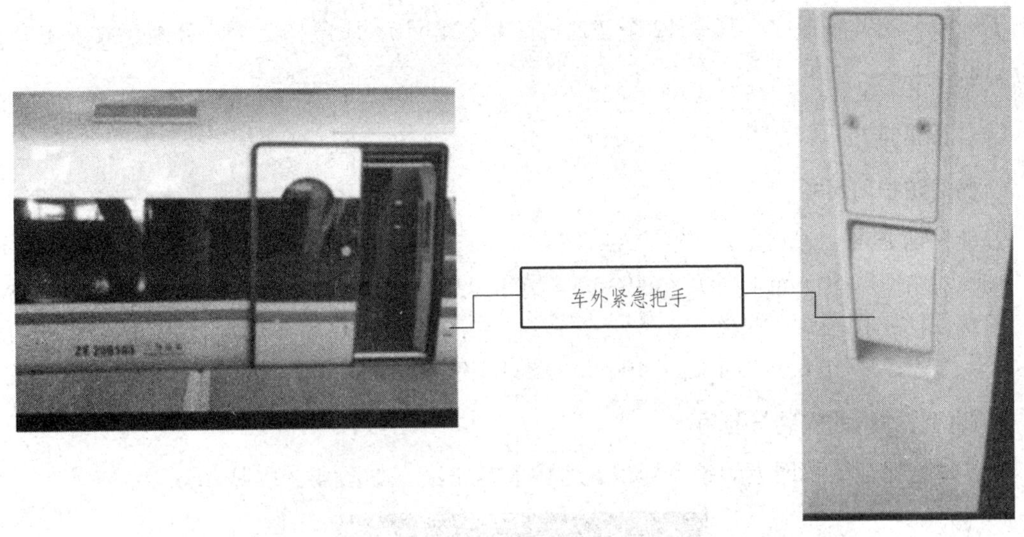

图 4-1-15　车外紧急解锁装置

六、电茶炉

电茶炉提供饮用热水。设置有电源、加热、缺水指示灯、绿色出水按钮、红色解锁按钮、置杯格，如图 4-1-16 所示。

操作方法：使用时需按压红色解锁按钮，待电茶炉解锁后按压绿色出水开关至底部（起防烫伤作用），缺水显示灯亮起时，表示水箱内缺水。

图 4-1-16　电茶炉

七、应急设施的配置与使用

应急设备设施包括安全渡板 2 个（分别存放于 4、5 车厢车辆备品柜），防护网 13 个（存放于 5 车厢车辆备品柜内，其中 12 个普通网，1 个宽网），应急梯 2 个（分别存放于 1 车、8 车备品柜内）。

（一）侧门防护网

1. 侧门防护网尺寸

① 侧门防护网（普通）尺寸。

外形尺寸：1 350 mm（高）×640 mm（宽），网格尺寸：160 mm（高）×190 mm（宽）。

② 侧门防护网（宽）尺寸。

外形尺寸：1 350 mm（高）×740 mm（宽），网格尺寸：160 mm（高）×190 mm（宽）。

2. 侧门防护网的安装与使用

安装时需保证编织网上的警示标识在车内看是正面，如图 4-1-17 所示。

图 4-1-17　侧门防护网

使用时，从防护栏杆存放处取出防护栏杆，展开防护网，然后把防护栏杆立柱上两个卡箍上的拧紧螺栓用通用钥匙完全松开，把两个内盖板转动到与立柱平行，然后把卡子套在门口扶手杆上，立柱下端顶在地板面上，把可旋转的内盖板复原，使得卡箍把门口扶手杆套住，然后用通用钥匙拧紧紧固螺栓，这样卡箍便可与扶手杆紧固在一起。再用同样的操作方法把另一侧的立柱固定在扶手杆上，防护栏杆便安装完毕。

用完需要拆卸时，先用通用钥匙松开立柱卡箍上的紧固螺栓，松开行程至少 5 mm，然后便可以转动内盖板，脱离门口扶手杆，这样立柱便可以从扶手杆上取下。取下两根扶手杆，把可旋转压板复位，拧紧紧固螺栓，防止旋转压板晃动，然后用立柱把防护网卷起、捆扎，放回存放处。

（二）紧急渡板的安装与使用

1. 使用时机

在动车组运行中途因故障不能继续运行时，将旅客从故障动车组过渡到相邻线路救援列车上时使用紧急渡板。使用时需按程序组装放置，安装扶手和防护绳。

2. 使用前

备品室使用专用钥匙打开；为快速使用，拟救援下车的通过台不得聚集过多人员；有专业人员在车下指挥协助（需两名专业人员操作，其中一人在车下）。

3. 地面转移救援

渡板、防护绳和保护棒放置在备品室中，使用时打开备品室门即可取出，迅速转移到最近可开放的侧拉门门口处。

渡板转移到门口位置，对正门口将渡板展开，展开长度可根据野外条件，车内距离外部地板高度较高时需全部展开，展示时需锁定，展开长度约 2.5 m。把渡板伸出端朝向车外，将渡板伸出车外并支撑在地面上，形成适当的坡度；渡板与车辆搭接处必须将渡板挂钩卡在侧拉门门口滑槽内；把 4 根保护棒分别插入渡板两侧的插槽内，将带有穿绳环的一端向上；将防护绳带小卡环的一端依次穿过侧拉门立罩扶手、保护棒上端穿环，并卡在渡板前端环内；将防护绳带大卡环的一端锁紧在防护绳上，保持防护绳拉紧状态，渡板安置妥当后引导车上人员有序迅速转移下车（见图 4-1-18）。

图 4-1-18　紧急渡板的安装与使用

（三）应急梯

应急梯在运行中的列车无法移动时，将旅客从车辆上部转移到地面或站台时使用。应急梯既可当作一个桥来连接停靠在旁边的列车，也可当作一个梯子从车上下到地面。旅客下车时要做好安全防护，确保安全。使用时将梯子扶手向上拉起，用套管将扶手固定即可。

应急梯使用如图 4-1-19 所示。

图 4-1-19　应急梯使用

八、紧急逃生窗及紧急破窗锤

在紧急情况旅客逃生使用。注意操作时手的安全。

（一）紧急窗

每个客室内在四角各设 1 个紧急窗；餐车走廊设置 1 个紧急窗，每个司机室两侧各设置 1 个紧急窗。紧急破窗锤紧急窗上有逃生玻璃红点。

（二）安全锤

在车内每个紧急窗旁边设有安全锤，并带有明显标识。

紧急情况下，可用安全锤敲碎紧急窗的玻璃逃生。安全锤的使用分为三步：

第一步，握住紧急破窗锤把手，用力向外侧拔出，拔出时铅封即开，取下安全锤，用锤头用力敲击逃生玻璃红点至玻璃最外层。

第二步，利用把手外侧将未完全脱落的玻璃推向车体外侧，用力往外推玻璃。

第三步，玻璃推落后从逃生窗有序逃脱（见图 4-1-20）。

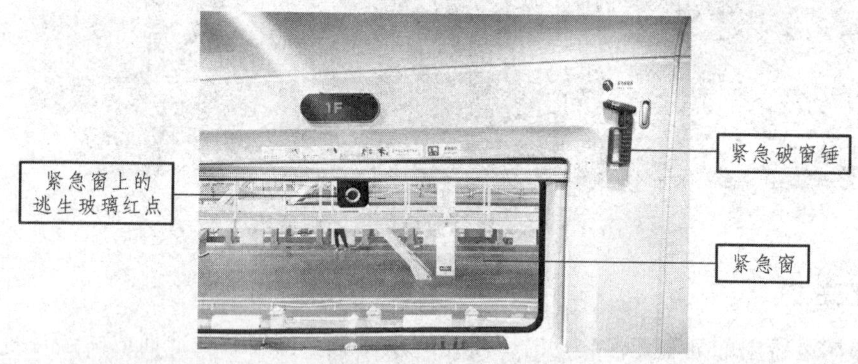

图 4-1-20　紧急窗和紧急破窗锤

九、烟火报警系统

烟火报警系统分布于整列车的各个部位：在司机室、乘务员室和厕所内、客室区、厨房区域车顶上设有探测器，在乘务员室设有控制单元和指示单元。

使用时机和方法：烟火报警主机通过电流环与终端装置通信，将每个感烟探头的状态发送给终端装置，起到报警和及时应对的作用。这些信息应显示在随车机械师室的显示屏上。

发生烟火报警时，随车机械师和列车长根据司机通知立即到报警车厢查实确认，查看指定车厢的客室、卫生间，随车机械师重点查看电气设备。若发生客室或设备火情，列车长或随车机械师应立即通知司机实施制动停车，并按规定处理；若确认因吸烟等非火情导致烟火报警时，由随车机械师处理。

烟雾报警器如图 4-1-21 所示。

各车厢应急灯位于每节车厢的两端。在全列车厢不能正常供电时，使用应急灯照明。

CR400BF 型动车组定员配置及应急备品存放位置和数量见表 4-1-1。

图 4-1-21 烟雾报警器

表 4-1-1 CR400BF 型动车组定员配置及应急备品存放位置和数量

品名	1	2	3	4	5	6	7	8	合计
车种	ZYS	ZE	ZE	ZE	ZEC	ZE	ZE	ZES	
定员	33	90	90	75	63	90	90	45	576
应急梯	1							1	2
渡板				1	1				2
防护网					13				13
应急喇叭					1				1

CR400BF-A 型动车组定员配置及应急备品存放位置和数量见表 4-1-2。

表 4-1-2 CR400BF-A 型动车组定员配置及应急备品存放位置和数量

品名	1	2	3	4	5	6	7	8	9	10	11	12	13	14	15	16	合计
车种	SW	ZY	ZE	ZE	ZE	ZE	ZE	ZE	ZEC	ZE	ZE	ZE	ZE	ZE	ZY	ZYS	
定员	17	60	90	90	90	90	90	75	48	90	90	90	90	90	60	33	1 193
应急梯									4								4
渡板				1				2					1				4
防护网									29								29
应急喇叭									1								1

CR400AF-B 型动车组定员配置及应急备品存放位置和数量见表 4-1-3。

表 4-1-3 CR400AF-B 型动车组定员配置及应急备品存放位置和数量

品名	1	2	3	4	5	6	7	8	9	10	11	12	13	14	15	16	17	合计
车种	SW	ZY	ZE	ZE	ZE	ZE	ZE	ZE	ZEC	ZE	ZE	ZE	ZE	ZE	ZE	ZY	ZYS	
定员	17	60	90	90	90	90	90	75	48	90	90	90	90	90	90	60	33	1 283
应急梯	2																2	4
渡板				1				1	1				1					4
防护网				4				12	11				4					31
应急喇叭									1									1

任务实施

1. 任务准备

（1）设备准备：仿真复兴号动车组列车安全应急设备、实训室，专业训练服（可着正装）。

（2）实训资料准备：实训任务单、相关规章、教材等。

（3）情景准备：实训前各小组查阅、收集资料，选择复兴号动车组列车安全应急设备使用相关情景，情景中包括动车组列车客运服务相关人员、旅客若干。

（4）人员准备：实训分小组进行，每组 6 ~ 8 人，每个小组做好人员分工。

2. 实施步骤

（1）正确使用灭火器。

（2）使用应急梯过渡板疏散旅客。

（3）正确安装防护网。

（4）组内互查，教师总结并评分、评价。

3. 任务单

<table>
<tr><td>训练名称</td><td colspan="3">复兴号动车组列车安全应急设备使用训练</td></tr>
<tr><td>班　级</td><td></td><td>姓　名</td><td></td></tr>
<tr><td colspan="4">4. 使用应急梯将旅客疏散至地面</td></tr>
<tr><td colspan="4">2. 列车空调故障时安装防护网</td></tr>
<tr><td colspan="4">3. 使用紧急破窗锤敲碎紧急窗的玻璃逃生</td></tr>
<tr><td colspan="4">4. 使用过渡板将旅客转移至救援列车</td></tr>
<tr><td colspan="4">任务总结：</td></tr>
</table>

4. 效果评价

	项目	A—优	B—良	C—中	D—及格	E—不及格	综合
小组评价	应急备品定位存放（15%）						
	逃生设备（15%）						
	疏散设备（20%）						
	团队合作（10%）						
教师评价	设备操作（20%）						
	任务单（20%）						
	教师签名						

任务二　动车组列车火灾爆炸事故应急处置

任务引入

动车组列车由于环境相对封闭，一旦发生火灾，极易引起旅客的恐慌，不利于现场工作人员的处置。是否能第一时间发现并准确判定火情，及时启动应急预案，科学快速地进行处置是至关重要的。

请思考：如何做好动车组列车火灾爆炸事故应急处置工作？

相关知识

动车组列车应配备照明灯、扩音器、口笛等应急物品，电量充足，性能良好。高速铁路动车组列车要做到火灾爆炸的应急处置预案健全有效，预案内容分工明确，流程清晰。遇火灾爆炸事故时，及时启动应急预案，掌握车内旅客人数及到站情况，维持车内秩序，准确通报信息，做好咨询、解释、安抚、生活保障等善后工作。

4. 动车组列车各岗位防火职责

动车组消防工作在列车长的统一领导下实行岗位防火责任制。

（一）列车长岗位防火职责

（1）全面负责动车组消防安全管理工作，贯彻上级有关消防工作部署，接受上级的消防安全检查。

（2）检查督促乘务工作人员落实岗位防火责任制。

（3）主持召开消防安全小组会议，总结分析、安排布置消防工作。

（4）组织乘务工作人员学习消防知识，提高防火灭火技能。

（5）动车组运行中按规定进行防火巡查，发现和消除火灾隐患，制止违反消防管理的行为，并做好巡查记录工作。

（6）组织乘务人员向旅客宣传防火、防爆安全知识，做好易燃易爆危险物品查堵工作。

（7）运行中发生火灾时，启动火灾事故应急预案，组织指挥乘务人员疏散旅客，扑灭火灾；及时向列车调度员及有关部门报告，协助公安、安监部门查明起火原因，组织恢复列车运行。

（8）按规定填写消防安全台账。

（9）参加联检交接。

（二）客运乘务员岗位防火职责

（1）严格遵守动车组消防安全规章制度，服从命令、听从指挥、坚守岗位、落实防火措施。

（2）认真巡视车厢，及时制止旅客吸烟。

（3）加强运行中对电气设备、火灾自动报警显示屏的监视，严格执行操作规程，发现报警及故障，及时向列车长或随车机械师报告。

（4）学习消防知识，达到“四懂四会”，熟练掌握火灾应急处理预案。

（5）做好查堵易燃易爆危险物品工作，发现易燃易爆危险物品及时报告列车长妥善处理。

（6）发生火灾时，按火灾事故应急预案立即通知列车长和司机，及时疏散旅客，扑救初起火灾，维护秩序，保护旅客安全。

（三）随车餐饮、保洁人员岗位防火职责

（1）遵守动车组消防管理规定，服从命令，听从指挥，坚守岗位，严格按操作规程使用电气设备。

（2）学习消防知识，达到“四懂四会”，熟练掌握火灾事故应急预案。

（3）发生火灾时，按火灾事故应急预案立即通知列车长和司机，及时疏散旅客，扑救初起火灾。

二、动车组列车防火控制措施

动车组列车防火安全风险控制关键项点及控制措施见表 4-2-1。

表 4-2-1 动车组列车防火安全风险控制关键项点及控制措施

序号	安全项点	防控措施
1	教育培训	必须掌握四懂四会、火灾应急处置预案、防火岗位责任制、灭火器使用方法及范围、灭火的四种方法及了解本岗位火灾危险性
2	灭火器	1. 清楚灭火器数量及位置，会使用。 2. 掌握干粉及水雾灭火器的使用范围。 3. 检查灭火器使用状态（压力表是否进黄区，铅封是否完好，喷嘴是否断裂松动，餐车配置 4 kg 灭火器软管是否变形，反光圈是否断裂，灭火器有效期，瓶外身是否有腐蚀）
3	安全锤、紧急逃生窗和防火隔断门	1. 知位置、知性能、知数量、会使用方法。 2. 施封完好。 3. 新职乘务员会实操防火隔断门使用，班组长在新职首次上车后实操培训，实习期结束前考核

续表

序号	安全项点	防控措施
4	餐车电器设备	1. 接车后餐服员对微波炉使用状态进行检查，列车长掌握情况。 2. 检查微波炉插头是否完好。 3. 餐车后厨操作区域电器做到离人断电，终到站前 10 min 列车长对微波炉断电进行检查。 4. 终到站前 20 min 餐车工作人员将微波炉插头拔掉，并清洁炉内卫生。 5. 保温箱温度是恒定的 70 ℃，温度调节由机械师负责，其他人一概不能操作，使用中要避免盒饭菜汤外溢，动态保持内部清洁。 6. 严禁客运人员私自动用电气设备
5	备品柜垃圾桶	1. 备品柜、垃圾桶门锁良好，柜（桶）内无可疑物品，无杂物。 2. 始发进行全面检查，遇有故障无法使用时及时通知机械师进行修复，无法修复时要采取紧急固定措施
6	电茶炉	1. 接车后乘务员对电茶炉使用状态进行检查。 2. 缺水灯亮起后检查炉内是否有水,并通知列车长让机械师到现场进行处理。 3. 故障无法修复时，由机械师填写《动车组固定服务设施状态检查记录》一式两份，乘务员向旅客做好解释工作，加强服务。 4. 始发因其他原因未上水车次时，途中要重点检查并申请补水
7	充电安全	1. 旅客使用列车电源给手机、充电宝充电，对旅客使用充电宝给手机充电时，乘务员要进行提示，提示用语为“请您注意充电安全。“ 2. 旅客严禁使用私接插线板，乘务员途中巡视盯控，发现及时劝阻。 3. 旅客严禁使用大功率用电器，乘务员要加强巡视盯控，及时制止。 4. 列车班组使用移动充电设备充电时必须有专人值守，使用有 3C 安全标志和插孔有独立开关的接线板
8	防控烟雾报警	1. 加大车内安全广播力度，中途站开车后至少播放一遍。 2. 重点宣传违反禁烟规定在卫生间内吸烟的处置。 3. 对中途站经常下车吸烟的旅客要重点提示。中途站，开车后乘务员对车门口周边检查，是否有旅客未熄灭的烟头，检查走廊和卫生间垃圾桶是否有旅客扔掷的烟头。 4. 在易发生报警的区段（梳理列出），增加禁烟宣传频次
9	接线板	1. 使用有 3C 安全标志和插孔有独立开关的接线板。 2. 接线板使用严禁串联。 3. 手机、充电宝等充电设备不用时、离人时及时断电

CRH380B 型动车组定员配置及应急备品存放位置和数量见表 4-2-2。

CRH380BL 型动车组定员配置及应急备品存放位置和数量见表 4-2-3。

表 4-2-2　CRH380B 型动车组定员配置及应急备品存放位置和数量

品名	1	2	3	4	5	6	7	8	合计
车种	ZYS	ZE	ZE	ZE	ZEC	ZE	ZE	ZES	
定员	33	85	85	75	63	85	85	45	556
应急梯		1					1		2
渡板					1				1
防护网		4			3		4		11
应急喇叭					1				1

表 4-2-3　CRH380BL 型动车组定员配置及应急备品存放位置和数量

品名	1	2	3	4	5	6	7	8	9	10	11	12	13	114	115	116	合计
车种	ZYS	ZY	SW	ZY	ZE	ZE	ZE	ZE	CA	ZE	ZE	ZE	ZE	ZE	ZE	ZYS	
定员	39	56	24	56	71	80	80	80	—	80	80	80	80	80	80	39	1 005
应急梯							4					2					4
渡板			1						1								2
防护网		4	10							8					4		26
应急喇叭									1								1

三、动车组列车发生火灾、爆炸事故时的应急处置

列车发生烟火报警时，司机应立即采取降速措施，并立即通知随车机械师及列车长到报警车厢查实确认，并报告列车调度员（车站值班员）。列车长会同随车机械师、乘警查看客室、卫生间，确认报警情况和设备状态，若发生客室火情或设备火情（发生起火及火灾、爆炸均简称为火情），可能危及行车、人身安全时，列车长或随车机械师立即通知司机停车，司机报告列车调度员（车站值班员），若确认是因旅客吸烟或非明火导致的烟火报警、不危及行车、人身安全时，由列车长或随车机械师通知司机，司机报告列车调度员（车站值班员），恢复正常行车。应急处置过程中，列车长、乘务人员要全程开启音视频记录仪，留存证据。

（一）判明情况

列车乘务人员发现或接到旅客反映车厢内有冒烟、明火、爆炸或消防设施报警时，应立即赶赴现场、判明情况，并根据火势大小，判断是否停车，第一时间向列车长汇报。

（二）确认处置

1. 乘务人员发现处置

列车发生火灾、爆炸可能危及行车、人身安全时，客运乘务组、随车机械师等列车乘务人员应立即通知司机采取停车措施，来不及报告时，应使用客室（车厢）紧急制动装置联系司机停车。

2. 司机发现处置

司机发现列车发生火灾、爆炸或接到列车发生火灾、爆炸的通知及报警时，须立即停车（停车地点应尽量避开长大桥梁、隧道和困难分相地段、重要建筑物、油库、居民集中居住区，以便于旅客疏散和邻近救援），报告列车调度员（车站值班员），车站值班员报告列车调度员。列车调度员（车站值班员）接到报告后，立即通知邻线相关列车及本线后续列车停车，不再向区间放行列车。停车后司机使用列车防护报警装置进行防护，配合列车长、随车机械师、乘警（或安全员，下同）进行火灾扑救、旅客疏散等工作。随车机械师根据火情或爆炸确认接触网需要停电时，通知司机报告列车调度员（车站值班员），车站值班员报告列车调度员，列车调度员确认具备停电条件后通知供电调度员停电。

3. 联合确认

列车发生烟火报警时，司机应立即采取降速措施，300 km/h 及以上线路限速 200 km/h 及以下，250 km/h 及以下线路限速 120 km/h 及以下。立即通知随车机械师及列车长到报警车厢查实确认，并报告列车调度员（车站值班员）。列车长会同随车机械师、乘警查看客室、卫生间，确认报警情况和设备状态，若发生客室火情或设备火情，可能危及行车、人身安全时，列车长或随车机械师立即通知司机停车，司机报告列车调度员（车站值班员），若确认因旅客吸烟或非明火导致烟火报警、不危及行车、人身安全时，由列车长或随车机械师通知司机，司机报告列车调度员（车站值班员），恢复正常行车。

4. 前方站处置

列车长、随车机械师判定需要在前方站停车处理救援时（暂不危及旅客行车安全），向司机报告，由司机请示列车调度员（车站值班员）在最近前方站停车处理，车站值班员报告列车调度员。接到司机请求后，列车调度员应立即组织在前方站停车，特殊情况可安排在有站台的其他线路停车（来不及变更时除外），必要时可组织其他停留列车腾空线路。列车调度员还应通知前方站提前做好应急救援准备工作。站内停车救火期间相邻线路禁止停留（运行）其他列车。发生火情的列车已停妥（重联动车组列车需解编时解编完毕）、列车调度员得到现场接触网需停电的申请，确认其他列车具备停电条件后，通知供电调度员对本线及相邻线路停电。

5. 现场确认

客运乘务组、随车机械师等列车乘务人员发现或接到旅客反映车厢内有明火、冒烟等火情或消防设施报警时，应立即施救并通知列车长。列车长接到通知后，应会同随车机械师、乘警进行现场确认，旅客行李物品、垃圾箱等处所冒烟（无明火）不危及行车、人身安全时，可不停车，立即疏散周围旅客并组织施救。

（三）现场处置

1. 初期扑救

接到火情报警后，列车长要立即赶赴现场，同时通知随车机械师、乘警、乘务员、保洁员、餐服员等列车工作人员确保救火通道畅通，组织传递灭火器，及时扑救。

2. 车内疏散

列车工作人员要本着“先救人、后救物”的原则，组织将发生火情车厢的旅客有序向两侧车厢疏散转移。如条件允许，尽可能将旅客向列车运行方向的车厢疏散转移，防止火情借风势蔓延到后续车厢。对仍处在危险中的旅客，要首先抢救使其脱离危险，对已经疏散的旅客，严禁其返回事故车厢。

3. 阻隔火源

待全部人员向安全车厢疏散完毕，火势仍未得到有效控制，需向地面疏散时，列车长应立即指挥随车机械师或其他列车工作人员关闭通道阻火门，阻止火势向相邻车厢蔓延。司机根据列车长的请求，向列车调度员报告，申请向地面疏散，现场救援。

4. 地面疏散

动车组列车在区间停车或在最近前方站临时停车处理时，列车长要立即组织列车工作人员疏散旅客至安全地点等待救援，请求调度通知相关车站做好救援准备。在组织旅客疏散的过程中，列车工作人员应做好宣传、引导、安抚工作，稳定旅客情绪，维护疏散秩序，安排专人进行上下车安全防护，避免发生混乱，确保工作人员人身安全。

5. 疏散原则方式

组织旅客向地面疏散时，必须扣停邻线列车，司机在接到列车调度员已扣停邻线列车的口头指示后，立即通知列车长，列车长接到司机通知后应立即组织乘务员或随车机械师手动打开疏散车门，安装好应急梯（具备车门脚蹬装置的动车组打开翻板使用脚蹬），组织旅客向地面安全地带疏散，在桥梁疏散时应开启运行方向右侧车门（双线桥梁为有线路一侧），在隧道疏散时应开启邻近疏散通道侧车门，根据引导标识，组织旅客通过紧急出口等逃生通道疏散。如遇火情危及旅客安全，但未接到扣停邻线列车的通知时，应开启运行方向左侧车门（无线路一侧），向安全地带疏散，结合现场实际，确定旅客疏散方向和疏散方式，列车工作人员应做好旅客安全宣传和防护工作，严禁旅客擅自跨越线路。

6. 切断电源

电源线路或电气发生火情时，由随车机械师或其他胜任人员切断电源后实施扑救。

7. 请求救援

列车长、随车机械师、乘警要根据现场火势大小、扑救难易程度、影响范围等综合因素判断，如需要地面扑救力量支援时，应立即通过司机报告列车调度员（车站值班员）。

8. 站内扑救

列车调度员接到司机请求地面扑救力量支援的报告后，应立即指示车站拨打当地“119”火警电话报警（有人员伤亡时一并拨打“120”急救电话）；车站值班员（车务应急值守人员）接到列车调度员通知或司机报告后，应立即拨打当地“119”火警电话（有人员伤亡时一并拨打“120”急救电话），讲明车站具体位置、火灾爆炸情况、起火物品、人员伤亡和灾害程度等情况。车站站长接到通知后，要立即向所属铁路公安部门（或驻站警务区）报告并启动相应等级的应急处置预案；同时，车站站长接到通知后，要立即组织站区工务、电务、供电、房建等设备单位人员携带照明、疏散工具、灭火器具赶赴现场，参与旅客疏散、火灾扑救工作。车站要实时对接地方消防救援部门，做好引导工作，确保地方消防救援力量快速到达动车组停车位置。需消防设备跨越站场线路组织扑救时，车站请求列车调度员封闭跨越的线路，列车调度员扣停跨越线路的列车后，即可通知现场准许消防设备跨越线路，后续按规定发布封锁调度命令。

9. 区间扑救

列车调度员接到司机请求地面扑救力量支援的报告后，应立即指示就近车站拨打当地“119”火警电话（有人员伤亡时一并拨打“120”急救电话）；车站值班员（车务应急值守人员）接到列车调度员通知或司机报告后，应立即拨打当地“119”火警电话（有人员伤亡时一并拨打“120”急救电话），讲明停车地点、火灾爆炸情况、起火物品、人员伤亡和灾害程度等情况。两端车站站长接到通知后，要立即向所属铁路公安部门（或驻站警务区）报告并启动相应等级应急处置预案；同时站长要立即组织站区工务、电务、供电、房建等设备单位人员携带照明、疏散工具、灭火器具赶赴区间，参与旅客疏散、火灾扑救工作。工务部门接到信息后，应立即指派专人携带钥匙（破拆栅栏、门锁工具）第一时间到达并组织开放通道门或作业门，安排专人值守，到位后及时报告列车调度员（车站值班员）；因旅客疏散、火灾扑救等需要拆除护网时，工务部门应按要求做好拆除、看守工作。车站要实时对接地方消防救援部门，指派工务、电务、供电、房建人员做好引导工作，确保地方消防救援力量快速到达动车组停车位置。

10. 抢救伤员

到达安全地带后，列车工作人员应统计受伤旅客人数，并对受伤人员开展紧急救护，积极救助伤员。发动和组织旅客开展自助、自救，进行止血、包扎、心肺复苏等应急处理，并做好对重点旅客的服务工作。列车长及时向运行所在集团公司客服调度报告旅客伤害程度及数量，向事故处理单位补交客运记录。客服调度应立即指示就近车站拨打当地“120”急救电话，车站等有关单位接到调度通知后，应立即组织本单位工作人员赶赴现场，车站第一时间拨打当地“120”急救电话，说明旅客伤害程度、数量及交通地点、交通条件和相关的地形地貌特征等情况，协助做好伤员救助工作。

11. 清点人数

清点人数。列车长、乘警要详细清点旅客人数、去向，对重点及特殊旅客情况进行逐人登记旅客姓名、性别、年龄、单位、住址、国籍，车票、身份证号码，其他证件及随身携带物品等，维护秩序，安抚劝导旅客耐心等待救援。

12. 旅客转运

当事故列车无法继续运行时，列车工作人员要配合车站工作人员组织受困旅客有序乘坐其他旅客列车或运输工具到达目的地。

（四）后续处置

1. 保护现场

列车工作人员应积极配合公安部门保护事故现场，视情况设置警戒区，禁止无关人员进入现场（持有机要交通专用证，抢救保护机要文件的交通机要人员除外），未经公安机关消防机构同意不得擅自清理火灾现场。除因救护伤员等需要外，不得擅自移动火场中的任何物品（因救护伤员等需要必须移动现场物品时，应当绘制现场原状草图或拍摄照片），对易灭失的火灾痕迹和物证，在公安部门的要求和指导下，采取有效措施，妥善保护，并协助公安机关调查火灾情况，积极提供线索。同时，配合公安部门维护现场秩序，防止发生混乱。

2. 逐级上报

列车长、随车机械师、乘警、司机及车站要按照应急处置信息汇报的有关制度要求，及时汇报火灾、爆炸事故信息，并随时注意搜集情况，保持信息畅通，做好后续处置工作。

列车长报告（报告内容仅供参考）：___局集团公司客调（车站、段派班室）您好，我是___次列车长___，___时___分，列车运行至___线___区间___千米___米处，机后___辆___车由于___原因引发火灾，车上旅客共计___人，其中重点旅客___人，目前人员和财产损失情况___，餐料、水情况___，已与___站取得联系。

3. 恢复行车

爆炸或火情经公安现场勘查、事故处理完毕，列车调度员（车站值班员）组织工务、电务、供电、房建等部门对有关固定行车设备进行检查（着火范围未涉及的固定行车设备除外），并根据设备部门在《行车设备检查登记簿》登记的行车限制条件组织行车。

四、动车组列车发生烟雾报警应急处置

动车组列车内禁止吸烟是我国铁路为了保证动车组列车运行安全，提高车厢环境水平而采取的措施。动车组车厢内安装有烟雾报警器，当有乘客在动车组车厢内吸烟时，烟雾报警器将发生鸣响，动车组限速运行。

（一）动车组列车发生烟雾报警应急处置

动车组列车开车后，应播报动车组禁烟宣传，告知旅客在动车组列车上任何位置均禁止吸烟。如动车组列车在运行中遇有烟雾报警，为保证旅客人身和行车安全，各岗位人员应按分工巡视检查车厢各部位，查清烟雾来源，采取相应措施，妥善处置。

1. 报警确认

列车长接到司机或机械师汇报的烟雾报警后，首先确认发生烟雾报警的车厢及具体位置，立即与随车乘警赶赴现场，同时电台联系烟雾报警车厢当班乘务员到达现场先行确认情况。

2. 现场检查

到达现场后若烟雾报警车厢厕所为开启状态，且厕所内无人。首先判明厕所内是否有烟雾气味，并检查地面、垃圾桶、便池内有无遗留烟头。若未发现烟头，且厕所内并无烟雾气味，可确认为误报。到达现场后若烟雾报警厕所为锁闭状态，应敲门并警告旅客迅速掐灭烟头离开厕所。旅客开门后首先核对厕所内是否有吸烟痕迹，若确认旅客在厕所内吸烟，应保

持厕所门开启，流通空气。

3. 联系汇报

发生上述情况时，列车长应立即使用电台联系司机，说明现场情况，请司机恢复正常运行；如司机已经向上级汇报，列车长与司机、机械师核对报警时间、区段等详细信息，统一口径后向所在集团公司客调汇报。

4. 收集证据

列车长、乘警要对吸烟旅客车票及购票乘车证件进行登记。列车长要配合随车乘警做好厕所内烟头等证物及周边旅客旁证材料的收集工作。

5. 依法处理

依据相关文件具体要求，协助随车乘警对吸烟旅客进行批评教育或相关处罚。

6. 录入征信

依据征信管理办法，退乘后将吸烟旅客信息录入征信系统。

（二）发生烟雾报警使用对讲机时的规范用语

司机："G×××次列车长、机械师，×号车厢×位洗手间烟雾报警，请速查看。"

列车长："G×××次列车长收到，立即查看。"

列车长："×号车厢乘务员，×车×位洗手间烟雾报警，请立即查看。"

乘务员："×车收到。"

机械师："G×××次机械师收到。"

机械师："G×××次司机，我已查实因吸烟导致报警，现已处置完毕，列车可正常运行。"

司机："G×××次司机明白。"

【案例 4-2-1】动车组发生火灾爆炸应急处置模拟演练（以 3 号车厢为例）

（一）火灾爆炸的现场处理

1. 立即停车

×年×月×日，G××次列车运行至××至××间，分管 3 号车厢乘务员巡视中发现×车运行方向左侧卫生间垃圾箱起火，火势迅猛，立即拉下 3 号车厢紧急制动阀，同时对讲机通知列车长："报告车长，3 号车厢卫生间垃圾箱内起火，请立即到达现场。"

报告完毕后立即取下 3 号车厢卫生间对面灭火器，进行灭火。

列车长："收到"。列车长接到乘务员对讲通知后，立即赶赴现场。

司机："G××次列车长 3 号车厢紧急制动阀被触发，请立即到场确认。"

列车长："G××次司机，3 号车厢卫生间垃圾箱内起火，已经使用紧急制动阀停车。"

司机："G××次司机明白。"

列车长："G××次随车机械师，3 号车厢卫生间垃圾箱内起火，暂时不能判明火源，立即到达现场将 3 号车厢全部电源关闭。"

随车机械师："G××次机械师收到。"

列车长对讲机通知全体乘务员："全体乘务人员注意，3 号车厢卫生间垃圾箱内起火，分管 5～6 车、7～8 车的乘务员立即集中携带灭火器赶赴现场灭火。1～2 车乘务员负责将 3 号车厢旅客疏散至 2 号车厢。旅客疏散完毕后，1～2 车乘务员将 2 车、3 车之间防火隔断门关闭，维护 2 号车厢内秩序；灭火人员和器材全部到位后，分管 3～4 车的乘务员负责关闭 3、4 车连接处的防火隔断门，关门后协助乘警（安全员）维护 4～8 车车内秩序。餐服员 1 名坚守岗位，另一名配合维护 4～8 车秩序。"

乘务员："1～2 车乘务员收到。3～4 车乘务员收到。5～6 车乘务员收到。7～8 车乘务员收到。"

餐服员："收到。"

2. 疏散旅客

在疏散过程中 3～4 车乘务员广播："本次列车 3 号车厢需要紧急疏散，请乘坐在 3 号车厢的旅客听从列车工作人员的引导，不要拥挤，有序到疏散到 2 车。其他车厢的旅客请不要惊慌，要保持车厢通道畅通，协助老人、儿童和行动不便的旅客，请予以配合。"

进行广播的过程中，1～2 车乘务员组织 3 号车厢内旅客向 2 号车厢转移。疏散原则：从靠近 2 号车厢的旅客开始依次转移，重点协助老人、儿童和行动不便的旅客。

同时口头宣传："请大家不要携带行李物品，不要拥挤，依次向 2 号车厢转移，请大家帮助身边的老人、儿童和行动不便的旅客，注意安全。"

1～2 车乘务员确认起火车厢旅客全部转移后，立即开启 2、3 车间防火隔断门，对讲机通知列车长："3 号车厢旅客疏散完毕，防火隔断门已经关闭。"

列车长："收到，确认是否有旅客受伤。"

1～2 车乘务员："明白，已经确认无旅客受伤。"

3. 迅速扑救

在疏散旅客的同时，列车长组织随车机械师、乘务员，集中列车上的灭火器材实施扑救。经过××分钟的扑救，火情已经得到控制。

4. 设置防护

列车长接到旅客疏散完毕的通知后："乘务员加强车厢巡视，并安抚旅客情绪，防止 2 号车厢旅客返回起火车厢。"

1～2 车乘务员："收到。"

3～4 车乘务员："收到。"

餐服员："收到。"

5. 报告救援

司机立即向列车调度员或车站值班员（车务应急值守人员）报告。由车站值班员拨打"119"和"120"报警，并转报集团公司列车调度员列车停车地点、封锁本线或临线区间等事宜。

列车长向列车运行所在集团公司客服调度及本客运段生产调度指挥中心报告："客调，我是G××次列车长，××点××分，列车运行到××站至××站间××千米××米处，3号车厢卫生间垃圾箱内起火，已经将起火车厢旅客全部转移至 2 号未起火车厢，列车已经停车，火情已经得到控制，全体工作人员正在灭火，详情续报。”

客服调度：“迅速扑灭火情，防止蔓延，维护好车内秩序，防止引起旅客恐慌，确保旅客人身安全，有情况立即汇报。”

火情扑灭后，列车长使用对讲机与随车机械师确认：“G××次随车机械确认火情是否完全扑灭。”

随车机械师确认后：“G××次火情已经完全扑灭。”

列车长：“是否具备开车条件。”

随车机械师：“列车具备开车条件，可以开车。”

列车长：“G××次司机，3 号车厢火情已经扑灭，已与随车机械师确认具备开车条件，可以开车。”

司机：“G××次司机明白。”

列车长：“3～4 车乘务员保护好现场，协助乘警调查取证。”

3～4 车乘务员：“收到。”

（二）信息报告

列车长向运行所在集团公司客服调度（本客运段生产调度指挥中心）报告：“客调，我是G××次列车长，××点××分经随车机械师确认 3 号车厢火情已经完全熄灭，列车具备开车条件，已经通知司机可以开车，未造成旅客受伤，车内秩序良好，旅客情绪稳定。”

客服调度：“加强旅客安抚，维护好车内秩序。”

列车开车。

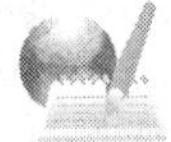

任务实施

1. 任务准备

（1）设备准备：仿真高速铁路线路设备、仿真动车组列车相关设备、实训室，专业训练服（可着正装）。

（2）实训资料准备：相关应急处置预案、实训任务单、相关规章、教材等。

（3）情景准备：实训前各小组查阅、收集资料，选择动车组列车火灾事故应急处置相关情景，情景中包括动车组列车客运乘务相关人员、旅客若干。

（4）人员准备：实训分小组进行，每组 6～8 人，每个小组做好人员分工。

2. 实施步骤

（1）动车组列车火灾预防。

（2）动车组列车火灾事故应急处置。

（3）动车组列车发生烟雾报警应急处置。

（4）组内互查，教师总结并评分、评价。

3. 任务单

<table>
<tr><td>训练名称</td><td colspan="3">动车组列车火灾事故应急处置训练</td></tr>
<tr><td>班　级</td><td></td><td>姓　名</td><td></td></tr>
<tr><td colspan="4">1. 动车组列车乘务人员发现火灾事故应急处置</td></tr>
<tr><td colspan="4">2. 动车组列车乘务人员接到火情报警后初期扑救</td></tr>
<tr><td colspan="4">3. 动车组列车乘务人员组织旅客车内疏散</td></tr>
<tr><td colspan="4">4. 动车组列车烟雾报警应急处置</td></tr>
<tr><td colspan="4">任务总结：</td></tr>
</table>

4. 效果评价

<table>
<tr><td></td><td>项目</td><td>A—优</td><td>B—良</td><td>C—中</td><td>D—及格</td><td>E—不及格</td><td>综合</td></tr>
<tr><td rowspan="4">小组评价</td><td>火灾预防（15%）</td><td></td><td></td><td></td><td></td><td></td><td rowspan="6"></td></tr>
<tr><td>火灾处置（15%）</td><td></td><td></td><td></td><td></td><td></td></tr>
<tr><td>烟雾报警处置（20%）</td><td></td><td></td><td></td><td></td><td></td></tr>
<tr><td>团队合作（10%）</td><td></td><td></td><td></td><td></td><td></td></tr>
<tr><td rowspan="3">教师评价</td><td>火灾应急处置（20%）</td><td colspan="5"></td></tr>
<tr><td>任务单（20%）</td><td colspan="5"></td></tr>
<tr><td>教师签名</td><td colspan="6"></td></tr>
</table>

任务三　高架线路及隧道疏散旅客应急处置

任务引入

遇高架桥和长大隧道内发生动车组火灾爆炸、线路中断等突发情况需要高架桥上和隧道内疏散旅客时，列车长为旅客疏散现场指挥总负责人，综合各方面情况，制定旅客疏散方案并报集团公司客服调度员，从最安全方向或最近径路组织旅客有序疏散。

请思考：如何做好动车组列车高架桥及隧道疏散旅客工作？

一、高速铁路调度组织机构

中国国家铁路集团有限公司（简称国铁集团）铁路运输调度工作实行分级管理、集中统一指挥。铁路运输调度指挥体系主要由国铁集团、铁路局集团公司、运输站段三级组成。国铁集团设运输调度指挥中心（简称调度中心），铁路局集团公司设调度所，运输站段设生产调度指挥中心（简称指挥中心）。

国铁集团高铁调度设计划、行车、动车调度台。铁路局集团公司高铁调度设值班副主任、计划、列车、客服、动车、供电、施工调度台。运输站段指挥中心调度设主任（值班主任）、生产、专业调度等调度岗位。

二、桥梁及隧道防灾救援设施

（一）桥梁救援疏散通道

为了保证在桥梁上出现重大意外情况时，旅客能够快速、有序地疏散至安全地区，桥长超过 3 km 时，结合地面道路条件，在桥梁两侧每隔 3 km（单侧 6 km）左右交错设置可上下桥的救援疏散通道，救援疏散通道侧对应的桥上栏杆或声屏障位置应预留出口。

救援人行道设在桥面两侧，宽度大于 0.9 m，组织疏散时旅客可通过救援人行道向救援通道出口行进。

救援通道出口外侧设有疏散梯和看护室，看护室能够为旅客提供临时避难并等待外界救援的空间。桥梁救援疏散通道如图 4-3-1 所示。

（二）隧道防灾救援设施

高速铁路隧道分为双洞单线和单洞双线两种形式，长度 10 km 以上的隧道一般采用双洞单线隧道。隧道设置的防灾救援设施分为救援疏散设施、防灾通风设施、其他设施三大类。

1. 救援疏散设施

救援疏散设施主要包括救援通道、紧急救援站、紧急出口及相关疏散引导标识。

图 4-3-1　桥梁救援疏散通道

（1）救援通道。

为方便旅客疏散，隧道内一般设置贯通的救援通道，救援通道距离线路中线不小于 2.3 m，高度不小于 2.2 m，宽度不小于 1.5 m。当动车组列车在隧道运行中发生突发情况时，列车乘务人员应组织旅客经由救援疏散通道向隧道洞口或安全空间转移。

双洞单线隧道的救援通道设置在行车方向右侧，隧道之间设置相互联络的横通道作为紧急出口，一般情况下，横通道间距不大于 500 m，宽度为 4.0 m，高度为 3.5 m，坡度不大于 10%（见图 4-3-2）。

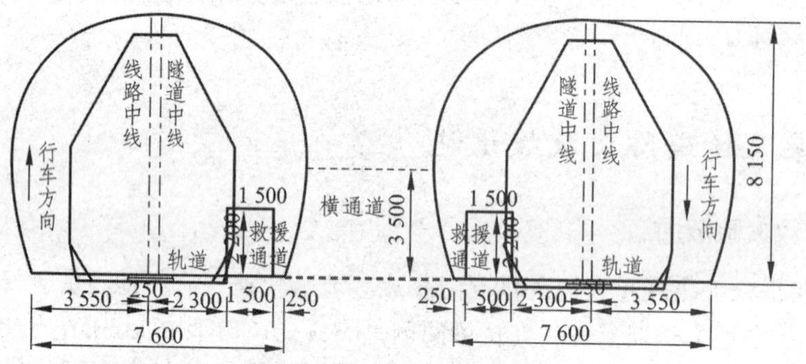

图 4-3-2　双洞单线隧道救援通道布局（单位：mm）

单洞双线隧道的救援通道设置在行车方向左侧，当隧道长度大于 6 km 时，会利用辅助坑道作为紧急出口（见图 4-3-3）。

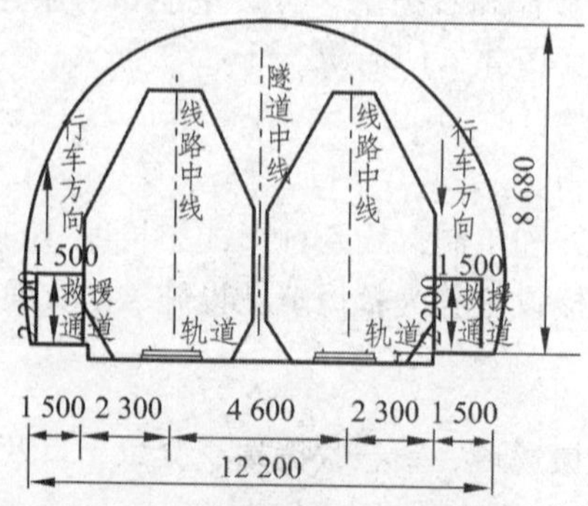

图 4-3-3　单洞双线隧道救援通道布局（单位：mm）

（2）紧急救援站。

在长度大于 20 km 的隧道中，设有紧急救援站，救援站长度一般为 450 ~ 500 m，站内设横通道用于疏散，间距不大于 60 m，紧急救援站布局如图 4-3-4 所示。横通道安全空间宽度不小于 4 m，容纳人数为每平方米 2 人，设置两道防护密闭门，门通行宽度不小于 3.4 m，横通道布局如图 4-3-5 所示。救援站站台宽度 2.3 m，救援站站台及横通道空间布局如图 4-3-6 所示。如果列车发生突发情况不得不在隧道内行车，应停靠在最近的紧急救援站进行疏散，如果列车失去行车能力，可以在隧道内任意点停车疏散，依据设置的标识尽快进入最近的紧急救援站。

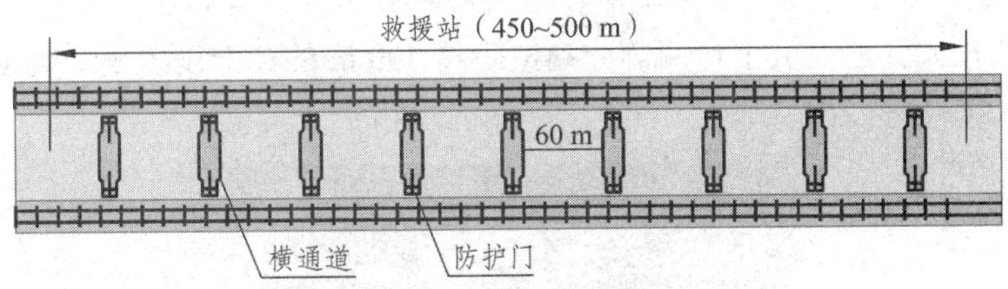

图 4-3-4　紧急救援站布局

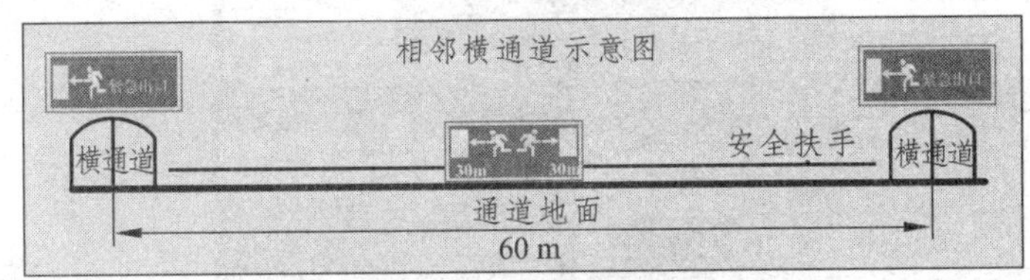

图 4-3-5　横通道布局

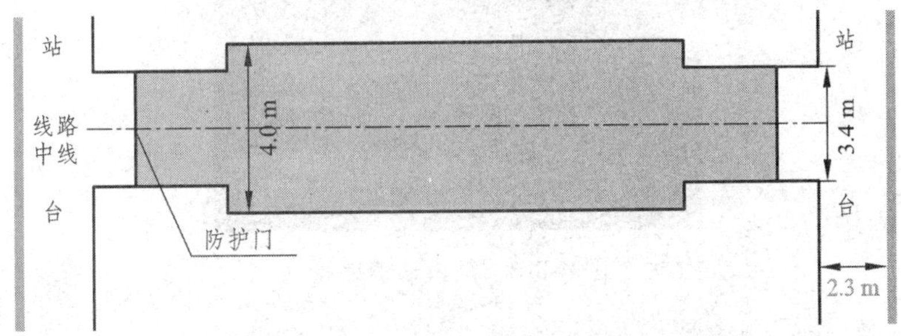

图 4-3-6　救援站站台及横通道空间布局

（3）紧急出口及相关疏散引导标识。

救援通道中安装有疏散引导标识和紧急出口标识（见图 4-3-7），由能长时间发光的材料制造，一旦电力照明失效，也可以保持可见状态。疏散引导标识安装在救援通道墙上，和地面的距离不超过 1 m，间距不大于 30 m，标明该点和两个方向最近的紧急出口或横通道口或隧道洞口间的距离。紧急出口标识则安装在紧急出口正上方。

图 4-3-7　隧道救援通道疏散引导和紧急出口标识

2. 防灾通风设施

紧急救援站设置防灾通风设备，有紧急出口的隧道设置应急通风设施；防灾通风设施与人员疏散相反方向的风速不小于 2.0 m/s，在火灾情况下能控制烟雾扩散方向，保证疏散旅客的安全。

3. 其他设施

其他设施主要包括应急通信、防灾救援、应急照明以及辅助设施。发生突发情况时，乘务人员可使用设置的应急通信设备与外界取得联系，并充分发挥防灾救援、应急照明以及辅助设施的作用，组织旅客向安全地带疏散，全力保障旅客的人身和财产安全。

5 km 以上的长大隧道上、下行两侧分别按间隔 500 m 的标准设置 1 个隧道通信终端，如图 4-3-8 所示。

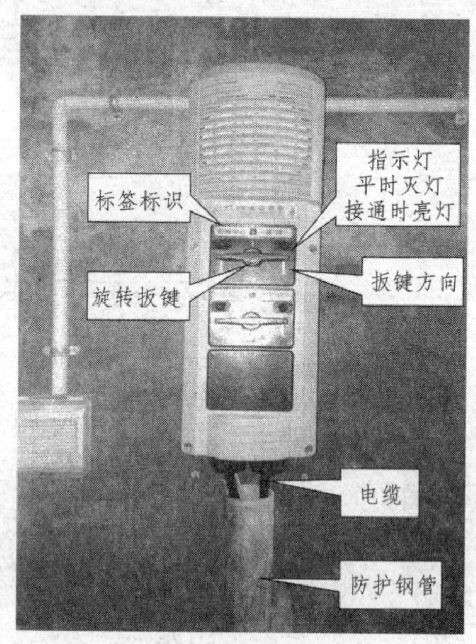

图 4-3-8　隧道通信终端

三、动车组列车高架桥疏散旅客应急处置

应急处置过程中，列车长、乘务人员要全程开启音视频记录仪，留存证据。

（一）确认现场环境

列车长应向司机、列车调度员（车站值班员）了解高架桥的具体位置及区间封锁情况，派人查看危险源、距离出口位置、疏散径路等。下车人员应根据集团公司应急指挥中心提供的信息，在车下沿高架桥路基向出口方向寻找应急出口标识（夜间光照有反光），通过标识准确找到出口，并迅速报告列车长。

（二）明确疏散方向

需向地面疏散时，集团公司应急指挥中心应根据列车停车位置和相关资料，通过司机告知列车长最近出口方向。在桥梁疏散时应开启运行方向右侧车门（双线桥梁为有线路一侧），如遇火灾危及旅客安全，但未接到扣停邻线列车的通知，应开启运行方向左侧车门（无线路一侧），向安全地带疏散。应结合现场实际，确定旅客疏散方向和疏散方式。列车工作人员应做好旅客安全宣传和防护，严禁旅客擅自跨越线路。

（三）疏散行动

1. 列车长组织疏散行动

列车长应迅速组织，将旅客疏散的命令、疏散方向、安全注意事项等传达给列车上所有列车工作人员，并利用列车广播通知旅客服从统一指挥，有序疏散。如广播无法使用，则由列车工作人员进行指挥。疏散时，工作人员应带上配备的应急照明灯（晚间）、口笛、扩音器等应急设备，并积极动员旅客中的适合人员参与协助工作。

2. 乘务员组织疏散行动

乘务员负责本人值乘车厢旅客的引导、安全防护；被疏散旅客的最前端和后端要始终有列车工作人员，随时指挥，防止旅客盲目疏散和发生其他意外伤害。动车组头灯有条件开启时，应开启照明，尽量为旅客疏散创造条件。

（四）疏散防护

1. 旅客下车前

列车长应提前安排工作人员到车下做好引导准备。指定乘务员要迅速开启远离火源车厢车门或距离出口较近车门，指挥旅客有序乘降。安排乘务人员按“一梯两人”的原则安放应急梯，组织旅客从应急梯撤离动车组列车。

2. 疏散组织

列车工作人员须指导旅客用湿毛巾、手帕、衣物等捂住口鼻，起火车厢及相邻两端车厢乘务员要在确保自身安全的前提下，阻止旅客靠近危险源。车门无法开启时，可使用安全锤等工具砸碎车窗，迅速组织旅客向远离危险源的方向疏散。疏散前行时，要避免旅客横穿邻线，并告知旅客严禁在线路上奔跑、停留，防止发生拥挤、踩踏等事件。

3. 检查车厢

对于疏散转移完毕的车厢，乘务员应对其进行检查，确认旅客全部下车转移。全部人员撤离列车后，列车长或指定的工作人员应再次对全列车厢进行检查，防止有人员遗漏。确认无遗漏后，列车长、司机、随车机械师应迅速撤离至安全地带，及时汇报人员疏散及车辆状况，并积极采取一切方式寻求救援力量。

（五）抢救伤员

到达安全地带后，列车工作人员应统计受伤旅客人数，并对受伤人员开展紧急救护，积极救助伤员。关注重点旅客，发动和组织旅客开展自助、自救。列车长及时向运行所在集团公司客服调度报告旅客受伤害程度及受伤害旅客的数量。

（六）清点人数

列车长、乘警要详细清点旅客人数、去向，对重点及特殊旅客情况进行逐人登记，维护秩序，安抚和劝导旅客耐心等待救援。

（七）逐级上报

列车长、随车机械师、乘警、司机及车站要按照应急处置信息汇报的有关制度要求，及时汇报信息，并随时注意搜集情况，保持信息畅通，做好后续处置工作。

四、动车组列车隧道疏散旅客应急处置

高速铁路隧道内突发事件发生时危害极大。一般情况下，动车组在隧道内发生突发事件时，可继续运行约 20 km（列车可完全驶离隧道，在隧道外实施处置及救援）。特殊情况下列车被困在隧道时，由于隧道内有固定照明和应急照明，旅客走出车厢也不会陷入黑暗。

（一）一般隧道疏散旅客应急处置

1. 确认准备

列车长接到由隧道逃生口疏散旅客的命令时，应首先确认隧道逃生口的位置、方向、距离，尽快通知列车乘警、机械师、乘务员、乘服员、餐服员做好相应的准备工作。

2. 开门防护

列车长通知机械师和乘务人员手动打开指定车门。如需架设应急梯，应指定专人在应急梯架设处进行防护，防止旅客摔伤。

3. 有序转移

列车乘务人员组织旅客顺序从应急梯向车下转移、集结，并携带通信设备、照明装置，随时保持与司机间的联系。列车长随时听取各车旅客疏散情况报告，并与司机保持联系。

4. 组织引导

旅客下车后，列车乘务人员要组织旅客有序顺着步行通道向隧道逃生口疏散（根据公里标确定逃生口位置）；列车长在前、乘警在后，同时列车长指定专人在队伍中部进行疏导和安全宣传。

5. 跨线防护

疏散过程中需跨越线路时，除设置专人进行防护外，还必须与司机联系，司机向列车调度联系确认邻线无车时，方可通知列车长跨越线路。

6. 重点帮扶

列车工作人员在组织旅客由隧道逃生口往地面转移的过程中，要做好旅客的安全防护，对重点旅客做好重点防护。

7. 等待救援

到达安全地带后，列车长组织全体工作人员清点人数，并将现场情况报告集团公司客服调度（列车所在集团公司客服调度）并同时向客运段派班室、车队汇报。列车长代表铁路部门向旅客致歉，同时组织乘务员做好服务组织工作，等待后续救援。

（二）长大隧道疏散旅客应急处置

遇长大隧道内火灾爆炸、前方线路中断等突发情况需要隧道内疏散旅客时，列车长为旅客疏散现场指挥总负责人，综合各方面情况，制定旅客疏散方案并报集团公司客服调度员，从最安全方向或最近径路组织旅客有序疏散。如与外界联系中断，列车长可根据现场环境在非会车侧确定疏散方案，确保人员安全的前提下，组织旅客有序疏散转移。

1. 确认现场环境

列车长应向司机、车站值班员或列车调度员了解列车在长大隧道内的具体位置及区间封锁情况，派人查看危险源、疏散径路等。下车人员应按照隧道内墙壁距离出口指示灯前进，找到疏散通道或出口应迅速电台通知列车长。

2. 明确疏散方向

如需向地面疏散时，应急指挥中心应根据列车停车位置和相关资料，告知列车长最近隧道横通道、应急疏散通道方向。在确认相邻线已经封锁的情况下，应将旅客果断疏散到没有发生事故一侧隧道内等候救援。在未明确邻线是否封闭时，应在非会车侧保证安全的前提下，将旅客向离隧道洞口（应急疏散通道）较近的方向疏散，或向远离危险源的方向疏散。

3. 疏散行动

（1）列车长应迅速组织将旅客疏散的命令、疏散方向、安全注意事项等传达给列车上所有列车工作人员，并利用列车广播通知旅客服从统一指挥，有序疏散。如广播无法使用，则由列车工作人员进行指挥。

（2）疏散时，工作人员应带上配备的应急照明灯，并积极动员旅客中的军警、党团员、学生等合适人员参与协助工作。乘务员负责本人值乘车厢旅客的引导、安全防护工作；被疏散旅客的最前端和后端要始终有列车工作人员，随时指挥，防止旅客盲目疏散和发生其他意外伤害。除打开疏散通道门，开启隧道内应急照明灯、通风风机等设备外。动车组头灯有条件开启时，应开启照明，尽量为旅客疏散创造条件。

4. 疏散防护

（1）旅客下车前，列车长应提前安排工作人员到车下做好引导准备。指定乘务员要迅速开启远离火源的车厢车门，指挥旅客有序乘降。安排乘务人员按“一梯两人”的原则安放应急梯，组织旅客从应急梯撤离动车组列车。

（2）列车工作人员须指导旅客用湿毛巾、手帕、衣物等捂住口鼻，起火车厢及相邻两端车厢乘务员，要在确保自身安全的情况下，阻止旅客靠近危险源。车门无法开启时，可使用安全锤等工具，砸碎车窗，迅速组织旅客朝着远离危险源的方向疏散。疏散前行时，应尽量选择靠近隧道壁（人行道上）行走，复线区段要避免旅客横穿邻线，并告知旅客严禁在线路上奔跑、停留，防止拥挤、踩踏等事件发生。

（3）对于疏散转移完毕的车厢，乘务员应对其进行检查，确认旅客全部下车转移。全部人员撤离列车后，列车长或指定的工作人员应再次对全列车厢进行检查，防止有人员遗漏。确认无遗漏后，列车长、司机、随车机械师应迅速撤离至安全地带，及时汇报人员疏散及车辆状况，并积极采取一切方式寻求救援力量。

5. 抢救伤员

到达安全地带后，列车工作人员应统计受伤旅客人数，并对受伤人员开展紧急救护，积极救助伤员。关注重点旅客，发动和组织旅客开展自助、自救。列车长及时向运行所在集团公司客服调度报告旅客伤害程度及数量。

6. 等待救援

列车长、乘警要详细清点旅客人数、去向，要对重点及特殊旅客进行逐人登记，维护秩序，安抚劝导旅客耐心等待救援。

7. 逐级上报

列车长、随车机械师、乘警、司机及车站要按照应急处置信息汇报的有关制度要求，及时汇报火灾、爆炸事故信息，并随时注意搜集情况，保持信息畅通，做好后续处置工作。

【案例 4-3-1】动车组列车高架桥疏散应急处置模拟演练

1. 确认位置

得到调度指示需在高架桥上疏散旅客下车时，列车长通过司机向列车调度员了解高架桥上最近疏散通道的位置、方向、距离，确定路线并告知全体列车工作人员，做好疏散旅客准备，按分工架设应急梯。

列车长："G××次司机，请向列车调度确认高架桥上最近疏散通道的位置、方向、距离。"

司机请示调度后回复列车长："G××次列车长，最近的高架桥疏散通道位于运行后方×千米。"

列车长："收到。"与随车机械师对讲。

随车机械师："收到，请讲。"

列车长："请手动打开 8 车车门，协助 3～4 车乘务员和乘警（安全员）下车到疏散通道门查看情况。做好车门值守。"

随车机械师："收到。"

列车长："3～4 车乘务员，你与乘警（安全员）一起在 8 车下车，到运行后方×千米的高架桥疏散通道门查看情况，然后报我，注意安全。"

3～4 车乘务员："收到。"

乘警（安全员）："收到。"

乘警（安全员）和 3～4 车乘务员到达通道门后发现已经加锁，随即报告列车长："列车长对讲，通道门已经加锁，无法打开。"

列车长："请原地待命，我联系调度。"

列车长：G××次司机对讲。"运行后方×千米的高架桥疏散通道门锁闭，请向列车调度请求破锁开门疏散旅客。"

司机："收到。"

司机联系列车调度后，呼叫列车长："G××次列车长，调度准许乘务班组破锁，但必须实施看守，直至通道门管理单位到场后交接方可离开。"

列车长："明白。"4 车乘务员对讲。"3～4 车乘务员，可以实施破锁，破锁后由乘警（安全员）进行看守，你原路返回车上，配合我实施疏散作业，注意安全。"

3～4 车乘务员："明白。"

2. 布置任务

列车长通知全体乘务员疏散方案："全体乘务人员注意，按照调度命令，列车将实施高架桥疏散。疏散通道位置为运行后方×千米×米处。部分旅客疏散至地面后，由分管 7～8 车乘务员引导旅客沿线路外侧人行通道到达预定地点，7～8 车乘务员下车引导旅客时，由随车机械师协助 5～6 车乘务员架设应急梯。收到请回复。"

乘务人员逐一回复："明白。"

3. 架梯疏散

列车长通知乘务人员做好架设梯疏散准备："分管 1～2 车乘务员和 VIP 乘服员负责从 5 车备品柜内取出应急梯，运送至 3 车与 4 车相连接车门；分管 5～6 车乘务员和 7～8 车乘务员负责从 5 车车备品柜内取出应急梯，运送至 7 车与 6 车相连接车门，迅速完成应急梯组装。"

乘务员依次回复："收到。"

组装完毕后，乘务员依次回复列车长："报告列车长，3、4 车连接处应急梯组装完毕；报告列车长，6、7 车连接处应急梯组装完毕。"

应急梯组装完毕后，列车长通过广播（断电时由列车长和乘务员逐车厢进行口头宣传或使用扩音器）稳定旅客情绪，向旅客宣传疏散程序、安全注意事项等内容。

组织全列疏散下车广播直播（两遍）："本次列车在高架桥上失去动力，需要全员疏散下车。请听从列车工作人员的引导，按先后顺序使用应急梯下车。不要拥挤、不要慌忙抢下和跳车。下车后要听从列车工作人员引导，步行转移至安全地带，照顾好身边的老人和儿童。"

广播完毕后，列车长组织手动解锁打开 3 车与 4 车、7 车与 6 车连接处车门，架设应急梯，1 名乘务员在车门口防护，1 名乘务员在车下扶梯防护，向车下疏散旅客。

乘务员实施口头宣传："请把稳扶手，注意脚下。"

列车长要首先下车，在两个疏散门间巡视，并利用扩音器宣传、引导下车旅客撤离至安全地带，乘警（安全员）在车内进行安全巡视检查，确保安全、有序、迅速疏散。

列车长口头宣传："请旅客们注意脚下安全，听从工作人员引导。"

应急梯架设过程中，两名餐服人员分别深入到餐车两侧车厢引导、宣传、组织旅客通过指定车门向车下疏散。

疏散期间分管 3～4 车乘务员协助列车长进行广播宣传等作业。广播用语："请从 3、4 车和 6、7 车连接处车门下车，听从列车工作人员的引导，按先后顺序下车。不要拥挤、不要慌忙抢下和跳车。下车后要听从引导转移至安全地点，照顾好身边的老人和儿童。"

4. 疏散引导

部分旅客下车后，列车长指派 7～8 车乘务员将下车旅客引领至预定的高架桥疏散通道，餐车 1 人接替 7 ~ 8 乘务员岗位。

列车长："7 ~ 8 车乘务员请注意，请引导旅客通过高架桥疏散通道下桥到达指定地点，保证安全，收到回复。"

8 车乘务员："明白。"随即使用引导旗引导下车旅客前往列车运行后方的高架桥疏散通道。

多数旅客下车后，列车长指派 3 ~ 4 车乘务员下车，在队伍中间引领旅客和安全防护。

列车长："3 ~ 4 车乘务员，请立即下车，到疏散队伍中间实施防护，确保安全。"

3 ~ 4 车乘务员："明白。"

旅客下车完毕，两名餐车人员返回车内巡视检查，确认无人（物品）滞留车内后向列车长报告，最后下车。

餐服员报告用语："列车长，全列巡视完毕，确认旅客已经全部下车。"

列车长收到："请 × × × 下车协助其他乘务人员维持秩序。× × ×（另一名餐服员）在车上与 1 车乘务员一起留守。"

餐服员依次回答："明白。"

旅客全部下车后，列车长指派车门口防护的乘务员将应急梯收回，除一名乘务员和一名餐服员全列留守外，其他乘务人员下车参与疏散队伍的引导工作。

列车长布置："将应急梯收回，1 车乘务员和餐服员 × × × 车内留守，锁闭车门。其他乘务人员下车维护行疏散队伍安全。"

乘务人员依次回答："收到。"

疏散队伍从高架桥通道下桥后，列车长组织乘务人员清点旅客人数。做好在指定地点的看护工作，防止旅客侵入其他有害区域。

列车长："全体乘务人员注意，我们已经到达等待救援地点，请迅速清点旅客人数，报我。"

乘务员依次回复："收到。"

3 ~ 4 车乘务员："报告列车长，疏散过程中一名旅客摔倒，右侧膝盖破口出血，座席号 2 车 1C。"

列车长："请迅速为旅客包扎。"

4 车乘务员："收到。"

5. 信息报告

列车长掌握人数和疏散时间后，迅速向运行所在集团公司客服调度进行报告："客调，我是 G× × 次车长，因列车在高架桥上失去动力，按要求组织了高架桥疏散，于 × 时 × 分开始向高架桥下疏散旅客，× 时 × 分疏散完毕，共疏散旅客 × × 名，重点旅客 × 名，2 车 1C 号座席旅客右侧膝盖破口出血，已经为旅客包扎处理。目前在 × × 高架桥 × × 千米 × × 米 × 号通道下地面等待救援，因高架桥通道门锁已经破拆，已派员看守，请指示。"

客服调度："请原地等待救援，保证旅客安全。"

列车长："明白。"

【案例 4-3-2】动车组列车长大隧道疏散旅客应急处置模拟演练

20× × 年 × × 月 × × 日，× × 客运段 × × 车队 1 组值乘的 G× × 次列车，× × 站开车后不久，1 号车厢配电柜冒烟起火，列车长立即启动应急预案，第一时间与司机取得联系紧急停车处置，疏散旅客，进行扑救，因火势较大无法扑灭，需向车下转移疏散旅客。由于停靠在 × ×

高铁区间××隧道间，经与运行所在集团公司客服调度取得联系得知列车尾部 1 500 m 处设有逃生通道，列车长须组织疏散旅客至隧道逃生避难所等待救援。

1. 现场确认

1 号车厢乘务员："G××次车长，我所在的 1 车厢配电柜突然冒出白烟并伴有火苗，请您赶快过来查看。"

列车长："收到，我和机械师、乘警马上赶过去，你先行疏散周围旅客。"

1 号车厢乘务员："收到。"

司机："G××次列车长、机械师，我是 G××次司机，1 号车厢火灾报警，请核实。"

列车长："G××次车长明白，我正赶往 1 号车厢。"

机械师："G××次机械师明白，我马上到。"

2. 组织疏散

列车长：（列车长、机械师赶往现场过程中）"旅客们，大家不要慌乱，请大家听从乘警及乘务员指挥按顺序向 2、3 号车厢撤离。"

乘警："各位旅客请听从工作人员安排，迅速撤离现场。"

1 号车厢乘务员："各位旅客，请大家不要惊慌，大家不要着急，请跟我往这边走。"（将旅客领向大号车厢方向）

3. 迅速扑救

列车发生火情后，乘务班组立即启动火灾应急处置程序，由于火势较大可能危及旅客人身安全，列车长请求司机停车处置，司机转报列车调度后按照上级指令停车处理，并组织乘务人员及时进行扑救。

机械师："G××次车长，1 号车厢配电柜冒烟并伴有火苗，初步判断是电气化设备引起的初期火灾，我已切断 1 号车厢电源，请求向司机停车处置。"

列车长："好的收到。G××次司机有吗？1 号车厢配电柜冒烟并伴有火苗，初步判断是电气化设备引起的初期火灾，机械师已切断 1 号车厢电源，由于火势较大，现请立即停车。"

司机："G××次司机收到，我立刻转报列车调度。"

列车长："全体工作人员请注意，1 号车厢发生火情，立即启动火灾应急处置预案！大家速将水雾灭火器传至 1 号车厢，全力进行扑救。并通知各自乘服员配合，乘警请维护好现场秩序。"

各车厢乘务员："收到。"

列车长："1 车乘务员你抓紧去拿水雾灭火器。"

乘务员："收到。"

乘务员传递灭火器，列车长、机械师在现场进行扑救，按照灭火器使用要领，拔掉灭火器保险销，按下压把，对准火源根部进行喷射。在列车工作人员组织扑救的同时，相邻车厢工作人员依次传递灭火器。

4. 准备隧道逃生

由于火势迅速蔓延无法控制，列车长按照集团公司应急处置相关规定，车向上级主管部门汇报，并做好火源阻断处置，锁闭 1 号车厢防火隔断门，请求准备隧道逃生并通知司机。

列车长："客调您好，我是 G× ×次列车长，G× ×次列车 15:20 运行至× ×高铁区间 1 号车厢配电柜发生火灾，由于火势较大无法控制，现请求疏散旅客至安全地带，请您指示。"

客服调度："好的，你们现在停于× ×高铁× ×隧道内，请按照隧道逃生预案先疏散至救援通道，等待救援。"

列车长："好的明白。"

列车长："G× ×次司机，1 号车厢火势蔓延现火势无法控制，需要组织旅客隧道逃生，请您向列车调度联系确认邻线无车后再通知我。"

司机："调度您好，我是 G× ×次列车司机，1 号车厢火势蔓延现火势无法控制，准备组织旅客隧道疏散逃生，目前列车停在× ×高铁隧道下行 387 km 处，请确认临线有无列车通过。"

列车调度："确认临线安全无列车通过，准许疏散逃生。"

司机："好的。"

司机："G× ×次车长，接调度命令，在列车尾部 1 500 m 处有隧道逃生口，已向调度确认临线无列车通过，请做好隧道逃生组织旅客换乘的准备。"

列车长："好的收到。"

5. 组织隧道逃生

列车长："G× ×次全体乘务员请注意，由于 1 号车厢火势蔓延无法控制，现决定向车下转移旅客，按照车内旅客情况，计划自运行方向左侧 4、8 车车门向下疏导旅客，请将乘降梯放置车门口做好准备。1 ~ 4 号乘务员负责 1 ~ 4 车旅客的组织引导，5 ~ 8 号乘务员负责 5 ~ 8 车旅客的组织引导，并做好车内旅客人数清点，通知各自餐服员配合，乘警维护秩序。在每节车厢内找出现役军人、警察、大学生等旅客代表，作为该节车厢的临时负责人，并将老、幼、病、残、孕等重点旅客指定相关临时负责人，一定确保全体旅客的人身安全！"

乘务员："乘务员明白。"

餐服员："餐服员明白。"

列车长："G× ×次机械师，经与客调联系，需要在 4 车和 8 车门口架设应急梯，请您做好准备工作。"

机械师："G× ×次车长，机械师收到。"

机械师："G× ×次司机，已确认临线无列车通过，现准备手动开启运行方向右侧临线一侧 4 号、8 号车门准备组织疏散。"

司机："好的。可以手动开启。"

列车长："请 1、8 车乘务员手动开启车门在 4 车和 8 车车门口架设应急梯，乘务人员先行下车做好旅客防护，按照'两人一梯，背身下车'原则进行，确保安全后按顺序向车下转移旅客。"

乘务员："乘务员明白。"

餐服员："餐服员明白。"

列车长（进行广播）："旅客们请注意，我是本次列车长，因列车发生火灾不能继续运行，我们需要撤离列车至隧道安全地带等待救援。届时请您按照工作人员的引导，有序撤离，注意人身安全。"

列车调度员接到司机请求地面扑救力量支援的报告后，立即指示就近车站拨打当地 119

火警电话。与此同时乘务班组有序组织旅客至地面，引导旅客至隧道避难所等待救援。

6. 检查车厢

列车长："1、8 车乘务员请再次核实旅客人数，确保列车无滞留人员。"

乘务员（1 ~ 4）："报告列车长，1 ~ 4 号车厢旅客全部转移完毕，经清点共计 123 人，与车内人数相符。"

乘务员（5 ~ 8）："报告列车长，5 ~ 8 号车厢旅客全部转移完毕，经清点共计 158 人，与车内人数相符。"

列车长："收到。"

7. 确认疏散路径

旅客全部疏散到隧道地面后，列车长使用应急喇叭广播隧道逃生相关提示。指派乘警和 5 ~ 8 车乘务员确认疏散路径并排查危险源。疏散过程中列车长在队伍前防护，1 ~ 4 车乘务员在队伍后防护，其他人员及旅客代表在队伍中均匀分散，关注旅客动态，做好相关处置。列车长根据上级指示，按照隧道内安全指示标识，带领旅客及工作人员前行 1 500 m，到达避难所。

列车长："5 ~ 8 车乘务员、乘警请按照指示标识确认疏散路径，排查危险源。"

乘务员："收到。"

乘警："收到。"

乘务员："G× ×次列车长，列车尾部前行约 1 500 m 处设有避免所，经排查所行路径无危险源。"

列车长："G× ×次列车长收到。"

列车长（喇叭广播）："请各全体人员组织旅客有序疏散，我在队伍前带路，5 ~ 8 车乘务员在队伍后防护，其他人员在队伍中部均匀分散，引导旅客向安全地疏散。"

全体工作人员："收到。"

列车长（喇叭广播）："各位旅客，隧道内灯光昏暗，注意脚下安全，请打开手机照明跟随我向安全出口前行。"

全体工作人员带领旅客向安全出口疏散，疏散过程中列车长发现隧道壁设有应急照明开关，按照日常培训内容，打开隧道内应急照明。到达避免所后，列车长向上搬动避免所大门，有序疏导旅客至安全地带，再次确认旅客人数、伤亡情况，并使用隧道内应急通话设备向所在集团公司客服调度汇报。

8. 等待救援

列车长（转移旅客结束后）："现在请各车厢乘务员汇报旅客情况，并且在安全出口做好相关防护，避免旅客随意走动。"

1 ~ 4 车乘务员："报告车长，1 ~ 4 车共有旅客 123 名，全部安全转移，无旅客伤亡，已做好防护。"

5 ~ 8 车乘务员："报告车长，5 ~ 8 车共有旅客 158 名，全部安全转移，无旅客伤亡，已做好防护。"

列车长："好的，收到，请做好部分旅客遗留物品的登记工作。"

乘务员："收到。"

列车长（操作应急通话设备）：“报告客调，我是 G××次列车长，旅客已全部转移至安全地带等待救援，报告完毕。”

客服调度：“好的收到，做好旅客安抚。”

列车长：“旅客朋友们，我是本次列车长，感谢大家给予的支持与配合，我们致以崇高的敬意和衷心的感谢！由此给您带来的不便，我代表铁路运输部门向您表示深深的歉意。”

任务实施

1. 任务准备

（1）设备准备：仿真高速铁路线路设备，仿真动车组列车相关设备、实训室，专业训练服（可着正装）。

（2）实训资料准备：相关应急处置预案、实训任务单、相关规章、教材等。

（3）情景准备：实训前各小组查阅、收集资料，选择动车组列车高架桥疏散、隧道疏散应急处置相关情景，情景中包括动车组列车客运乘务相关人员、旅客若干。

（4）人员准备：实训分小组进行，每组 6~8 人，每个小组做好人员分工。

2. 实施步骤

（1）认知高速铁路桥梁隧道救援疏散设施。

（2）动车组列车高架桥应急疏散。

（3）动车组列车隧道应急疏散。

（4）组内互查，教师总结并评分、评价。

3. 任务单

训练名称	动车组列车高架桥及隧道疏散旅客训练		
班　级		姓　名	
1. 动车组列车高架桥疏散旅客应急处置			
2. 动车组列车一般隧道疏散旅客应急处置			
3. 动车组列车长大隧道疏散旅客应急处置			
4. 疏散至安全地带后组织旅客等待救援			
任务总结：			

4. 效果评价

	项目	A—优	B—良	C—中	D—及格	E—不及格	综合
小组评价	设备设施（15%）						
	高架桥疏散（15%）						
	隧道疏散（20%）						
	团队合作（10%）						
教师评价	疏散应急处置（20%）						
	任务单（20%）						
	教师签名						

1. 叙述动车组列车各岗位防火职责。
2. 叙述动车组列车防火安全风险控制关键项点及控制措施。
3. 举例说明动车组列车应急备品存放位置和数量。
4. 叙述高速铁路桥梁救援疏散设施。
5. 叙述高速铁路隧道救援疏散设施。

项目五　动车组列车乘务组织异常应急处置

项目描述

高速铁路动车组列车客运非正常情况下的应急处置工作要坚持以人民为中心，各专业、各岗位人员要忠于职守，严格履行岗位职责，在危险面前做到有担当、有作为，最大限度保护人民群众生命财产安全。本项目主要介绍动车组设备异常、乘务组织异常情况和发生治安事件应急处置的相关知识。

学习目标

1. 素质目标

通过学习动车组列车客运乘务应急处置内容及要求，做到以人为本，贴近旅客生活需求，创新服务内涵，提升服务理念。锻炼良好的心理素质、责任意识及应变能力，为守护铁路运输安全贡献力量。培养学生的协作意识，提高处理问题和解决问题的能力。

2. 能力目标

正确使用各种安全应急设备；能够落实空调失效、车门故障以及因动车组故障需要启动热备动车组等异常情况的应急处置；能够处理各种乘务组织异常情况。

3. 知识目标

熟悉动车组列车安全设备的种类、配置情况和使用要求；掌握空调失效、车门故障以及因动车组故障需要启动热备动车组等异常情况的应急处置要求与方法；掌握乘务组织异常情况的应急处置原则。

任务一　动车组设备异常应急处置

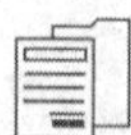

任务引入

遇空调失效、设备故障、启用热备车底等非正常情况时，及时启动应急预案，掌握车内旅客人数及到站情况，维持车内秩序，准确通报信息，做好咨询、解释、安抚、生活保障等善后工作。

请思考：如何做好动车组设备异常情况下的应急处置工作？

相关知识

动车组列车应急处置过程中，列车长及乘务人员要全程开启音视频记录仪，留存证据。

一、动车组列车空调失效应急处置

动车组列车在运行过程中，因接触网故障停电、动车组内空调设备故障等原因，会造成空调不能工作。由于动车组列车车厢封闭严密，空调故障后，空气流通不畅，特别是在夏季，车厢内温度会逐渐升高，旅客会感觉身体不适，严重时还可能会引发旅客群体情绪波动，造成更大影响。为了更好地服务旅客和保证旅客安全，空调失效超过 20 min 不能恢复时，动车组列车由列车长视情况在停车状态下安装防护网、打开车门进行通风换气后，按规定限速运行。

1. 汇报待命

列车空调故障失效超过 20 min，严重影响旅客乘车舒适度时，列车长向所在集团公司客服调度进行汇报，并通知全体工作人员坚守岗位，未得到列车长命令，不得擅自打开车门。

2. 宣传解释

列车乘务人员应及时对旅客开展宣传、解释、安抚、服务工作，对车内重点旅客开展重点帮扶。

3. 维护秩序

列车长、乘警要动员和组织车内适合的旅客协助列车乘务人员共同维护好车内秩序。

4. 通风准备

列车长视车内温度和旅客舒适度向调度员提出申请打开车门通风，通报司机、随车机械师。列车长要确定运行方向左侧（非会车一侧）车门开放具体位置，做好安装防护网前的各项准备工作。

由于车门处于开放状态，为了保证旅客人身和列车运行的安全，列车调度员应发布调度命令，限速 60 km/h 运行。由于在打开车门的状态下，外开式车门及动车组车门的脚踏板距高站台边缘的安全空间较正常车门关闭状态下小，考虑到列车运行时的摆动，所以规定列车在打开车门的情况下通过邻靠高站台的线路时限速 40 km/h。

5. 挂网防护

为保证人身安全，防护网安装的位置为运行方向左侧（非会车侧）。防护网安装完毕，打开车门后，为保证旅客人身安全，由列车长组织列车工作人员值守，直到车门关闭。

得到列车调度员准许“安装护网、打开车门”通知后，列车长组织列车乘务人员在指定位置安装护网，并按照“一人一门”值守的要求，安排列车乘务人员在准备打开的车门处防护值守；机械师确认防护网安装牢固、值守人员到位后，列车长通知打开对应车门、全程值守，严禁旅客靠近车门。

6. 停车请求

动车组全列空调失效，但可维持运行时，列车长要密切关注动车组车厢温度及旅客感受。

炎热期（6 月至 9 月期间）列车长要提前预判，及时通知司机向调度员提出在前方最近客运站停车的请求。

7. 分散旅客

动车组客室单个或多个空调失效时，列车长应综合考虑车内客流、故障车厢旅客数量等情况，在尽量保证旅客服务质量的前提下疏散故障车厢旅客至其他车厢。

8. 塞拉门关闭

装有外开式塞拉门的动车组进站前，需停车关闭车门。列车长在停车并接到司机关门通知后，指挥各看护人员手动关闭车门，确认关闭车门完毕后报告司机。

9. 组织换乘

接到列车调度员换乘命令后，列车长详细清点旅客人数，配合车站共同组织将旅客疏散到车站安全处所，等待换乘。

10. 恢复正常

空调恢复正常工作、车内温度达标后，列车长组织工作人员在动车组车门关闭后，适时撤除防护网。

二、动车组车门故障应急处置

动车组接到司机车门故障无法集控操作时，列车长应组织乘务员手动开关门。

1. 动车组发车前车门出现故障

列车长应通知司机和机械师，由机械师处理，乘务员做好安全防护。

2. 动车组运行中车门发生故障

列车工作人员发现或接到旅客报告后，应立即采取临时安全防护措施，禁止旅客靠近，并报告列车长通知机械师及时对故障门进行处理。

3. 动车组到站时车门发生故障

第一时间发现故障的列车工作人员要及时报告列车长，列车长立即通知司机和机械师（列车停稳后，如果司机通过监控发现 × 号车门未能打开，由司机通知机械师和列车长赶赴现场，由机械师确定可以手动开门后，由客运人员手动开门），并组织乘务人员分车厢手动开门，组织旅客下车。通过广播向旅客做好宣传解释。

三、车窗玻璃破损应急处置

动车组车窗玻璃破损，将导致车厢密封失效和动车组运行平稳性降低，高速运行时会影响动车组运行安全，所以需降低运行速度。司机得知列车长或随车机械师动车组车窗玻璃破损导致车厢密封失效时，控制动车组列车限速 160 km/h 运行，列车调度员不再发布动车组列车限速运行的调度命令。

1. 发现汇报

列车乘务员值乘时要按规定时间巡视车厢，在列车运行中发现车厢车窗（门）玻璃破损后，要立即将发现时间、运行区间、运行方向的左/右侧及破损情况向列车长、随车机械师及乘警汇报。

2. 现场查看

列车长在接到汇报后要及时赶赴现场，查看旅客受伤、物品损失等情况，收集现场证据材料，并按规定编写电报，在前方停车站拍发，向有关部门报告。同时，立即通知随车机械师到场处理，并按规定向司机进行通报。

3. 判断情况

动车组列车车窗玻璃破损影响车厢气密性时，由随车机械师负责通知司机限速运行。造成列车晚点时，列车长及全体乘务员要做好车内巡视及服务工作，按规定进行车内通报。如需更换车底，做好更换车底准备。

4. 逐级汇报

列车长应在事件发生后，立即向客运段生产调度指挥中心及所属车队进行汇报。

指挥中心向集团公司客运部值班人员进行汇报，并向值班段领导、主管段领导进行汇报。

四、动车组发生故障启用热备动车组应急处置

1. 启动条件

动车组发生故障或其他原因造成的动车晚点，在区间停车超过 20 min、站内停车超过 30 min 后，列车长立即报告指挥中心，由指挥中心核实各车次接续，做好受影响后续车次、车底的转换安排，下达启用热备状态的命令。热备动车组的卫生整备、服务备品（商品）准备和热备乘务员随时处于运营标准。

2. 启动时间

热备动车组热备、保洁等乘务人员和应急备品、商品必须按运营要求配备，并在热备动车组上待命，确保接令后在车站热备的动车组 10 min、在车站外热备的动车组 20 min 具备车站发车条件。

3. 人员准备

热备班组由动车队安排成建制的现有班组按段热备管理办法组织热备，入所热备时间从开行的第一趟动车始发后起至当日最末班动车到达时止。遇特殊情况连续启用热备车底人员不足时，由车队按段要求通知休班班组接续热备，接续热备人员应在 2 h 内到达指定地点。

4. 物资准备

客运对讲机、列调对讲机、站车交互系统、GSM-R 手持终端机等设备和备品资料按出乘标准配置，由动车队负责日常管理。应急商品、低耗品均按照运行图定动车组重联标准配置，定位摆放在配送公司库房内，日常由动车队、经营开发科负责监督检查。收入科负责备足热

备补票机，并下载相关的所有动车车次数据，确保热备启用时能有效使用。

5. 命令传接

段指挥中心接到集团公司启动热备的通知后（调度命令或口头通知），按分工第一时间通知动车队，再快速通知经营开发科、整备车间、旅服车间、收入科、配送公司等，涉及管内动车组需专职安全员时，还需立即通知保安公司。车队接到通知后立即组织热备人员在站台处集合，首要确保热备车值乘人员最快到位。其他部门按管理职责立即对启用热备工作对口联系、进行安排布置和后续追踪。

6. 确定站台

动车队值班干部要第一时间与车站值班干部（客运值班员）、广播室进行联系，确定热备车停靠站台。随即通知热备人员前往站台开展工作，同时负责通知配送公司将商品送至相应站台。段指挥中心也要与车站站调、信号楼等部门联系确定热备车站台，并将信息及时通知车队、配送公司、经营开发科、旅服车间、整备车间。

7. 迅速组织

车队添乘干部、热备列车长上车后，立即了解列车乘务人员到岗和物资、备品到位情况，同时向车站客运组织人员（故障列车长）了解旅客上车人数及是否有高铁快件运输等情况，确认旅客上车完毕后，立即通知司机开车。开车后，第一时间将开车时间、车内旅客人员等信息向段指挥中心汇报。列车到达折返站后，列车长应与客服调度、站方、段指挥中心及车队联系，确认班组下一步任务，如便乘或下公寓，应组织好班组人员集体统一行走，不得擅自行动。

8. 不同型号动车组替换

遇使用单组热备动车组出动替换重联动车组或不同型号动车组时，段指挥中心应及时向集团公司客服调度、客运部汇报，要求始发站对多余席位车票改签或退票，因时间紧始发站来不及改签或退票时，列车长应编制记录将需要退还席位差价的旅客与到站办理交接。

五、动车组故障组织旅客换乘应急处置

（一）区间动车组换乘

1. 救援指挥

动车组故障确需换乘时，由运行所在集团公司分管运输副总经理（或总调度长）同意并指定现场救援指挥负责人，安排客运、公安、车辆等足够应急力量在现场救援指挥负责人的统一指挥下组织换乘。

2. 服务宣传

故障动车组列车长接到司机传达的组织旅客换乘动车组的命令后，列车长组织列车工作人员检查车内情况，坚守岗位。列车工作人员向旅客通告换乘，告知注意事项，做好后续服务工作。针对列车不能按时运行给旅客出行带来的不便，列车长应代表铁路部门向旅客致歉，

并感谢旅客的配合，取得旅客的支持与谅解。

3. 搬动备品

接到倒换车底的命令后，客运段、列车服务公司、保洁公司要做好必要的备品搬动，依据车型变化安排好值乘人员。

4. 确定开门

（1）热备车底有客运乘务班组。

集团公司客服调度及时获取热备动车组列车长联系方式，并告知故障动车组客运乘务担当单位。故障动车组列车长提前联系热备班组列车长，根据两车人员情况、应急梯数量确定开门数量和位置，提前将应急梯或组装好的应急渡板搬至相应位置。

（2）热备车底无客运乘务班组。

集团公司客服调度及时获取热备动车组司机联系方式，并告知故障动车组客运乘务担当单位。故障车底列车长与热备车底司机联系开门，组织本务班组人员在热备车底架设应急梯，做好换乘准备。

5. 换乘防护

救援动车组到达指定位置后，救援动车组司机和列车长配合对准换乘车门。故障动车组和救援动车组列车长组织列车员或随车机械师手动打开换乘车门，相互配合放置渡板或应急梯（CRH5 型动车组不配备应急梯或渡板），指派专人手持喇叭在换乘路线中间引导提示，并做好安全防护，按照 1 梯 2 人的方式组织旅客有序换乘，无法对准换乘车门时应使用应急梯换乘。

6. 隧道换乘

隧道内应急照明装置应实施远动开关，在隧道内换乘时，列车长通知司机向列车调度员申请开启应急照明，设有应急照明远程控制终端的单位接到列车调度员开启应急照明通知后，在第一时间开启隧道内应急照明。遇远动开关无法开启的，可通过控制箱就地开启应急照明。遇双洞单线隧道，本线换乘时要防止旅客误入邻线隧道，邻线隧道换乘时列车长组织列车员或随车机械师手动打开邻近疏散通道侧车门，有序引导旅客通过横通道进入邻线隧道组织换乘。

7. 换乘完毕

换乘过程中，动车组禁止移动，换乘完毕后将渡板或应急梯收回原配置动车组故障动车组，列车长指派胜任的列车工作人员共同进行换乘确认及全列巡视，共同确认旅客换乘完毕，隧道内换乘时还应确认隧道内无滞留旅客及遗留行李，确认完毕后通知救援动车组列车长办理交接，救援动车组列车长组织乘务员或随车机械师关闭车门，并通知司机，司机接到列车长通知后报告列车调度员，按规定程序开车。

（二）站内动车组换乘

1. 救援指挥

动车组故障确需换乘时，集团公司应急指挥中心指定现场救援指挥负责人，安排客运、公安、车辆等足够力量在现场救援指挥负责人的统一指挥下组织换乘。

2. 换乘防护

在站内组织故障动车组旅客换乘时，车站应优先安排在同一站台的两个站台面进行换乘，不能在同一站台换乘时，组织旅客通过天桥或地道换乘，严禁跨越股道换乘，换乘站应加派人员，组织引导，上下电梯有专人防护，旅客走行路线途中有工作人员接续引导，换乘动车组到达前，必要时可组织旅客到车站候车区域等候换乘动车组。

3. 服务宣传

故障动车组列车长接到司机传达的组织旅客换乘动车组的命令后，列车长组织列车工作人员检查车内情况，坚守岗位。列车工作人员向旅客通告换乘的通知，告知注意事项，做好后续服务工作。

4. 搬动备品

接到倒换车底命令后，客运段、列车服务公司、保洁公司要做好备品、餐品搬动，依据车型变化安排好值乘人员。

5. 席位置换

车站要利用旅客候车时间做好候车区域内旅客的宣传工作，按照《席位换乘通知单》向旅客发放倒换座位引导号。车站负责将《席位换乘通知单》复印给全体客运乘务人员人手一份，由客运乘务人员按照《席位换乘通知单》引导旅客倒换座位。

6. 换乘组织

列车长应根据救援车型提前预想换乘方案，组织全体乘务人员协助旅客做好换乘工作。车站要安排客运人员及时做好相关席位置换、旅客引导、站车交接等工作。

故障动车组在站内不能停靠站台时，换乘处置程序比照区间动车组换乘处置程序办理。

（三）席位调整

1. 车型变动调整

遇车型变动，列车始发集团公司客票管理部门应做好新车底席位生成、售出席位调整等工作。

2. 定员影响调整

因临时更换车底定员不足导致部分旅客无席位时，车站应引导旅客调整出行方案，为旅客办理改签、退票手续。

3. 席位差异办理

导致旅客席位由高等级调整至低等级时，由列车长编制客运记录，铁路部门为旅客办理退差手续，旅客席位由低等级调整至高等级时，不补收票价差额。

（四）其他处置

1. 高铁快件组织

高铁快运集装件有换乘条件时组织换乘，无换乘条件时做好看管和交接。

2. 后续处置

旅客换乘完毕后，故障动车组列车工作人员应将应急备品收好定位存放，做好车厢巡视检查，按规定处理遗失物品。

【案例 5-1-1】动车组空调故障应急处置模拟演练

1. 了解原因

×月×日，G××次列车上行运行在××站至××站间，×点×分列车长在巡视中，发现车厢内温度逐渐上升，已经达到 30 ℃，列车长立即通知随车机械师："G××次随车机械师，全列空调故障，车内温度已达 30 ℃，请立即处理。"

列车长："全体列车工作人员注意，现空调故障，机械师正在修复，乘务员加强车内巡视，做好解释工作，安抚旅客情绪，进行全列拖地降温。"

乘务员逐人回复："×车乘务员收到。"

2. 及时致歉

掌握情况后，列车长通过广播向旅客致歉："各位旅客，现列车空调发生故障，工作人员正在组织抢修，给您带来的不便，向您表示诚挚的歉意，感谢您的理解和配合。"

3. 妥善处理

随车机械师："G××次列车长，空调故障无法排除。"

列车长："G××次车长明白。"

列车长："G××次司机，全列空调故障，机械师确认故障无法排除，车内温度已达 30 ℃并逐渐上升，请求启动开门挂网限速运行应急预案。"

司机："G××次司机明白。"

列车长向所在集团公司客调进行汇报："客调，我是 G××次列车长，×点×分列车运行在××站至××站间，全列空调故障，随车机械师确认故障无法修复，车内温度已达 30 ℃，已经通知司机请求启动开车门挂网限速运行应急预案，乘务员正在车内安抚旅客情绪，拖地降温，旅客情绪比较稳定。"

4. 多乘会议

列车长组织随车机械师、乘警、餐车长开会，确定每位值乘人员负责车门的位置及安全注意事项。

5. 开门通风

司机："G××次列车长，列车调度同意启动开门运行应急预案，请做好准备。"

列车长："G××次列车长明白。"

列车长开始组织全体乘务人员按车门分工挂网："1～2、7～8 车乘务员到 2、7 车车辆备品柜内将防护网取出逐车发放，具体车门分工为：1～2 车乘务员负责 1 车车门，3～4 车乘务员负责 2 车运行方向前部车门，餐服员负责 3、4 车运行方向前部车门，5～6 车乘务员负责 6 车运行方向前部车门，7～8 车乘务员负责 7 车运行方向前部车门，防护网安装在非会车一侧。"

乘务员逐人回复："×车乘务员收到。"

餐服员："餐服员收到。"

列车长利用广播通知旅客："各位旅客，因空调故障暂时无法修复，列车将采取临时停车安装防护网开门限速运行的措施，请您回到自己的座位，不要靠近车门，谢谢您的配合。"

列车长广播临时停车："各位旅客，列车即将临时停车安装防护网，请各位旅客回到自己的座位，谢谢您的配合。"

列车停稳后，乘务员："报告车长，×车防护网已经发放完毕。"

列车长："全体乘务员安装防护网。"

防护网安装完毕后，全体乘务员依次向列车长报告："×号车厢防护网安装完毕。"

列车长："收到。"

列车长："G××次司机是否可以手动打开车门。"

司机："G××次列车长，可以打开车门。"

列车长："G××次车长明白。"

列车长："全体乘务员注意，手动解锁打开车门。"

车门开启后，全体乘务员依次向列车长汇报："×车车门已开启。"

列车长："全体乘务员做好车门防护工作，劝阻旅客回到座位不要靠近，确保旅客人身安全。"

全体乘务员依次回答："×车乘务员收到。"

列车长："G××次随车机械师，全列车门已打开，请与我在7车运行方向前部车门会合，一同检查防护网加固情况并加固车门。"

随车机械师："G××次机械师明白。"

防护网检查牢固后固定车门。

列车长："G××次司机，防护网已经安装完毕，车门加固完毕，具备停车开门条件。"

司机："G××次司机明白。"

6. 限速运行

列车长、随车机械师由7车至1车依次检查并加固车门防护网后，通知司机开车。

列车长："G××次司机，防护网安装完毕并加固，车门已经开启，防护人员已到位，可以开车限速运行。"

司机："G××次司机明白。"

7. 安全宣传

等候开车时，列车长广播安全宣传："各位旅客，本次列车因空调故障无法修复，列车即将打开车门限速运行，请您回到座位，远离车门，注意安全，谢谢配合。"

乘务员严守车门，站在连接处内进行口头安全宣传："各位旅客：车门现在是开启状态，请您回到座位，远离车门，注意安全，谢谢配合。"

8. 掌握情况

司机："G××次列车长，列车调度通知，列车限速××公里速度运行，列车是否具备发车条件。"

列车长："G××次具备发车条件。"

开车后，列车长要向客服调度员报告车内情况，接受命令指令。

列车长："客调，我是G××次列车长，列车空调故障，经列车调度同意开门限速运行，列车共打开×个车门，防护网安装完毕，并会同随车机械师检查加固，开启车门已全部指派专人防护，×点×分列车调度通知开车，限速××公里运行。”

报告完毕后，列车长利用列车广播反复进行安全宣传：“各位旅客，列车现在是打开车门限速运行，请您回到座位，远离车门，注意安全，谢谢配合。”

【案例 5-1-2】区间旅客换乘应急处置模拟演练

6 月 17 日 15:38，××城际铁路（CTCS-3 级，300～350 km/h 区段）C55701 次运行至××高铁乙—丙站间下行线 K36+500 处因车辆故障（模拟）停车（甲站—戊站间站场示意图如图 5-1-1 所示），司机立即呼叫随车机械师前往司机室配合处理并报告列车调度员，经随车机械师检查确认动车组故障暂时无法修复，且不能使用机车或其他动车组重联救援。司机立即将随车机械师处理结果向列车调度员汇报，同时将列车故障需在区间进行旅客换乘的情况向列车长进行通报。

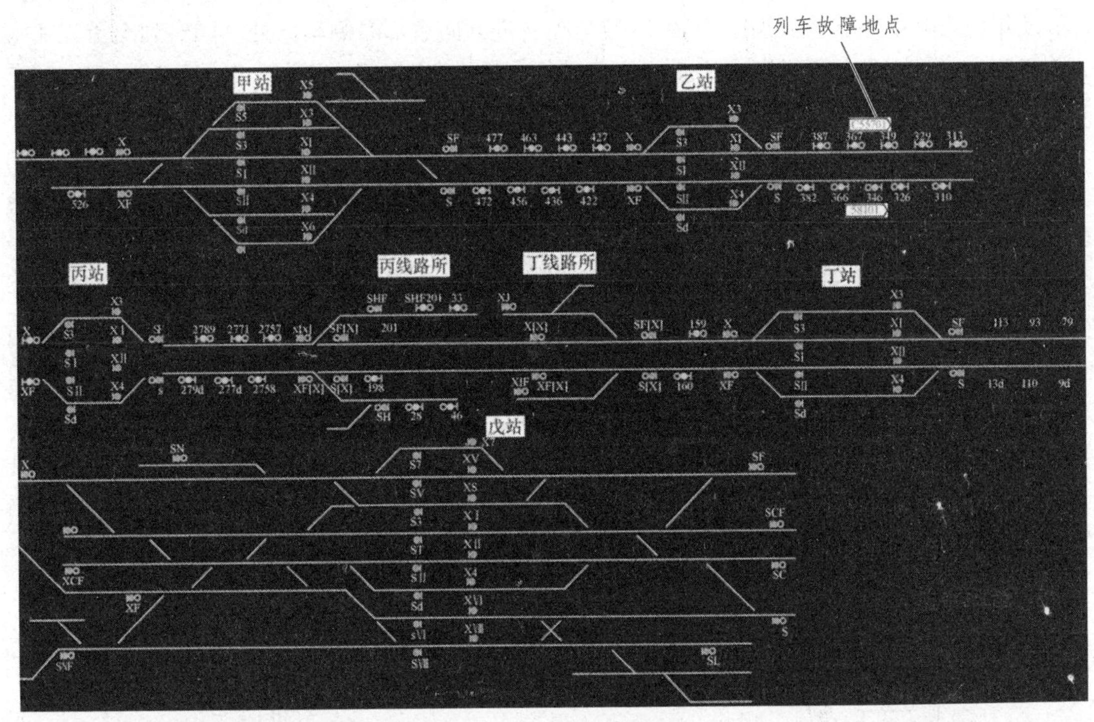

图 5-1-1　站场示意图

列车长在得到司机的通报后立即通过广播反复向旅客进行宣传：“旅客们，现在列车发生设备故障，无法运行，我们将进行区间救援，请在座位上就座，听从工作人员的指挥和引导。”同时列车长启动应急预案，按一车一人的原则，对列车工作人员进行分工安排（1 车：保洁员，2 车：乘务员，3、7 车：乘务员，5、6 车：列车长全面指挥，4 车：餐服人员，8 车：保洁人员，乘警在 1 号车），工作人员分头向旅客宣传、提醒注意事项。同时在 3、7 号车厢各组织发动 2～3 名年轻力壮的旅客参与救援工作，为后续救援做好人员准备。

列车调度员在第一次接到 C55701 次司机关于列车故障停车的报告后，立即扣停续行列车，并将列车故障停车情况通报动车台、值班副主任，值班副主任赶赴调度台把关处理。在第二次接到 C55701 次司机关于列车故障无法运行请求救援的报告后，及时将情况再次通报动车台、值班副主任，值班副主任将情况通报调度所领导、集团公司领导。

经动车调度员与值班副主任、调度所值班领导商量，决定启用停于甲站××场的同车型热备动车组进行旅客区间换乘救援。

因乙站、丙站、丙线路所、丁线路所、丁站内上下行线间均无渡线道岔，救援动车组需在甲站—乙站—丙站—丙线路所—丁线路所—丁站—戊站间反方向运行，列车调度员立即对上行列车的运行进行调整，同时发布热备动车组出动救援调度命令、区间封锁调度命令和58101次列车反方向运行调度命令，并将救援方案通知C55701次和救援列车58101次司机。

C55701次司机接到列车调度员救援方案的通知后，立即转报列车长，并要求列车长做好旅客换乘准备工作。

C55071次列车工作人员在列车长指挥下取出备品柜内两块过渡板，由2号、4号车厢工作人员及年轻力壮的旅客将其运送至3号车厢前进方向后部右侧车门处，6号、8号车厢工作人员及年轻力壮的旅客将其运送至及 7 号车厢前进方向后部右侧车门处。同时列车员工作人员（餐服、保洁人员）通过车内广播向旅客进行广播：“旅客们，请大家保持秩序，现在列车工作人员正在安装过渡板，准备换乘，请大家先在座位上就座，等候列车工作人员引导。”

16:38，救援列车58101次运行至C55701次邻线对应位置对标停车，C55701次列车使用对讲机与58101次救援列车列车长进行通话，确定开启3、7号车厢前进方向后部车门进行旅客换乘，列车长立即向工作人员布置开门方案——分别由列车长和随车机械师负责手动开门。车门打开后列车长和随车机械师组织一名列车工作人员及两名年轻力壮的旅客先行下车，并安装过渡板的防护栏。旅客与工作人员合作将过渡板连接到救援列车对应车门处，确保平稳牢固，并在车下扶稳。列车长同步进行广播：“旅客们，由于列车故障无法修复，将采取换乘方法使大家到达目的地，请给予配合，听从工作人员的引导。”

6号、8号车厢工作人员组织5~8号车厢的旅客前往7号车厢前进方向后部右侧车门进行换乘，1号、2号、4号车厢工作人员组织1~4号车厢旅客前往3号车厢前进方向后部右侧车门进行换乘。

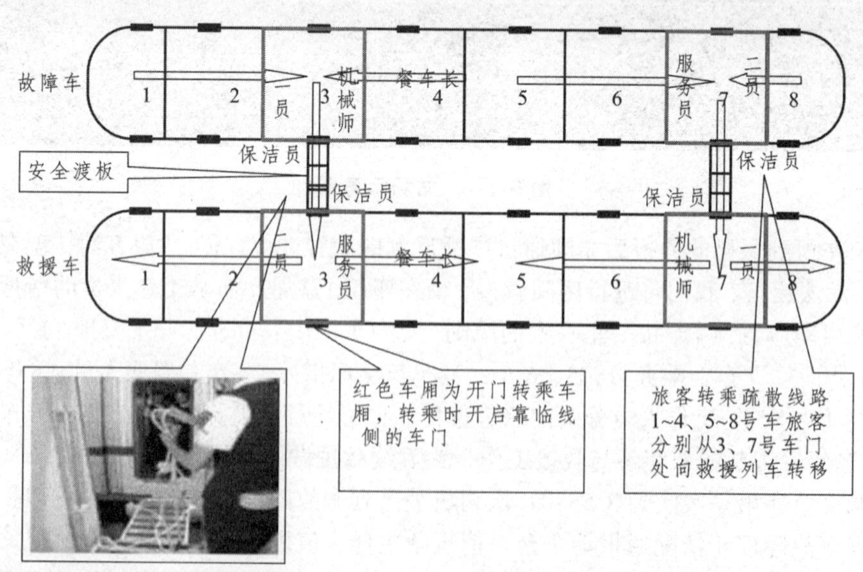

图 5-1-2　区间旅客换乘示意图

列车长在 5 号车厢进行广播："请 5 ~ 8 号车厢的旅客按照工作人员的指示前往 7 号车厢前进方向后部车门进行转移，请 1 ~ 4 号车厢的旅客按照工作人员的引导，前往 3 号车厢前进方向后部车门进行转移。请大家按照工作人员的引导进行转移，并注意脚下安全。"

各车厢工作人员同步做好旅客的宣传、解释和疏散组织工作。乘务员、保洁和餐饮人员负责维持秩序。车厢工作人员先行通过过渡板到达救援列车，做好接应工作（如图 5-1-2 所示）。

旅客在工作人员引导下，有秩序地通过过渡板到达救援列车。工作人员做好安全提醒。

待旅客转移完毕后，1 号、8 号车厢工作人员查看车厢内旅客转移情况，分别向列车长汇报："旅客全部转移完毕。"

列车长在接到"旅客全部转移完毕"的报告后，组织工作人员将过渡板撤回，并手动关闭车门，同时 58101 次乘务人员也手动关闭车门，C55701、C58101 次列车长分别向列车司机报告："旅客换乘完毕，车门已关闭。"

区间旅客换乘工作结束。

【案例 5-1-3】

2023 年 12 月 1 日 G69 次列车，旅客一行两人持北京西至广州南 2 车厢车票，长沙南站开车后，2 号车厢空调故障，经机械师确认空调无法修复，且未能安排旅客至其他车厢就座，列车编制客运记录交旅客到站广州南站处理。

列车个别车厢发生空调故障经机械师确认无法修复时，列车长妥善安排故障车厢旅客到其他车厢乘车；对车内条件有限，无法妥善安排的，开具客运记录交到站，为旅客办理空调票退还差价。客运记录示例如图 5-1-3 所示。

××铁路局　　　　客统—1

客运记录

第　11 号

记录事由：空调故障退差

广州南站：

2023 年 12 月 1 日 G69 次列车，长沙南站开车后，2 号车厢空调故障，经随车机械师查看后，确认无法在运行中修复。旅客××等一行贰人，均持 2 车厢车票，长沙南站至广州南站区间所乘车厢未使用空调，现交贵站，请按章处理。

附：旅客及同行人车票、个人信息：

旅客姓名：××，身份证号：1101××××1234，车厢席位号：2 车 1A，车票票号：A123456

旅客姓名：××，身份证号：1101××××1236，车厢席位号：2 车 1C，车票票号：A123458

编制人员：G69 次列车长（印）

注：

1、站、车需要编记录时均适用。参加人签字：　（印）

2、本记录不能作为乘车凭证。

2023 年　12 月　1 日编制

图 5-1-3　客运记录示例

任务实施

1. 任务准备

（1）设备准备：仿真动车组列车安全应急设备、仿真动车组列车、仿真高速铁路车站、高速铁路线路设备、实训室，专业训练服（可着正装）。

（2）实训资料准备：相关应急处置预案、实训任务单、相关规章、教材等。

（3）情景准备：实训前各小组查阅、收集资料，选择高速铁路动车组列车设备异常应急处置相关情景，情景中包括高速铁路动车组列车客运服务相关人员、旅客若干。

（4）人员准备：实训分小组进行，每组 6～8 人，每个小组做好人员分工。

2. 实施步骤

（1）动车组列车空调失效应急处置。

（2）动车组列车故障组织旅客换乘应急处置。

（3）启用热备动车组应急处置。

（4）组内互查，教师总结并评分、评价。

3. 任务单

<table>
<tr><td>训练名称</td><td colspan="3">动车组列车设备异常应急处置训练</td></tr>
<tr><td>班　级</td><td></td><td>姓　名</td><td></td></tr>
<tr><td colspan="4">1. 动车组列车空调失效应急处置</td></tr>
<tr><td colspan="4">2. 动车组列车故障组织旅客区间换乘应急处置</td></tr>
<tr><td colspan="4">3. 动车组列车故障组织旅客车站内换乘应急处置</td></tr>
<tr><td colspan="4">4. 动车组车窗玻璃破损应急处置</td></tr>
<tr><td colspan="4">任务总结：</td></tr>
</table>

4. 效果评价

	项目	A—优	B—良	C—中	D—及格	E—不及格	综合
小组评价	空调失效处置（15%）						
	启用热备动车组处置（15%）						
	换乘处置（20%）						
	团队合作（10%）						
教师评价	设备异常处置（20%）						
	任务单（20%）						
	教师签名						

任务二　动车组乘务组织异常应急处置

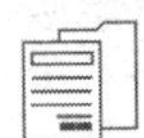

任务引入

遇列车大面积晚点、停运、变更径路等非正常情况时，及时启动应急预案，掌握车内旅客人数及到站情况，维持车内秩序，准确通报信息，做好咨询、解释、安抚、生活保障等善后工作。

请思考：如何做好动车组乘务组织异常应急处置工作?

相关知识

列车运行中断不能继续运行时，应妥善安排被阻旅客，及时告知相关出行信息。运行中断，旅客可以按照铁路运输企业的安排返回发站、中途站退票或绕道旅行。铁路运输企业组织原列车绕道运输时，旅客原票不补不退，但中途下车铁路旅客运输合同即履行终止。

应急处置过程中，列车长及乘务人员要全程开启音视频记录仪，留存证据。

一、动车组列车晚点应急处置

客服调度要及时掌握旅客列车运行情况。遇有旅客列车晚点，要与列车调度积极配合，提出调整建议，指挥前方停车站加快旅客乘降、上水等作业，积极组织恢复列车正点。

1. 应急响应

客运段指挥中心在收到集团公司启动相应应急响应通知后，要及时将情况向值班领导、主管领导、主要领导汇报，并立即启动应急响应。

2. 人员到岗

应急响应启动后，客运段指挥中心要及时通知各科室负责人到岗到位，做好应急准备。

3. 应急保障

客运段乘务科、乘服车间要及时组织乘务人员、保洁公司做好开行临客的各项准备工作，后勤部门做好备品保障。同时提示相关乘务担当单位，按照调度命令做好开行临客准备。

4. 汇报通知

客运段指挥中心要将集团公司拟定的列车广播词，通知值班段领导及相关车队、列车长。

5. 广播宣传

列车长及时向运行所在集团公司客服调度了解晚点情况，并按照集团公司拟定的列车广播词在车内进行反复广播宣传，告知旅客。广播每次间隔不超过 30 min。

6. 掌握需求

列车长要组织乘务人员做好旅客安抚和重点旅客照顾工作，尽力满足需求。同时，迅速掌握车内旅客人数和到站，准确了解旅客改签、退票、换乘需求，通过指挥中心报客运部值班人员。

7. 应急吸污

遇列车长时间滞留导致集便器满容，无法使用时，按照应急吸污处置流程，联系应急吸污作业。

8. 餐饮供应

列车长要根据列车晚点情况对涉及用餐时段的动车组列车请求所在集团公司客服调度协调给予免费供餐、饮水等工作。

9. 晚点组织

晚点列车要根据实际情况和调度通知，组织做好应急通风、中途旅客下车组织工作。

二、动车组在恶劣天气影响运行时的应急处置

因恶劣天气（含暴雨、大雾、大雪、冰雹、台风等）造成动车组晚点 15 min 及以上时，客服调度应与客运部门对接，将受影响的旅客列车车次及晚点情况推送至客运管理信息系统，集团公司客运站段、客户服务中心及列车长通过客运管理信息系统查询相关晚点信息，客运部门应了解现场情况，指挥应急处置，站车及时公告旅客，并及时通报铁路公安部门。

1. 信息汇报

列车长接到动车组因恶劣天气影响运行的通知后，应立即向司机和调度了解情况，并会同乘警、机械师查明线路中断具体位置、灾害状况和列车受阻地点，同时加强对重点旅客的服务，出现异常情况及时向客服调度员及本单位报告，听从指示。

2. 广播宣传

列车长应与司机或停车滞留地客服调度员保持联系，详细了解列车运行调整情况，利用广播及时向旅客通报受阻情况。

3. 应急保障

列车长应掌握餐食和饮用水储备情况，及时启用备用餐料，保证旅客饮食供应。如餐料、

饮用水不足时，符合应急饮食品供应条件的，列车长可向属地局集团公司客服调度提出应急饮食品供应申请，由集团公司客服调度安排具备条件的车站做好饮食品供应工作，同时将安排计划及时反馈给提出需求的列车长。

4. 维护秩序

列车受阻断电时，随时盯控车内温度及照明情况，并及时向客服调度汇报，全体列车工作人员应维护好车内秩序，关注重点旅客，及时发放防寒毯，做好旅客安抚工作，稳定旅客情绪。列车临时停车时，全体列车工作人员要坚守岗位，未经允许不得擅自打开车门，确保旅客人身安全。

5. 请求救援

列车长要尽快向列车及集团公司客服调度汇报灾害及列车受阻情况，报告内容：时间、车次、地点、灾害自然状况、受阻列车情况（旅客人数、去向，重点旅客等），有车辆破损或人员伤亡时应根据需要请求救援。

6. 安全转移

列车受阻需转乘救援列车时，列车长应通过广播通知旅客带好随身携带物品，不要拥挤、推搡，听从列车乘务人员的指引，有序快速地转移到救援列车上，转移过程中提醒旅客注意人身安全，以免发生意外。

7. 站车交接

因线路中断停止运行的列车，列车长要按规定及时拍发电报，编制客运记录，与车站做好对接，保证旅客安全转运。

8. 人员救治

旅客发生人身伤害或重大疾病时，会同乘警勘察现场，收集旁证物证，调查原因，编制客运记录，并积极采取抢救措施。

三、动车组列车超员情况下的应急处置

遇春运、暑运、黄金周、小长假等客流高峰时段，各乘务担当单位要提前预想，班组将超员报警预防作为趟安全预想的重要内容，明确责任分工。列车在车站办理旅客乘降时，随车机械师要实时查看各车厢空气弹簧压力显示值，客运乘务人员对重点车厢进行重点组织。

1. 预警处置

设置有超员预警、报警功能的动车组，发生超员预警时，列车长应加强预警车厢巡视，关注车厢内无座人员数量，有条件的可适当向其他车厢均衡疏散。

列车开车后，列车长要组织工作人员将超员旅客合理均匀安排到车内适宜位置，避免旅客集中于一处或风挡通过台处。同时充分考虑旅客携带行李产生的重量，要根据行李数量相应减少超员人数。

2. 报警处置

发生超员报警时，司机或发现超员报警信息的列车工作人员应立即通知列车长、随车机械师，遇部分车厢报警时，列车工作人员组织报警车厢无座旅客有序疏散至其他车厢，遇全列车厢报警时，站车会同公安部门共同宣传组织无票、越站旅客下车，处置完毕后，由随车机械师确认报警消除后通知司机。

疏散旅客时，由于受列车车厢自重影响，短编组列车应避免将旅客疏散至 3 车、6 车；长编组列车应避免将旅客疏散至 3 车、6 车、11 车、14 车。应尽量将旅客向列车两端车厢或餐车疏散。

3. 请求协助

报警消除后，列车长要通过站车无线交互终端查询后续沿途车站上下车人数，向客运段指挥中心和列车运行、集团公司客服调度电话汇报相关情况，通知前方相关停车站控制旅客上车人数，要求车站派人和列车工作人员共同组织相关车厢旅客乘降，避免集中上下，分散车门乘车，配合列车做好劝下旅客的后续安排。对停止车补业务的动车组，前方各办理客运站停止本次列车车票发售，出站口对查出的无票旅客按规定补票并加收票款。

4. 广播宣传

利用广播宣传提示旅客因列车超员危及行车安全，将耽误所有旅客行程，请按照票面到站下车，列车不再办理延长到站手续。

广播词为："女士们，先生们！您现在乘坐的高铁动车组目前为满员状态，为确保列车行车安全，请您按照票面到站下车，需要办理延长补票的旅客，请您到车站重新购票换乘其他列车。为安全起见，请不要拥挤在车门口，更不要倚靠车门，请按照工作人员的引导分散乘车。在此，动车组全体乘务人员向您表示歉意，我们将努力为大家创造一个和谐的旅行环境，感谢您的配合！"

5. 停办越站

动车组超员影响运行时，列车应停止办理无票、越站补票业务，向客服调度员报告，并立即通过客运管理信息系统通知相关车站。

6. 防止再次报警

空簧压力恢复正常后，列车长要在每站到站前 10 min 查询上车人数，对可能再次造成超员报警的车厢，劝导旅客按到站下车，组织无座旅客分散车厢乘车。

复兴号列车发生超员，列车长要使用客运管理信息系统 App（因信号无法连接时使用纸质电报）拍发超员电报。城际列车因运行时间短，列车长应及时通过电话告知前方站，做好客流组织。

后续将详细处置情况向站段指挥中心进行汇报。

四、动车组在客运办理站滞留期间临时开门的应急处置

1. 沟通汇报

动车组在客运办理站长时间滞留时，遇应急送餐、下车移交疾病旅客或旅客提出取消行

程等紧急情况需临时开启车门时，列车长及时与司机、随车机械师沟通，视情况做出打开车门的决定并明确开门位置，通知司机转报列车调度员（车站值班员），同时通知车站客运值班员开门决定及开门位置，动车组重联时，由前组列车长负责。

联系用语如下：

列车长："×××次机械师、司机，需开启×车左/右侧车门。"

机械师："×××次机械师明白。"

司机："×××次司机明白。"

2. 车站配合

车站接到列车长开门决定及开门位置通知后，安排客运人员提前到达站台指定开门位置。

3. 开门防护

列车长组织乘务员或随车机械师手动打开指定位置车门，客运乘务人员会同乘警做好开门处的秩序维护及盯控，防止其他旅客下车。

4. 乘降防护

滞留站站台为低站台时，使用列车应急梯组织旅客乘降，车站、列车工作人员做好旅客安全防护，并做好下车后的后续处置。

5. 站车交接

列车长应确认下车人数，开具客运记录，做好站车交接。

6. 关闭车门

餐食配送完成或旅客乘降完毕后，列车长组织乘务员或随车机械师手动关闭车门，并由列车长通报司机、随车机械师，同时通知车站客运值班员，司机同时转报列车调度员（车站值班员）。

联系用语如下：

列车长："×××次机械师、司机，×车左/右侧车门已关闭。"

机械师："×××次机械师明白。"

司机："×××次司机明白。"

五、站台紧急停车应急处置

1. 停车报告

动车组停站或初起动，站、车客运人员发现危及旅客安全或行车安全时，应立即呼叫司机停车，呼叫用语为"×××次司机，请立即停车，×××站客运值班员（客运员）/×××次列车长（乘务员）报告。"

2. 停车处置

司机在接到紧急呼叫时，如列车没有起动则不起动，如列车已起动要立即停车，同时应答呼叫者"×××次司机明白，"停车后呼叫者告知司机停车事由，司机将相关情况立即报告列车调度员（车站值班员），车站根据现场情况组织相关人员及时到场，做好应急处置，动车组在站起动的范围为客运营业站开车后至列车尾部过出站信号机前。

3. 处置完毕

紧急事件处理完毕后，呼叫者通知列车长，列车长与车站客运值班员共同确认后通知司机紧急事件处置完毕，同时按规定程序通知司机关闭车门，司机报告列车调度员（车站值班员），按规定程序开车。

六、动车组未完全停靠站台应急处置

1. 未到动车组停车位置标停车导致未完全停靠站台时

办理客运作业的动车组因故未到动车组停车位置标停车导致未完全停靠站台时，不得集控开门、不得擅自移动，司机应立即通知列车长、随车机械师，并报告列车调度员（车站值班员）。列车长通知车站客运值班员，客运值班员确认站台安全后通知列车长，列车长通知司机重新对标停车，若列车无法再行移动时，司机通知列车长、随车机械师，列车长组织列车员或随车机械师手动打开已停靠站台侧车厢的车门组织乘降。

2. 因故越过动车组停车位置标停车导致未完全停靠站台时

办理客运作业的动车组因故越过动车组停车位置标停车导致未完全停靠站台时，不得集控开门、不得擅自移动，司机应立即通知列车长、随车机械师，并报告列车调度员（车站值班员）。经检查确认列车部分车厢停靠站台时，列车长组织列车员或随车机械师手动打开已停靠站台侧车厢的车门组织乘降。需重新对标停车时，列车长通知车站客运值班员，客运值班员确认站台安全后通知列车长，列车长通知司机，司机报告列车调度员（车站值班员），经列车调度员（车站值班员）同意后，采取退行或换端的方式办理。

3. 发现车厢未上站台

（1）立即汇报。

列车停稳后，列车工作人员发现值乘车厢未上站台，影响旅客乘降时，要立即向列车长汇报，并在值乘车门处做好安全防护，同时加强对车厢内旅客的宣传和安抚工作。

（2）站车确认。

列车长接到汇报后，要立即通知司机列车尾部未上站台，并简要说明情况，同时联系车站确认未上站台车厢数量，并要求广播员加强宣传广播，组织相关人员赶到未上站台车厢内，做好组织。

（3）重新对标。

列车长向司机说明具体情况，询问是否可重新对标停车。如司机确定重新对标停车，待列车重新对标停稳，司机按规定打开车门，组织旅客乘降。

（4）乘降组织。

司机确定“不重新启动对标停车”的通知后，列车长要安排足够数量乘务人员赶到未上站台的车厢车门处做好安全防护准备和车内宣传，如司机打开车门，与车站配合疏导旅客通过临近上站台的车厢乘降。车站客运人员做好站台旅客乘降组织工作，引导旅客有序乘车。

七、动车组应急吸污

动车组途中上水、吸污时，车站客运人员要确认上水、吸污等作业完毕后，将对讲机转至行车频道通知动车组列车长，动车组列车长须在得到车站客运人员的确认后，方可按要求报告司机（或机械师）关闭车门。站车联控用语规定如下：

上水/吸污人员："××站台值班员，G×××列车上水/吸污作业完毕。"

车站客运人员："G×××列车上水/吸污作业完毕，××站台值班员明白。"

车站客运人员："G×××次列车长，××站上水/吸污作业完毕。"

列车长："G×××次上水/吸污作业完毕，列车长明白。"

1. 请求汇报

动车组途中遇有 30% 以上的卫生间集便箱满载停用，预计无法维持使用至下一运行图定吸污站点时，由列车长视情况，按照公布的高铁吸污站选择应急吸污站，原则上选择本次列车停靠车站，提前 1 h 向吸污站所属集团公司客服调度员提出应急吸污请求，具体内容包括车次、车站、吸污车厢号。

2. 命令发布

客服调度员接到列车长的应急吸污请求后，经值班主任（值班副主任）准许，及时向有关车站、吸污作业单位发布应急吸污作业的调度命令，抄送有关列车调度员，并通知列车长，列车长转报司机、随车机械师。不具备作业条件或来不及安排时，值班主任（值班副主任）立即报国铁集团，并由客服调度员通知列车长。

3. 吸污作业

吸污作业单位接到调度命令后，应立即组织人员进行吸污作业，保持作业清洁。作业完毕向站台客运值班员汇报，由客运值班员确认吸污作业完毕后通知列车长。

4. 计划调整

如因列车晚点、股道运用、动车组检修等原因无法按计划安排当日终到吸污，相关工作比照 2、3 项的流程办理。

八、发现动车组列车始发无水时的应急处置

始发前发现列车缺水，为防止发生服务质量问题，各乘务单位应采取应急措施。

1. 全列无水情况

如始发发现全列无水，列车长第一时间通知客服调度，同时通知随车机械师排查设备，通知车站配合盯控上水，如距离列车始发 20 min 以上，车站可以安排继续上水，仍然出现此现象则建议车辆部门申请换车。如本列上水计划不在始发站，且始发站停靠线路不具备上水条件，则建议调度部门换车。

2. 部分车厢无水情况

如始发发现 25%车厢无水，即 8 辆编组 2 辆，16 辆编组 4 辆及以上车厢无水，且客流较大的情况，第一时间通知客服调度，同时通知随车机械师排查设备，通知车站配合盯控上水，如距离列车始发 20 min 以上，车站视情况安排继续上水，仍然出现此现象则建议车辆部门申请换车。如本列上水计划不在始发站，且始发站停靠线路不具备上水条件，客流大且直通车则建议调度部门换车。

3. 列车停靠站台距离始发不足 20 min

列车长做好始发的各项准备工作，车站通知上水完毕后，如无时间检查上部设备，则开车后检查，发现异常迅速向客服调度汇报。做好车内旅客服务，通过调度联系前方站补充饮用水，保证旅客基本需求，并做好更换车底等其他准备工作。

九、遇站台坠落作业车辆物品应急处置

发生作业车辆（航空车、垃圾车、售货车、手推车）、物品、备品坠落掉下站台的突发情况，工作人员要严格遵循“先防护、后处置、再汇报”的处置原则，即：在危及旅客列车运行安全或旅客人身安全的情况下，先拦停将要开出、开入的旅客列车，再组织进行处理和汇报。

1. 及时报告

工作人员在站台操作作业车辆或拿取物品、备品时，发生作业车辆或物品、备品坠落站台时要立即通知就近的车站工作人员，并通过电台向列车长汇报。列车长要向段指挥中心汇报。指挥中心值班人员接报后立即向段主管安全、生产的领导汇报。

2. 迅速到场

列车长立即会同就近的车站工作人员迅速赶到现场，配合车站进行处置。

3. 妥善处置

（1）站台有停留列车。

列车长或现场工作人员请求车站工作人员通知司机暂不动（开）车。动车组列车长要通过电台第一时间通知司机暂不动（开）车。

（2）站台没有停留列车。

列车长或现场工作人员请求车站工作人员通知车站调度等相关部门暂时封锁线路。

4. 协助处理

在得到线路已封锁或停留列车暂不动（开），可以进行施救作业的允许后，立即配合车站工作人员展开处理，将掉下站台的作业车辆或物品、备品移出线路。

5. 恢复秩序

坠落物品处理完毕后，列车长要立刻通知车站工作人员（有列车停留时同时通知司机）坠落作业车辆、物品或备品已处理完毕，第一时间做好运输秩序的恢复。

6. 调查取证

列车长要做好现场全过程处置的音视频记录和旁证材料的收集工作。

7. 做好汇报

收集好相关材料后，列车长要向段指挥中心及时汇报坠落情况、事情过程、列车晚点、造成影响等情况。

十、始发站启动热备车底

（1）热备人员实行 24 h 备班制，在指定地点备班。

（2）车队干部实行 24 h 值班，值班干部和热备列车长要保证联系渠道畅通。

（3）热备班组列车长需携带电报、客运记录，全体乘务员按规定着装，携带出乘备品，做好随时担当任务的准备。

（4）车队干部接到启动热备车底调度命令后，立即通知热备班组列车长组织乘务员召开出乘会、布置任务。全体乘务员必须于接令后 20 min 内赶赴站台接车。站内停留热备车底热备人员热备期间不允许下车。

（5）到达热备车底后，列车长第一时间检查确认各部门人员及备品到位情况，并向车队、段调度指挥中心、客服调度及时进行汇报。

（6）接车后，列车长立即协同机械师、乘警对列车的设备、设施、备品、消耗品和上水情况进行检查。

（7）列车长及时与车站取得联系，并全力做好旅客乘降组织工作。车队值班干部要到现场指挥组织旅客乘降。

（8）上述应急状况发生时，由调度所客服调度员通知客服中心解答口径，以便客服代表回复旅客的咨询和投诉。

十一、动车组商务座旅客物品掉入座椅夹缝应急处置

1. 劝阻旅客

工作人员发现或接报旅客物品掉入商务座座椅夹缝处后，第一时间告知旅客不要擅自处理。

2. 立即汇报

工作人员要立即向列车长、机械师、商务车乘务员报告。

3. 赶赴现场

列车长接报后立即赶赴现场，通知机械师到场处理。

4. 安抚旅客

乘务人员要做好旅客安抚工作，稳定旅客情绪。

5. 协助处置

列车长组织乘务人员协助机械师进行处理。

6. 后续处理

如未能及时取出旅客物品，列车长要与旅客做好联系沟通，征求旅客意见，收集旅客信息便于后续联系归还事宜。

遇旅客擅自处理引发冒烟或起火时，列车工作人员要立即启动动车组火灾应急处置预案，妥善处置并报告列车长及随车机械师到场处理，同时做好旅客安抚工作，稳定旅客情绪；列车长要及时报告客服调度及指挥中心并配合乘警做好调查取证工作。

【案例 5-2-1】动车组列车发生乘务担当变更时的应急处置模拟演练。

1. 接受调度命令

×年×月×日，××段高铁（动车）热备班组在本段车队学习室学习期间，接到车队“G××次列车因天气原因造成列车严重晚点需换乘的”通知，列车长立即组织乘务人员做好出乘准备。变更车底调度命令模板如图 5-2-1 所示。

因＿＿＿＿＿，＿＿＿铁路局集团公司申请：

＿＿＿年＿＿＿月＿＿＿日＿＿＿次，车底使用＿＿＿（十＿＿＿，车型、车组号）担当，（重联时须注明“＿＿＿次＿＿＿站始发＿＿＿在前，”）定员不变（＿＿＿人），车型由＿＿＿变为＿＿＿，请相关部门注意车型变化。（使用外局车底时注明：随车机械师由＿＿＿铁路局集团公司担当，客运乘务由＿＿＿/＿＿＿铁路局集团公司担当，司机由＿＿＿/＿＿＿铁路局集团公司担当。）

相关局：＿＿＿＿＿。

注：动车（车辆）段申请时不填“＿＿＿/＿＿＿”中内容。

图 5-2-1　变更车底调度命令模板

列车长：“因 G××次列车严重晚点，乘务担当变更，大家立即做好出乘准备。”

乘务员：“明白。”

2. 领取收入设备

列车长：“值班员，接到派班室通知 G××次列车因严重晚点需要变更乘务担当，我需要领取 GSMR 手机、无线交互手持终端。”

收入值班员：“热备××组因乘务担当变更，领取 GSMR 手机 1 部、无线交互手持终端 1 台。”

列车长确认设备作用良好，与收入值班员签字交接。

3. 检查备品

列车长：“检查全体乘务员上岗证齐全，验印合格，班组统一存放；检查确认对讲机等通用设施备品齐全，作用良好。”

4. 组织出乘点名

列车长："派班员同志你好，热备× ×组出乘。"

派班值班员："因× ×段担当的 G× ×次列车严重晚点，由热备× ×组担当 G× ×次 × ×—× ×站间的乘务工作。列车车型 CRH380B—50× ×，编组 8 辆，定员 551，乘务人员列车长 1 人、乘务员 4 人。热备× ×组出乘点名。"

5. 组织站台接车

热备× ×组于换乘站折返开车前 50 min 到达站台，与原担当班组办理交接。

原担当班组列车长："您好，这是移动补票设备、票据、保险柜钥匙，服务备品、应急设施。这是本次列车停站时刻表，沿途上水、吸污、垃圾投放站均有标注。请您查收。"

热备× ×组列车长："接收移动补票设备 1 台，票据× ×张，保险柜钥匙 1 把，密码使用正确；检查服务备品、应急设施齐全，作用良好。沿途上水、吸污、垃圾投放站交接清楚。"

双方列车长确认后，签字办理交接。

交接完毕后，热备× ×组列车长将移动补票设备、票据锁入保险柜。原担当班组列车长带队下车。

6. 组织始发前准备作业

热备× ×组列车长："全体乘务人员，请按照分管分工立即检查车厢内车辆设备设施，确认作用良好，开车前 15 min 车门口立岗。"

乘务员："×车乘务员收到。"

热备× ×组列车长："全体乘务人员，车站即将检票，请各车厢乘务员到门口立岗，准备始发作业。"

乘务员："×车乘务员收到。"

7. 组织终到交接

值乘终到后，与原担当段车队干部进行移动补票设备、票据、服务备品、应急设施签字交接手续。

热备× ×组列车长："您好，这是移动补票设备、票据、保险柜钥匙，服务备品、应急设施，请您查收。"

原担当段车队干部："接收移动补票设备 1 台、票据× ×张、保险柜钥匙 1 把，检查服务备品、应急设施齐全，作用良好。"

双方确认后，签字办理交接。

【案例 5-2-2】动车组列车晚点应急处置模拟演练

1. 广播致歉

列车长向司机了解晚点原因。

列车长："G× ×次司机对讲。"

司机："G× ×次司机收到请讲。"

列车长："列车什么原因晚点。"

司机："前方接触网故障正在抢修，未给出站信号。"

列车长：“列车预计晚点多长时间。”

司机：“列车预计晚点 × min。”

列车长通过广播致歉：“女士们、先生们：由于接触网故障，列车现在晚点 × 分钟，预计 × 时 × 分恢复运行，给您造成的不便，向您表示诚挚的歉意”（动车组列车发生晚点 10 min 开始实施晚点通告，每次通告间隔时间不得超过 15 min）。

2. 加强巡视

列车长通过对讲机通知列车员加强车内巡视，并统一对旅客的宣传口径：“全体列车员注意，因前方接触网故障，造成列车现在晚点 × min，预计 × 时 × 分恢复运行。各职乘务员要加强车内巡视，掌握旅客动态，了解旅客需求，稳定旅客情绪，维护车内秩序”（在不掌握晚点原因时，对旅客的问询统一口径回答：“请稍后，我们正在了解情况。”掌握晚点原因后，告知旅客晚点原因、晚点时间或预计开通时间）。对中转换乘、就医等时间性要求较强的旅客，要做好登记，统一报我。”

乘务员按照分管车厢号依次回答：“收到。”

乘务员进入车厢进行宣传，针对有特殊需求的旅客了解情况，及时登记。

3. 及时汇报

在掌握列车晚点原因后，列车长向客服调度报告：“× × 客调，我是 G× × 次列车长，列车在 × × 站因前方接触网故障，造成列车晚点 × min，车内现有旅客 × × 人，车内秩序正常，旅客无不良反应”（在晚点期间，发生应急情况或旅客有特殊需求时，要随时续报。接受指示，尽力解决旅客困难）。

4. 解决旅客需求

列车长及时掌握车内旅客需求：“各车乘务员报告有无中转换乘和其他需求旅客。”

乘务员按照分管车厢号依次回答：“收到。”

统计完毕后，乘务员：“报告车长，1 ~ 2、3 ~ 4 车无中转换乘及其他需求旅客。”

5 ~ 6、7 ~ 8 车乘务员：“报告车长，5 号车有一名旅客要在 × × 站中转 × × 次列车”，报告车长，8 号车有一名旅客要在 × × 站中转 × × 次列车。”

列车长：“收到。”

列车长立即掌握旅客个人信息和中转车次后，旅客到站后交车站处理，并向旅客做好解释工作。

随后向客服调度报告：“× × 客调，我是 G× × 次列车长，因列车晚点 × 分，导致 5 车有一名旅客无法在 × × 站转乘 × × 次列车，已交由车站处理。”

5. 照顾重点旅客

列车长：“全体工作人员注意，因列车晚点，大家要积极为旅客服务，耐心做好解释工作，加强车内卫生清扫，尽全力得到旅客的谅解。”

乘务员依次回答：“× 车乘务员收到。”

6. 列车供餐

列车晚点超过 1 h 并逢用餐时间，列车长为旅客联系用餐事宜。

车长向客服调度报告："客调，我是G××次列车，列车因接触网故障，造成列车晚点，现在正逢用餐时间，请求为旅客供餐。"

客服调度同意后，通知乘务员统计车内旅客人数及特殊供餐需求。

列车长："客调，我是G××次列车，列车现有旅客××人，×名回民旅客，无其他需求。"

客服调度："××站×站台上餐。"

接到客服调度确定的供餐站后，列车长要与供餐车站联系："××站，我是G××次列车长，因接触网故障，造成晚点，客服调度通知由你站为本次列车供餐，共需要餐食××份，其中清真餐食××份，交接位置确定为××车门和××车门。"

××送餐站："G××次列车长，列车到达我站后，在××站台送餐，交接位置确定为××车门和××车门。"

列车长对讲机通知交接事项："全体乘务员、餐服员注意，列车到达××站后，送餐人员在××车门和××车门上餐，请做好交接。"

各有一名餐服员和乘务员在指定车门与车站交接。随后分别由乘务员报告列车长："××车上餐××份，清真餐××份。××车上餐××份。"

列车长回答："各车厢乘务员负责分管车厢食品发放，餐服员做好配合。重点旅客优先。"

乘务员依次回复："明白。"

餐服员回复："明白。"

列车长广播供餐："女士们、先生们，因列车晚点×时×分，正逢用餐时间，列车为大家发放食品，请大家在座位上耐心等候。"

供餐完毕后，乘务员、餐服员立即进行清扫，恢复车内卫生。

7. 折返整备

在担当集团公司（段）始发站折返时，列车长要通知车队，增加折返站整备人员数量，确保保洁质量。

列车长："队长，G××次列车在××站因接触网故障导致列车晚点×分钟，预计到达时间为××点，请车队派人员接车支援，确保折返站卫生质量。"

车队长："收到。"指派××热备班组到站台支援折返整备，确保短时间达标，缩短晚点时间。

列车长："各车乘务员，列车在××站折返站时，车队将派员帮助整备，尽全力缩短整备时间。"

列车员依次回答："收到。"

8. 到站交接

列车到站后，列车长与车站值班员办理交接。

列车长："因列车晚点，导致×旅客无法中转××次列车，请办理下交接。"

9. 维护治安

2车××名旅客因晚点拒绝下车。

列车员："报告车长，因列车晚点，2车××名旅客拒绝下车，请立即到场处理。"

列车长："做好解释工作，安抚旅客情绪。"

列车长："××站值班员，因列车晚点，2车旅客拒绝下车，请立即到场处理。"

车站值班员："收到。"

列车长协助乘警和车站工作人员安抚旅客情绪，劝导旅客下车。

旅客全部下车，向客服调度报告："客调，我是G××次车长，列车终到××站晚点×时×分，一名中转换乘旅客已与车站办理交接，2车旅客××名到站拒绝下车，列车已经协助乘警（安全员）和车站劝导旅客下车，旅客无不良反应。"

【案例 5-2-3】高速铁路动车组在低温严寒和暴风雪、暴风雨天气中断行车应急处置模拟演练

1. 立即报告

×月×日，G××次列车，因暴雨天气中断行车，列车运行在××站至××站间临时停车。

列车员广播临时停车："女士们、先生们，列车现在是临时停车，请乘务员加强巡视，注意安全。"

列车长："G××次司机，什么原因停车。"

司机："因强暴风雨天气，中断行车。"

列车长对讲机通知乘务员："全体列车员注意，因前方暴风雨天气，中断行车，乘务员立即统计分管车厢车内旅客及重点旅客情况，餐服长立即统计食品及饮用水情况，并做好宣传解释工作，安抚旅客情绪，维护车内秩序。"

乘务员依次回答："×车乘务员收到。"

列车长广播致歉："女士们、先生们，因前方暴风雨天气，中断行车，列车需在此停留，有关部门正在处置，我们将及时通告相关信息，请耐心等候，感谢您的理解与配合。"

列车长检查确认应急备品配备情况。

乘务员依次回复："报告车长，×车共有旅客××人，无重点旅客。"

餐服长："报告车长，餐车现有盒饭××箱，饮用水××箱。"

列车长："全体乘务员，立即启动《动车组晚点应急处置预案》。"

乘务员依次回答："×车乘务员收到。"

列车长向客服调度报告："客调，我是G××次列车长，因暴风雨天气中断行车，×点×分列车运行在××站至××站间临时停车，车内现有旅客××人，无重点旅客，餐车现有盒饭××箱，饮用水××箱，应急备品配备齐全，作用良好，旅客情绪稳定，车内秩序良好。"

2. 应急处置

列车长组织列车工作人员，安抚旅客，并积极解决旅客困难，加强对重点旅客的照顾服务，对有需求的旅客发放防寒被。

列车长："各车乘务员注意，因暴风雨天气，大家要做好车内保温工作，将车厢两端隔断门关闭，保持车内温度，餐车做好饮用水和食品的供应，防止旅客使用明火照明或自行打开车门下车。"

乘务员依次回答："×车乘务员收到。"

客服调度："G××次列车长，由于暴风雨导致接触网故障，将采用内燃机车实施救援，请原地待命，保证旅客安全。"

列车长："明白。"

任务实施

1. 任务准备

（1）设备准备：仿真动车组列车客运设备及备品、仿真动车组列车安全应急设备、实训室，专业训练服（可着正装）。

（2）实训资料准备：相关应急处置预案、实训任务单、相关规章、教材等。

（3）情景准备：实训前各小组查阅、收集资料，选择动车组列车乘务组织异常应急处置相关情景，情景中包括动车组列车客运服务相关人员。

（4）人员准备：实训分小组进行，每组 6 ~ 8 人，每个小组做好人员分工。

2. 实施步骤

（1）动车组列车晚点应急处置。

（2）动车组列车超员情况应急处置。

（3）车底临时更换旅客席位调整应急处置。

（4）组内互查，教师总结并评分、评价。

3. 任务单

<table>
<tr><td>训练名称</td><td colspan="3">动车组列车乘务组织异常应急处置训练</td></tr>
<tr><td>班　级</td><td></td><td>姓　名</td><td></td></tr>
<tr><td colspan="4">1. 动车组列车晚点应急处置

</td></tr>
<tr><td colspan="4">2. 动车组列车超员情况应急处置

</td></tr>
<tr><td colspan="4">3. 动车组列车恶劣天气影响运行应急处置

</td></tr>
<tr><td colspan="4">4. 动车组未完全停靠站台应急处置

</td></tr>
<tr><td colspan="4">任务总结：

</td></tr>
</table>

4. 效果评价

	项目	A—优	B—良	C—中	D—及格	E—不及格	综合
小组评价	晚点处置（15%）						
	超员处置（15%）						
	其他异常处置（20%）						
	团队合作（10%）						
教师评价	乘务组织异常处置（20%）						
	任务单（20%）						
	教师签名						

任务三　动车组列车治安秩序事件应急处置

任务引入

为了保障高速铁路旅客运输安全和畅通，当发生扰乱治安秩序事件时，要坚持“以人为本、科学应对、统一指挥、分工协作、有效处置”的工作理念，落实领导负责、层级负责、系统负责、岗位负责制度，达到“早发现、早报告、早处置”的目的。

请思考：如何做好发生治安秩序事件时的应急处置工作？

相关知识

列车长在设备检查作业时要检查反恐备品情况，与乘（辅）警交接反恐防暴器材（防割手套、束缚带、警用伸缩棍、安检仪），如乘警自带则不需要与其交接，按照车型定位放置。应急处置过程中，列车长、乘务人员要全程开启音视频记录仪，留存证据。

一、铁路旅客禁止托运和随身携带的物品要求

铁路运输企业应当依照法律、行政法规和有关规定，对旅客及其携带品进行安全检查。旅客携带品应当遵守国家禁止或者限制运输的相关规定。《中华人民共和国民法典》第 817 条规定：“旅客随身携带行李应当符合约定的限量和品类要求，超过限量或者违反品类要求携带行李的，应当办理托运手续”。《中华人民共和国民法典》第 818 条规定：“旅客不得随身携带或者在行李中夹带易燃、易爆、有毒、有腐蚀性、有放射性以及可能危及运输工具上人身和财产安全的危险物品或者违禁物品。旅客违反前款规定的，承运人可以将危险物品或者违禁物品卸下、销毁或者送交有关部门。旅客坚持携带或者夹带危险物品或者违禁物品的，承运人应当拒绝运输”。

（一）禁止托运和随身携带的物品

（1）枪支、子弹类（含主要零部件）。

① 军用枪、公务用枪。

手枪、冲锋枪、步枪、机枪、防暴枪等以及各类配用子弹。

② 民用枪。

气枪、猎枪、运动枪、麻醉注射枪等以及各类配用子弹。

③ 道具枪、发令枪、钢珠枪、催泪枪、电击枪等以及各类配用子弹。

④ 上述物品的样品、仿制品。

（2）爆炸物品类。

① 弹药。

炸弹、照明弹、燃烧弹、烟幕弹、信号弹、催泪弹、毒气弹、手雷、地雷、手榴弹等。

② 爆破器材。

炸药、雷管、导火索、导爆索、震源弹、爆破剂等。

③ 烟火制品。

礼花弹、烟花（含冷光烟花）、鞭炮、摔炮、拉炮、砸炮等各类烟花爆竹，发令纸、黑火药、烟火药、引火线以及“钢丝棉烟花”等具有烟花效果的制品等。

④ 上述物品的仿制品。

（3）管制器具。

① 管制刀具。

根据《管制刀具分类与安全要求》（GA 1334—2016），认定为管制刀具的专用刀具（匕首、刺刀、佩刀、三棱刮刀、猎刀、加长弹簧折叠刀等）、特殊厨用刀具（加长砍骨刀、加长西瓜刀、加长分刀、剔骨刀、屠宰刀、多用刀等）、开刃的武术与工艺礼品刀具（武术刀、剑等），以及其他管制刀具（超过 GA/T 1335《日用刀具分类与安全要求》规定的尺寸规格限制要求的各种刀具）。

② 其他器具。

警棍、军用或者警用匕首、催泪器、电击器、防卫器、弩、弩箭等。

（4）易燃易爆物品。

① 压缩气体和液化气体。

氢气、甲烷、乙烷、环氧乙烷、二甲醚、丁烷、天然气、乙烯、氯乙烯、丙烯、乙炔（溶于介质的）、一氧化碳、液化石油气、氟利昂、氧气（供病人吸氧的袋装医用氧气除外）、水煤气等。

② 易燃液体。

汽油（包括甲醇汽油、乙醇汽油）、煤油、柴油、苯、酒精、酒精体积分数大于 70%或者标志不清晰的酒类饮品、1,2-环氧丙烷、二硫化碳、甲醇、丙酮、乙醚、油漆、稀料、松香油等。

③ 易燃固体。

红磷、闪光粉、固体酒精、赛璐珞、发泡剂 H、偶氮二异庚腈等。

④ 自燃物品。

黄磷、白磷、硝化纤维（含胶片）、油纸及其制品等。

⑤ 遇湿易燃物品。

金属钾、钠、锂、碳化钙（电石）、镁铝粉等。

⑥ 氧化剂和有机过氧化物。

高锰酸钾、氯酸钾、过氧化钠、过氧化钾、过氧化铅、过氧乙酸、双氧水、氯酸钠、硝酸铵等。

（5）毒害品。

氰化物、砒霜、硒粉、苯酚、氯、氨、异氰酸甲酯、硫酸二甲酯等高毒化学品以及灭鼠药、杀虫剂、除草剂等剧毒农药。

（6）腐蚀性物品。

硫酸、盐酸、硝酸、氢氧化钠、氢氧化钾、有液蓄电池（含氢氧化钾固体、注有酸液或碱液的）、汞（水银）等。

（7）放射性物品。

指含有放射性核素，并且其活度和比活度均高于国家规定豁免值的物品，详见《放射性物品分类和名录（试行）》。

（8）感染性物质。

包括可感染人类的高致病性病原微生物菌（毒）种和感染性样本，详见《人间传染的病原微生物名录》中危害程度分类为第一类、第二类的病原微生物。

（9）其他危害列车运行安全的物品。

其他危害列车运行安全的物品包括可能干扰列车信号的强磁化物、硫化氢及有强烈刺激性气味或者有恶臭等异味的物品、容易引起旅客恐慌情绪的物品、不能判明性质但可能具有危险性的物品。

（10）法律、行政法规、规章规定的其他禁止携带、运输的物品。

（二）禁止随身携带但可以托运的物品

部分物品禁止随身携带，但可以办理托运。

1. 锐器

菜刀、水果刀、剪刀、美工刀、雕刻刀、裁纸刀等日用刀具（刀刃长度超过 60 mm）；手术刀、刨刀、铣刀等专业刀具；刀、矛、戟等器械。

2. 钝器

棍棒、球棒、桌球杆、曲棍球杆等。

3. 工具农具

钻机、凿、锥、锯、斧头、焊枪、射钉枪、锤、冰镐、耙、铁锹、镢头、锄头、农用叉、镰刀、铡刀等。

4. 其他

反曲弓、复合弓等非机械弓箭类器材，消防灭火枪，飞镖、弹弓，不超过 50 mL 的防身喷剂等。

5. 小型活动物

持有检疫证明、装于专门容器内的小型活动物，铁路运输企业应当向旅客说明运输过程中通风、温度条件。

持工作证明的导盲犬和作为食品且经封闭箱体包装的鱼、虾、蟹、贝、软体类水产动物可以随身携带。

（三）限制随身携带的物品

1. 酒类饮品

包装密封完好、标志清晰且酒精体积百分含量大于或者等于 24%、小于或者等于 70%的酒类饮品累计不超过 3 000 mL。

2. 防晒喷雾、摩丝、发胶

冷烫精、染发剂、摩丝、发胶、杀虫剂、空气清新剂等自喷压力容器，单体容器容积不超过 150 mL，每种限带 1 件，累计不超过 600 mL。

3. 香水、花露水

香水、花露水、喷雾、凝胶等含易燃成分的非自喷压力容器日用品，单体容器容积不超过 100 mL，每种限带 1 件。

4. 充电宝、锂电池

标志清晰的充电宝、锂电池，单块额定能量不超过 100 Wh，含有锂电池的电动轮椅除外。

5. 指甲油、去光剂

指甲油、去光剂累计不超过 50 mL。

6. 火柴、打火机

安全火柴不超过 2 小盒，普通打火机不超过 2 个。

二、动车组列车旅客运输安全检查管理

铁路旅客运输安全检查是指所属铁路运输企业在客运车站、旅客列车对旅客和其他进站、乘车人员及其随身携带品、托运的行包快件进行禁止和限制物品检查的活动。

（1）旅客列车成立由列车长负责，其他乘务组成员参加的安检工作小组，加强日常安全巡视，对发现的可疑物品及时检查处置。

（2）对怀疑为危险物品，但受客观条件限制无法认定其性质的，旅客或托运人又不能提供该物品性质或可以经旅客列车运输的证明时，车站有权拒绝其进站乘车或托运，列车应终止其旅行或托运，由列车长编制客运记录，交前方停车站处理。

（3）安全检查中发现旅客携带禁止随身携带的物品或者超过规格、数量携带限制随身携带的物品时，安检人员应当向旅客告知有关规定。

（4）在列车上查获的禁限物品由列车工作人员妥善保管，并根据物品性质按站车交接程序向前方停车站或车站派出所移交。

三、动车组列车发现异常可疑物品应急处置

1. 发现汇报

列车运行中发现无人认领的行李物品，或认为有可疑迹象的行李物品时，乘务员应立即报告列车长、乘警长，列车长、乘警接报后立即赶赴现场。

2. 现场处置

赶赴现场后，由乘警组织，谨慎转移物品，进行开包检查。

3. 确认疏散

确认为易燃易爆物品危及人身安全时，列车长迅速组织疏散旅客，由乘警组织设置安全警戒线，在确认安全的前提下排除险情。

4. 请求支援

如列车无力排除并危及列车及旅客生命安全时，列车长立即通告司机并要求其向列车调度员汇报，同时列车长、乘警分别向有关领导和上级公安机关进行报告，请求派专业人员进行处理，并按照上级领导的指示，采取停车、疏散转移旅客等措施。

四、乘务人员发现危险品应急处置

1. 发现汇报

在站台发现旅客携带危险品时，乘务员应禁止旅客上车，并立即报告列车长及乘警到现场，由列车长通知车站客运值班员进行处理。

2. 现场处置

在列车上发现危险品时，乘务员应妥善看管，提醒旅客远离事发地点，并立即通知乘警、列车长进行处理，本人不得擅自处理。

（1）属发令纸、鞭炮类的危险品，乘务员应立即进行水浸处理后再通知乘警、列车长。

（2）对数量少、危险性小的危险品，由列车长保管，终到站后交车站处理；对公安机关列管的危险、违禁物品，由乘警保管，终到站后交车站派出所处理。

（3）对数量大、危险性大和不能判明性质的危险品，列车长向列车运行所在集团公司客服调度汇报。列车长要根据客服调度的指示，妥善处理。

3. 处理完毕后

列车长要会同乘警详细登记携带危险品旅客的姓名、身份证号、车票、工作单位或家庭住址及危险品名、数量，并向段指挥中心汇报。

五、动车组列车发生治安案件应急处置

（1）列车上发生旅客治安案件时，乘务人员应立即报告列车长及乘警赶到现场。

（2）到达事发现场后，要控制事态，了解情况，耐心劝解，化解矛盾。

（3）迅速开展调查取证，保护现场，劝离无关人员。

（4）列车长、乘警分别向有关领导和上级公安机关进行报告。

（5）乘警采取必要的控制措施，并向列车前方停车站所在公安部门报告，到站后由乘警将涉案人员移交给公安部门处理。

六、拒绝运输和运输合同的终止

（一）拒绝运输

对无票乘车而又拒绝补票的人，列车长可责令其下车并应编制客运记录交前方三等以上车站或县、市所在地车站处理（其到站近于上述车站时应交到站处理）。车站对列车移交或本站发现的上述人员应追补应收和加收的票款。

（二）运输合同即行终止

对下列旅客，可拒绝其上车或责令其下车；对责令其下车的，其未使用至到站的票款不予退还，运输合同即行终止。

（1）拒不支付应补票款和加收票款的；

（2）不接受安全检查的，坚持携带或者夹带禁止、限制物品的；

（3）不接受车票实名制查验的；

（4）在车内寻衅滋事、扰乱公共秩序，患有烈性传染病、严重精神障碍和醉酒等有可能危及列车安全或者其他旅客以及铁路站车工作人员人身安全的；

（5）国家规定的其他情况。

任务实施

1. 任务准备

（1）设备准备：仿真动车组列车相关设备、实训室，专业训练服（可着正装）。

（2）实训资料准备：相关应急处置预案、相关岗位作业指导书、实训任务单、相关规章、教材等。

（3）情景准备：实训前各小组查阅、收集资料，选择动车组列车发生治安案件应急处置相关情景，情景中包括高速铁路站、车客运服务相关人员、旅客若干。

（4）人员准备：实训分小组进行，每组 6 ~ 8 人，每个小组做好人员分工。

2. 实施步骤

（1）正确使用车内反恐防暴器材。

（2）车内发现危险品应急处置。

（3）动车组列车发生治安案件应急处置。

（4）组内互查，教师总结并评分、评价。

3. 任务单

训练名称	动车组列车发生治安案件应急处置训练		
班　级		姓　名	
1. 对旅客携带品进行安全检查			
2. 车内发现危险品应急处置			
3. 动车组列车发现异常可疑物品应急处置			
4. 动车组列车发生治安案件应急处置			
任务总结：			

4. 效果评价

	项目	A—优	B—良	C—中	D—及格	E—不及格	综合
小组评价	携带品检查（15%）						
	危险品处置（15%）						
	治安案件处置（20%）						
	团队合作（10%）						
教师评价	治安案件处置（20%）						
	任务单（20%）						
	教师签名						

思考题

1. 动车组车门故障时如何应急处置？
2. 动车组在客运办理站滞留期间临时开门时如何应急处置？
3. 遇站台坠落作业车辆物品时如何应急处置？
4. 发现动车组列车始发无水时如何应急处置？
5. 叙述铁路旅客禁止托运和随身携带的物品要求。

项目六　旅客病伤应急处置

项目描述

发生旅客人身伤害时，高速铁路客运工作人员应当到场查看旅客伤害情况，组织救护，稳定人员情绪，维护现场秩序。本项目主要介绍高速铁路车站、动车组列车发生旅客病伤、突发公共卫生事件的应急处置和红十字应急抢救、旅客常见急症的现场急救等的相关知识。

学习目标

1. 素质目标

通过学习旅客病伤应急处置内容及要求，把旅客当作亲人，急旅客之急，解旅客之难，切实做到安全温馨出行，让旅客的出行体验更加美好。树立爱岗敬业、吃苦耐劳的意识；具有精益求精的服务精神；具有社会责任感和社会参与意识。

2. 能力目标

能够按要求处置旅客伤病需救治情况；能够正确处置重大疫情、旅客食物中毒等异常情况。

3. 知识目标

掌握旅客伤病需救治、重大疫情、旅客食物中毒等异常情况的应急处置要求和程序。

任务一　旅客病伤应急处置

任务引入

树立“以人为本、关爱生命”的思想，切实履行铁路运输企业对突发疾病旅客实施救助的义务，保障旅客在旅行途中的健康和安全。

请思考：如何做好旅客病伤应急处置工作?

相关知识

在铁路运送期间旅客发生急病、分娩、遇险时，铁路运输企业应当尽力采取救助措施并做好记录。铁路运输企业应当对铁路运送期间发生的旅客人身损害承担赔偿责任；旅客自身健康原因造成的或者铁路运输企业证明伤亡是旅客故意、重大过失造成的，铁路运输企业不承担赔偿责任。在铁路运送期间因第三人原因造成旅客人身损害的，由第三人承担赔偿责任。

铁路运输企业有过错的，应当在能够防止或者制止损害的范围内承担相应的补充赔偿责任。铁路运输企业承担补充赔偿责任后，有权向第三人追偿。

在处置旅客人身伤害、突发疾病时，现场处理人员必须打开音视频记录仪，对处置全过程进行录音、录像。

一、发生旅客伤害应急处置

1. 现场查看

动车组列车、车站发生旅客人身伤害时，站、车工作人员开启音视频记录仪，到场查看旅客伤害情况，报告列车长、客运值班员组织救护，稳定人员情绪，维护现场秩序。

2. 移交旅客

因旅客伤害需交车站处理时，征求旅客同意后移交前方停车站（必要时可以向调度申请停车下交旅客）。需要提前报告运行所在集团公司客服调度时，由客服调度通知车站做好救护准备工作。

3. 停车处理

列车因旅客伤害严重需紧急停车处理或发生 3 人以上疑似食物中毒的，应立即报告运行所在集团公司客服调度。接到报告后，客服调度应当立即根据列车长提出的要求，通知有关车站及值班主任（列车调度员），需要停车处理的停车处理，并报告本集团公司客运部。

4. 联系救治

车站对本站发生的及列车移交的伤害旅客，应当及时联系当地医疗急救机构或送就近医院抢救。

5. 保护现场

发生旅客人身伤害、需要保护现场时，应当及时采取措施保护现场，禁止与救援、调查无关的人员进入。必要时，可请求地方政府协助。

6. 收集证据

发生旅客人身伤害后，列车长、客运值班员应当及时组织现场查验，搜集旅客所持车票席位、发到站、车次、有效身份证件等相关信息，收集不少于两份同行人或见证人的证言及查验记录、现场照片、录像等其他相关证据，形成比较完整的证据链，能够证明发生的过程和原因，初步明确性质，并妥善保管。

7. 办理移交手续

列车向车站移交伤害旅客时，车站不得拒绝接收。办理移交手续时，列车应当编制客运记录和旅客携带物品清单一式两份，一份由列车存查，一份连同车票、证明材料、相关证人或其联系方式等一并移交。客运记录应载明日期、车次，旅客姓名、性别、年龄、国籍、民族、职业、单位、有效身份证件号码、联系方式、住址，发站、到站、车厢、席位，受伤地点、受伤原因、受伤部位，处理简况，以及证据材料清单等内容。

8. 重点帮扶

列车发现精神异常旅客时，应重点关注，并按规定交到站或下车站妥善处理。列车运行途中，旅客有同行成年人的，应要求其同行成年人看护；无同行成年人时，应指派专人看护。必要时，可安排在适当位置看护。

车站发现进站乘车的旅客精神异常时，可不予其进站乘车，并为其办理退票手续。对因违法犯罪造成的旅客人身伤害应当立即向铁路公安机关报警。

9. 及时汇报

车站、列车发生旅客人身伤害时，向所在单位报告概况；但发生重伤以上旅客人身伤害时，应在第一时间向所属集团公司主管部门报告，随后向有关集团公司主管部门拍发速报，并逐级向上级主管部门和宣传部门报告。

二、动车组发现行为（精神）异常旅客乘车应急处理

（1）乘务员发现精神异常旅客乘车，应立即报告列车长、乘警（专职安全员），由乘警（专职安全员）采取必要的控制措施（可动员青壮年男性旅客协助）。列车长、乘务员要相互告知精神异常旅客所在位置，加强观察，并有策略地提醒周围旅客做好自我防范，移走周围的金属物品、玻璃制品、杆状物品等易伤害物品。

（2）有同行人的要向其交代有关安全注意事项和防控措施及方法，乘务员、乘警（专职安全员）协助看护，同时了解患者、同行人的姓名、年龄、地址、身份证号、车票、病史等情况。

（3）无同行人的突发性精神异常旅客，列车长、乘务员、乘警（专职安全员）要在第一时间赶到现场，专人负责看护（男性），妥善保管其随身携带的行李物品。对有暴力行为的精神异常旅客要立即控制暴力行为，立即向所在集团公司客服调度汇报，请求就近交站处理。

（4）如发生伤情，列车长、乘务员要及时救治受伤的旅客或精神病旅客本人，做好周围旅客的安抚工作。收集有效旁证材料，同时做好视频采集工作。受伤旅客需交站治疗时，列车长应编制客运记录交站处理；若因伤情需中途站下车处理时，由列车长请求客服调度协助组织。

（5）处理完毕后，列车长要将事件发生的时间、运行区间、车厢及座席号、处理经过及旅客受伤害程度及时向段指挥中心、所在集团公司客服调度汇报。

三、动车组车门夹旅客应急处置

（1）运行时列车乘务员应在车门口做好安全宣传，站停临开车前，提醒旅客不得将头、手及身体伸出车门外。特别要加强对带小孩旅客、站台吸烟和散步旅客的安全提示，告知旅客车站铃响及时登车，发现异常应立即通知列车长。

（2）车站发车铃响后，乘务员、专职安全员、乘服员和列车长应对旅客乘降情况进行确认，每名乘务员负责确认所值守车厢旅客乘降情况。确认乘降完毕后，通过对讲机向本组列

车长报告。在确认本组车旅客上下车完毕后，后组列车长通过无线对讲机或无线列调对讲机，向前组列车长汇报“××次后组旅客乘降完毕”；前组列车长确认全列旅客上下完毕后，通过无线对讲机或无线列调对讲机通知司机关闭车门。

（3）发现车门夹旅客后，乘务员应立即通知列车长，列车长通过无线对讲机立即通知司机“××车门旅客被夹”，司机自动释放车门或按司机要求由客运乘务员手动开门操作开启指定车门。列车长立即会同乘警（专职安全员）、随车机械师赶到现场处置。若列车已经启动，须立即报告司机紧急停车，停车后经司机允许，客运乘务员方可手动开门。车门释放被夹旅客后，客运乘务员手动关闭车门。列车长要求机械师一同检查确认车门正常关闭完成后，列车长方可通知司机“××次司机，×号车门已关闭。”

（4）被夹旅客若受伤，应在本站移交，移交后应迅速组织开车（客运记录及相关材料可后补）。若旅客伤势不重，按照旅客意愿，列车可允许旅客旅行，但需编制客运记录交由旅客签字。列车开车后，班组要广播寻医（车上无医生时由列车红十字救护员）进行处置，若需下车治疗，列车应编制记录交前方停车站处理，若伤势恶化，列车长应向所在集团公司客服调度汇报就近安排下车医治。

（5）出现车门夹旅客事件，列车长收集旅客旁证材料及事件现场有关证据材料，同时向段指挥中心、所在集团公司客服调度报告详细情况。

四、部分突发情况时对讲机规范用语

1. 有突发状况不能在指定位置交接，列车进站前

列车长：“×站值班员有吗？”

车站站台值班员：“有，请讲。”

列车长：“G×××次3号车一位旅客行动不便，请您到3车运行方向前侧车门办理交接。”

车站站台值班员：“×站台值班员明白，3车运行方向前侧车门办理交接。”

2. 临时更换站台

司机：“G×××次列车长，接调度命令，×××站临时更换股道，G×××次进××站台。”

列车长：“G×××次列车长明白。”

列车长：“G×××次各车厢乘务员，×××站临时进××站台，请做好准备。”

乘务员：“×车收到。”

3. 设备故障

乘务员：“G×××次列车长，10号车厢电茶炉故障。”

列车长：“收到。”

（列车长电台通知机械师10号车厢电茶炉故障）

机械师：“收到，立刻查看。”

4. 发现危及旅客人身安全或行车安全等非正常情况

站车客运人员：“G×××次司机，有××紧急情况，立即停车。××站客运值班员（客运员）/G×××次列车长（员）报告。”

司机："G×××次司机明白。"

站车客运人员："G×××次司机，紧急情况处理完毕，××站客运值班员（客运员）/G×××次列车长。"

司机："G×××司机明白。"

【案例 6-1-1】编制移交突发急病旅客客运记录。

1月1日，旅客持 G267 次天津西至济南西车票乘车，携带黑色挎包一个，天津西站开车后，旅客突发急病，列车广播寻找医生，在车内进行紧急救治，因列车条件有限，需下车治疗，列车长编制如下的客运记录交前方停车站德州东站治疗。

客 运 记 录第 13 号

记录事由：旅客突发急病

德州东站：

××年1月1日，天津西至上海虹桥 G267 次列车，旅客××持天津西站至济南西站车票（身份证号：1101××××1234，车票票号 A×××），天津西至德州东区间，旅客在车内突发急病，列车已进行简单救助，由于车内治疗条件有限，医护人员建议下车治疗。现移交贵站，请按章办理。

附：旅客旁证材料贰份，医护人员救治证明壹份。

旅客携带品：黑色挎包壹个。

编制人员：G267 次列车长（印）

注：

1、站、车需要编记录时均适用。参加人签字：（印）

2、本记录不能作为乘车凭证。

××年 1 月 1 日编制

【案例 6-1-2】编制移交旅客意外伤害客运记录。

1月1日，旅客持 G71 次北京西至石家庄车票乘车，北京西至石家庄区间，旅客接打开水时不慎烫伤，列车进行简单处理，交前方站石家庄站处理。

客 运 记 录 第 15 号

记录事由：旅客意外伤害

石家庄站：

××年1月1日 G71 次列车，旅客××，性别男，年龄 28，持北京西站至石家庄站 6 车 2A 席位车票（旅客身份证号：1101××××1234，车票票号 A×××），北京西站至石家庄站区间，该旅客接打开水时，不慎将自己左手臂烫伤红肿起泡。列车已在车内寻找医生，进行简单救治，现编制客运记录交贵站，请按章办理。

附：旅客旁证材料贰份，医护人员救治证明壹份

编制人员：G71 次列车长（印）

注：
1、站、车需要编记录时均适用。参加人签字：（印）
2、本记录不能作为乘车凭证。

××年 1 月 1 日编制

【案例 6-1-3】动车组列车旅客突发急病应急处置模拟演练

1. 立即报告

×月×日，G××次列车运行在××站至××站间，3 车旅客找到 3～4 乘务员，说腰部疼痛难忍。

3-4 车乘务员："列车长，3 车有名旅客腰部疼痛难忍。"

列车长："收到，G××乘警，3 车有名旅客突发急病，腰部疼痛难忍，随我一同到达现场。"

乘警："收到。"

2. 调查取证

列车长对讲机通知乘务员："5～6 车乘务员立即将红十字救护药箱拿到 3 车，3～4 车乘务员广播寻找医务工作者。"

3～4 车乘务员广播："女士们、先生们，本次列车有人患病，请医务工作者到 3 号车厢与列车工作人员联系，我代表患病旅客，向您表示感谢。"

列车长掌握急病旅客基本情况，进行录像取证。

医务工作者与列车红十字救护员共同对旅客实施救治。

列车长："3～4 车乘务员，维护好车厢秩序，确保救治现场空气畅通。"

乘务员："明白。"

经医务工作者与红十字救护员救治，旅客病情未好转。

3. 妥善处理

列车长询问旅客是否需要前方停车站"120"救护车救治，旅客同意。

列车长通知××站："G××次 3 车一名旅客突发急病，腰部疼痛难忍，需要派'120'救护车进行救治，旅客无同行人，请在 3～4 连接处 3 车车门办理交接。"

××站："收到。"

列车长向客服调度、段指挥中心报告："我是 G××次列车长，3 车一名旅客突发急病，腰部疼痛难忍，经医务工作者与红十字救护员救治，旅客病情未好转，已通知××站派'120'救护车进行救治，旅客无同行人。"

客服调度（段指挥中心）："办理好交接工作，随时观察旅客病情。"

列车长："收到。"

列车到达××站后与车站值班员在客运记录上确认签字。

4. 反馈信息

列车长办理完交接开车后，列车长向客服调度、段指挥中心报告："我是 G××次列车长，3 车一名突发急病旅客，与××站办理交接后，'120'救护车接走进行救治，列车正点开车，列车秩序良好。"

对旅客了解后续病情后，向段指挥中心报告。

【案例 6-1-4】动车组发生旅客衣服被车门夹住时的应急处置模拟演练

1. 判明情况

××年××月××日，G××次列车运行××高铁站，列车组织旅客乘降完毕，列车长通知司机关闭车门，列车即将启动，3～4 车乘务员巡视到分管 3 车车门处发现一名女性旅客穿着的连衣裙角裙摆不慎被车门夹住，无法取出。

2. 紧急呼叫

3～4 车乘务员立即使用对讲机通知列车长："报告车长，3 号车厢一位车门处一名女性旅客连衣裙裙摆被车门夹住无法取出，危及旅客及行车安全，请立即到场处理"。报告完毕后立即对该名旅客进行安抚。

列车长："收到，注意安抚旅客情绪。"

列车长立即使用对讲机呼叫司机（使用全路统一的站车专用无线通信频率）："G××次司机，我是本次列车车长，3 号车厢一位车门关闭时将一名旅客连衣裙裙摆夹住，无法取出，请求立即停车。"

司机："G××次司机明白。"

列车长使用对讲机呼叫随车机械师："G××次随车机械师，我是本次列车车长，3 号车厢一位车门关闭时将一名旅客连衣裙裙摆夹住，已联系司机停车开车取出，请到现场确认车门状态。"

列车长使用对讲机通知乘务人员："各车乘务人员，列车因故临时停车处置，请坚守岗位，注意安全，加强巡视，严禁旅客上下。"

各车乘务人员："××车收到。"

3. 应急处置

列车车门激活后，3～4 车乘务员立即按绿色开门按钮打开车门，将旅客衣服取出，取出后按红色关门按钮关闭车门，与机械师共同确认车门正常关闭。

2 车乘务员："报告车长，旅客衣服已取出，机械师已确认车门正常关闭。"

列车长："收到。"

站台停车未能按规定时间启动时，列车长需使用列车广播向旅客进行临时停车通告："女士们、先生们，列车现在是临时停车，请乘务员加强巡视，注意安全。"

4. 重新开车

列车长使用对讲机通知司机："G××次司机，3 车车门旅客衣服已取出，车门正常关闭，具备发车条件。"

司机："G××次司机明白。"

开车后，向客服调度报告。

列车长："客调，我是 G××次列车长××，××点××分列车在××站乘降完毕关门后列车启动前，发现 3 号车厢一位车门关闭时将一名女性旅客连衣裙裙摆夹住，无法取出。立即通知司机停车开启车门，将旅客衣服取出。列车于××点××分启动，晚点开车××分。目前旅客情绪稳定，车内秩序正常。”

汇报完毕，列车长进入车厢巡视。

任务实施

1. 任务准备

（1）设备准备：仿真车站、动车组列车客运设备、实训室，专业训练服（可着正装）。

（2）实训资料准备：发生旅客病伤应急处置预案、实训任务单、客运记录、相关规章、教材等。

（3）情景准备：实训前各小组查阅、收集资料，选择发生旅客病伤应急处置情景，情景中包括高速铁路站、车客运工作相关人员、旅客。

（4）人员准备：实训分小组进行，每组 6~8 人，每个小组做好人员分工。

2. 实施步骤

（1）办理病伤旅客站车交接。

（2）动车组列车发生旅客病伤应急处置。

（3）发现行为（精神）异常旅客乘车应急处置。

（4）组内互查，教师总结并评分、评价。

3. 任务单

训练名称	发生旅客病伤应急处置训练		
班　级		姓　名	
1. 正确编制旅客病伤客运记录			
2. 车站、动车组列车发生旅客人身伤害时应急处置			
3. 发现行为（精神）异常旅客乘车应急处置			
4. 与车站办理病伤旅客交接			
任务总结：			

4. 效果评价

	项目	A—优	B—良	C—中	D—及格	E—不及格	综合
小组评价	客运记录（15%）						
	病伤处置（15%）						
	交接处置（20%）						
	团队合作（10%）						
教师评价	旅客病伤处置（20%）						
	任务单（20%）						
	教师签名						

任务二　突发公共卫生事件应急处置

任务引入

突发公共卫生事件是指突然造成社会公众健康严重损害的重大传染病疫情、群体性不明原因疾病、重大食物中毒以及其他影响公众健康的事件。高速铁路客运服务人员应树立“以人为本、关爱生命”的思想，掌握发生食物中毒及重大传染病疫情事件时的岗位要求。

请思考：如何做好突发公共卫生事件的应急处置工作?

相关知识

一、铁路红十字药箱概述

（一）铁路红十字药箱定义

铁路红十字药箱是在旅客列车、客运车站及沿线小站、工区旅客或铁路职工突发疾病或意外伤害时，用于应急救助便于携带装有非处方药品与器械的药箱。以下简称药箱。

（二）配备原则

铁路红十字药箱内的药品配置应该是国家基本药物范围内的常用、安全、方便、有效的非处方药品、消毒剂以及临床常用的诊疗用具。

非处方药品应包括治疗突发性心血管疾病、高热、咳喘、腹泻、眩晕、过敏、疼痛、外伤出血的药品。

（三）配备标准

根据配置情况，将药箱分为甲、乙、丙三类。

1. 甲类药箱配备药品及器械种类

（1）药品类。

① 口服药。

感冒、退热、止咳化痰类：氢咖黄敏胶囊 5 盒、小儿氨酚黄那敏颗粒 1 盒、美酚伪麻片 1 盒、羧甲司坦片 1 盒；

心血管类：速效救心丸 1 瓶；

平喘类：二羟丙茶碱片 1 盒；

止泻类：盐酸小檗碱片 1 瓶、口服补液盐 1 袋；

抗过敏类：盐酸异丙嗪片 1 盒；

抗眩晕类：氢溴酸东莨菪碱片 1 盒；

其他：云南白药 1 盒、藿香正气丸 1 盒。

② 外用药。

退热：小儿退热贴 1 盒、小儿布洛芬栓 1 盒；

外伤类：湿润烧伤膏 1 支、碘伏 1 瓶、苯扎氯铵贴 1 盒；

其他：清凉油 1 盒、松节油搽剂 1 瓶。

（2）器械类。

表式袖带血压计 1 台、听诊器 1 个、体温计 2 支、袖珍手电筒 1 个、大剪刀 1 把、16 cm 弯头和直头止血钳各 1 把、12 cm 直镊子 1 把、消毒棉（签、球）、医用胶带 1 卷、三角巾 4 个、无菌纱布 1 包、无菌绷带 1 轴、弹力绷带 1 卷、橡胶止血带 3 根、保护带 2 条、无菌手套 3 副、呼吸面膜 2 片、一次性压舌板 4 片、一次性产包 1 个、一次性连体防护服 3 件、一次性口罩 6 个。

（3）消毒剂。

含氯消毒片剂或粉剂 1 瓶/包，用于环境及物品消毒，单独放置。

2. 乙类药箱配备药品及器械种类

乙类药箱配备参照甲类药箱，器械类不配置保护带、一次性产包，其他数量相比甲类可酌情减少。

3. 丙类药箱配备药品及器械种类

（1）药品类。

① 口服药。

感冒、退热、止咳化痰类：氨咖黄敏胶囊 5 盒、美酚伪麻片 2 盒、羧甲司坦片 2 盒、复方甘草片 1 瓶；

心血管类：速效救心丸 1 瓶；

平喘类：二羟丙茶碱片 1 盒；

胃肠道类：多潘立酮片 1 盒、盐酸小檗碱片 1 瓶、口服补液盐 2 袋、氢氧化铝复方制剂 1 袋；

抗过敏类：盐酸异丙嗪片 1 盒；

抗眩晕类：氢溴酸东莨菪碱片 1 盒；

其他：云南白药 1 盒、蛇药片 1 盒、藿香正气丸 1 盒。

② 外用药。

外伤类：湿润烧伤膏 1 支、碘伏 1 瓶、苯扎氯铵贴 1 盒；

其他：氯霉素滴眼液 3 支、驱风油 1 瓶、复方丁香罗勒油（红花油）1 瓶、松节油搽剂 1 瓶、伤湿止痛膏 1 盒。

（2）器械类。

血压计 1 台、听诊器 1 个、体温计 2 支、袖珍手电筒 1 个、大剪刀 1 把、16 cm 弯头止血钳 1 把、消毒棉（签、球）、医用胶带 1 卷、三角巾 2 个、无菌纱布 1 包、无菌绷带 1 轴、弹力绷带 1 卷、橡胶止血带 2 根、无菌手套 2 副。

（3）消毒剂。

含氯消毒片剂或粉剂 1 瓶/包，用于环境及物品消毒，单独放置。

（四）使用原则

1. 药箱配置

甲类药箱配置：单程全程运行时间超过 4 h、运行区间超过 1 h 或总运行距离超过 1 000 km 的旅客列车。

乙类药箱配置：客运车站或达不到上述条件的旅客列车。

丙类药箱配置：沿线小站、工区。

各铁路局集团公司根据本局旅客列车使用药械的情况可适当增加药品及器械的配置数量。

2. 使用规定

（1）旅客列车。

在旅客列车上遇到旅客患病时，通过列车广播向旅客中的医务工作者求助，列车红十字救护员立即携带药箱到达现场，并对伤病员及时实施初步救护。红十字救护员在实行紧急救护时应将有关情况告知患者及同行旅客。箱内药品与器械限于在旅客列车运行中，车上人员突发疾病或创伤时简易救治。红十字救护员用药械后应当客观、翔实地填写药械使用登记表，登记表应包含日期、药品名称、数量、发放人签名和使用人签名。

（2）客运车站。

在车站遇到旅客患急重症需要紧急抢救时，应旅客要求或本人已神志不清时立即联系“120”急救中心。在“120”救护车到来之前，车站红十字救护员立即携带药箱到达现场，并及时对伤病员实施初步救护，同时通过车站广播向旅客中的医务工作者求助。红十字救护员在实行紧急救护时应将有关情况告知患者及同行旅客。箱内药品与器械限于在旅客候车期间突发疾病或创伤时简易救治使用。红十字救护员用药械后应当客观、翔实地填写药械使用登记表。

（3）沿线小站、工区。

箱内药品与器械限于职工工作期间突发疾病或创伤时简易救治使用。使用药械后应当客观、翔实地填写药械使用登记表。

（4）药械补充。

各管理单位每月补充药械时，应携带上月的药械使用登记表及药械补充申领表。列车红十字药箱内的药械每次使用消耗后，应在返乘时及时向客运段申领补充，确保在出乘时药械齐全。其他单位红十字药箱内的药械每月补充一次，如有特殊情况药械用完可随时申请补充。

（五）铁路红十字药箱管理

1. 放置地点与标识

旅客列车红十字药箱放置于列车医疗点，客运车站红十字药箱放置于候车室，工区放置于方便使用的地方。放置红十字药箱的位置应设置紧急救护标识，明示紧急救护设施。紧急救护标识和药箱外标识统一使用红十字标识（见图 6-2-1）。

图 6-2-1　红十字标识

2. 使用证和清单目录

每个药箱内应有使用证（见图 6-2-2）和清单目录，使用证应有发证机构盖章，清单目录包括药品品名数量及有效期。

铁路红十字药箱使用证

单位名称：

使用地址：

适用范围：旅客或铁路职工突发急病或创伤时，简易救治免费使用。

发证机关：　　　　　　（盖章）

图 6-2-2　铁路红十字药箱使用证

3. 管理人员

药箱由经过初级及以上红十字救护培训并取得合格证的红十字救护员专人负责管理，并及时检查药品的完整性和有效期。上级管理部门适时对药箱的使用情况进行检查与指导。

4. 药品回收

使用单位不得随意丢弃过期药品，应做好登记，交回给配备部门，由配备部门交回医药部门集中销毁，以防流入非法渠道。

二、车站发生旅客食物中毒时的应急处置

（一）发现报告

1. 报告内容

车站发生旅客疑似食物中毒事件，应立即在 2 h 内以电话、传真等方式向铁路食品安全监督管理机构、车站上级主管部门、集团公司客服调度和铁路办事处报告。报告内容包括发生食品安全事故的单位、地址、时间、中毒人数、主要症状、可疑食物等。

2. 联系救治

车站工作人员采取联系“120”医疗救护中心或“999”急救中心（或将中毒患者送往附近医院进行救治），迅速组织应急救治工作。

（二）现场处置

1. 登记信息

车站应对有关人员进行登记，封锁现场，安抚旅客情绪，了解患者个人信息、发病经过和饮食饮水情况，做好询问记录。

2. 封锁现场

封存导致或可能导致食品安全事故的食品及其原料、工具及用具、设施设备以及中毒人员的呕吐物、排泄物等。

3. 停售食品

如不能排除中毒事件是车站商铺售卖食品所致，要立即通知相关商铺停止食品经营活动，通知旅客停止继续食用在车站商铺购买的食品。

4. 专业调查

铁路食品安全监督管理机构派专业人员开展现场调查和处置工作。相关铁路卫生监督所、铁路疾控所立即组成应急处置小分队，按照职责分工开展监督检查、流行病学调查、标本采集、场所消毒等应急处置工作。

5. 积极配合

车站工作人员应积极配合监督、医疗和疾控机构的现场工作，必要时由车站工作人员陪同中毒者就医。

6. 维护秩序

车站公安人员应维护好车内秩序，确保区域封锁、旅客隔离、移交等工作正常开展，对处置过程中拒不配合的人员采取必要措施。

（三）后续处置

1. 食品处理

应急处置小分队调查完毕后，对食品经营场所进行消毒处理。经检验后，对于被污染的

食品，予以销毁或监督销毁；对于未被污染的食品，予以解封。

2. 调查分析

集团公司卫生主管部门填写《食物中毒事故个案调查登记表》和《食物中毒事故调查报告表》等相关记录，及时撰写分析报告，提出处理意见，确定责任单位。根据现场情况，集团公司卫生主管部门及时协调其他集团公司卫生主管部门，协助开展调查、分析等工作。

三、动车组列车发生旅客食物中毒时的应急处置

（一）发现报告

1. 报告内容

列车发生旅客疑似食物中毒事件，列车长应立即向客服调度员报告，并通知司机和乘警，司机向列车调度员报告，客服调度员立即向值班主任报告，值班主任通知铁路食品安全监督管理机构，内容包括发生食品安全事件的单位（车次）、列车运行区段、时间、中毒人数、危重患者人数、主要症状、可疑食物、患者车厢等。

2. 逐级汇报

列车长及时向车队汇报，车队在 2 h 内以电话、传真等方式向属地铁路食品安全监督管理机构报告，同时向客运段指挥中心汇报，客运段向列车运行所在铁路食品安全监督管理机构、属地集团公司客服调度、应急指挥中心报告。集团公司调度所、客运部根据事件进展情况，协调列车停靠车站等工作。

（二）现场处置

1. 现场救治

列车长应通过广播寻找医护人员进行救治，根据红十字药箱内的非处方药品医嘱使用说明进行对症治疗，对中毒旅客立即采用催吐、导泄等方法进行紧急抢救，控制病情发展。红十字药箱、器械要保证作用良好、正常使用。

2. 登记信息

列车工作人员应对有关人员进行登记，安抚旅客情绪，了解患者个人信息、发病经过和饮食饮水情况，做好询问记录。

3. 停售食品

如不能排除中毒是列车供应食品所致，要立即停止列车食品供应，追回已售出的可疑食品，通知旅客停止继续食用。

4. 封锁现场

封存导致或可能导致食品安全事故的食品及其原料、工具及用具、设施设备以及中毒人员的呕吐物、排泄物等，由铁路食品安全监督管理机构派专业人员开展现场调查和处置。

5. 站车移交

根据患者病情及患者需求，列车长决定是否在前方车站移交患者。需停站处置时，列车调度员根据客运部确定的建议方案安排列车在具备医疗抢救救助条件的最近前方车站（具备“120”医疗急救条件的车站）停车，并命令前方停车站做好抢救准备，需跨局时通知前方铁路局集团公司列车调度。

列车长在指定停车站将中毒旅客及相关资料移交车站和铁路卫生防疫部门。

6. 专业调查

集团公司卫生主管部门在接到突发事件信息报告后，立即组织集团公司属地铁路卫生监督所、疾病预防控制所组成应急处置小分队（必要时协调其他集团公司铁路卫生防疫部门支援），并在集团公司应急指挥中心指挥下，于最短时间内在指定地点添乘上车，上车后按照职责分工迅速开展监督检查、流行病学调查、标本采集、场所消毒等应急处置工作。

7. 积极配合

列车工作人员应积极配合监督、医疗和疾控机构现场工作，必要时由列车工作人员陪同就医。

8. 维护秩序

列车乘警应维护好车内秩序，确保区域封锁、旅客隔离、站车移交等工作的正常开展，对处置过程中拒不配合的人员，采取必要措施。

（三）后续处置

1. 食品处理

专业应急处置小分队调查完毕后，对食品经营场所进行消毒处理。经检验后，对于被污染的食品，予以销毁或监督销毁；对于未被污染的食品，予以解封。

2. 调查分析

集团公司卫生主管部门填写《食物中毒事故个案调查登记表》和《食物中毒事故调查报告表》等相关记录，及时撰写分析报告，提出处理意见，确定责任单位。根据现场情况，集团公司卫生主管部门及时协调其他集团公司卫生主管部门，协助开展调查、分析等工作。

四、动车组列车发生重大疫情时的应急处置

（1）动车组列车上发现甲类等重大疫情的病例或接到有疑似病例的通知时，列车长应立即向司机、集团公司客服调度、前方车站、段指挥中心、车队报告（报告内容包括：日期、车次、时间、运行地点以及患者主要症状、所在车厢号、旅客到站和密切接触人员简况等）。段指挥中心在 2 h 内以电话、传真等方式向所属铁路卫生监督所报告、集团公司调度所、集团公司客运部报告。集团公司调度所根据事件进展情况，协调列车停靠车站等工作。

（2）列车调度员根据国铁集团或集团公司有关部门确定的处置方案，安排动车组在指定车站停车。列车长接到司机在指定站停车的通知后，做好卫生防疫人员上车和疑似病例交给

车站处理等相关准备工作，相关车站及卫生防疫部门做好接车紧急处置准备。

（3）集团公司卫生主管部门及属地铁路疾病预防控制所接到报告后，根据国铁集团或集团公司有关部门确定的处置方案，立即通过电话或委派专业人员尽快赶到现场，指导协调应急处置工作。同时通知前方车站联系地方卫生防疫和医疗部门支援。停车后，交由到达车站的地方卫生防疫部门按照规定处理。

（4）列车长应将病人或疑似病人隔离，并让其佩戴口罩；组织控制病人所在车厢旅客的流动，必要时封锁该车厢端门；组织对密切接触者进行登记，内容包括：姓名、性别、年龄、身份证号码、联系方式等；封锁已经污染或可能污染的区域，同时做好病人或疑似病人和密切接触者下交准备，原则上密切接触者到目的站下交。

（5）列车长在指定车站将传染病人、疑似病人、密切接触者和其他需要跟踪观察的旅客及相关资料移交车站和卫生防疫部门。

（6）列车乘警应维护好车内秩序，确保区域封锁、旅客隔离、站车移交等工作的正常开展，对处置过程中不配合或扰乱秩序的疑似患传染病旅客和密切接触者，采取必要措施。

（7）列车长根据病种情况，采取列车通风等措施进行处理；对病人污染的车厢、隔离场所和可能被污染的区域进行消毒。列车到达目的地后，由属地铁路疾病预防控制所组织力量对列车车底进行终末消毒。铁路卫生防疫部门确认处置完毕后，方可解除区域封锁。

（8）列车工作人员应积极配合铁路疾病预防控制所和地方卫生防疫及医疗单位的工作。

（9）对密切接触病人的乘务人员和相关旅客，由地方疾病预防控制部门负责下达医学观察通知，一旦发现有疑似症状，立即到医院隔离治疗。

【案例 6-2-1】编制旅客疑似食物中毒客运记录

××年 1 月 1 日，北京南至上海虹桥 G119 次列车，天津南站开车后，7 车 1A 旅客在车内吃完自带早餐后不停呕吐，出现疑似食物中毒症状，列车长在车内寻找医生，积极对旅客进行救助，但车内条件有限，旅客未见好转，列车长编制客运记录连同食物残留及旅客呕吐物、旅客旁证一并交前方停车站济南西站处理。

客 运 记 录 第 16 号

记录事由：疑似食物中毒

济南西站：

××年 1 月 1 日，北京南至上海虹桥的 G119 次列车，天津南站开车后，列车发现 7 车 1A 座席旅客××（性别男，年龄 33，身份证号：1101××××1234，车票票号 A×××）不停呕吐，经列车全力医治，未见好转，现移交贵站，请按章办理。附：封存呕吐物样品壹份，旅客自带早餐残留物壹份，旅客旁证材料贰份

编制人员：G119 次列车长（印）

注：

1、站、车需要编记录时均适用。参加人签字：（印）

2、本记录不能作为乘车凭证。

××年 1 月 1 日编制

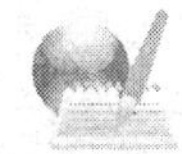

任务实施

1. 任务准备

（1）设备准备：铁路红十字药箱、仿真高速铁路车站和动车组列车客运设备、口罩手套面罩等防疫备品、实训室，专业训练服（可着正装）。

（2）实训资料准备：相关应急处置预案、实训任务单、相关规章、教材等。

（3）情景准备：实训前各小组查阅、收集资料，选择动车组列车突发公共卫生事件应急处置相关情景，情景中包括高速铁路客运服务相关人员、旅客若干。

（4）人员准备：实训分小组进行，每组 6～8 人，每个小组做好人员分工。

2. 实施步骤

（1）铁路红十字药箱认知。

（2）动车组列车发生旅客食物中毒应急处置。

（3）动车组列车发生重大疫情应急处置。

（4）组内互查，教师总结并评分、评价。

3. 任务单

<table>
<tr><td>训练名称</td><td colspan="3">突发公共卫生事件应急处置训练</td></tr>
<tr><td>班　级</td><td></td><td>姓　名</td><td></td></tr>
<tr><td colspan="4">1. 正确使用铁路红十字药箱</td></tr>
<tr><td colspan="4">2. 车站发生旅客食物中毒应急处置</td></tr>
<tr><td colspan="4">3. 动车组列车发生旅客食物中毒应急处置</td></tr>
<tr><td colspan="4">4. 动车组列车发生重大疫情应急处置</td></tr>
<tr><td colspan="4">任务总结：</td></tr>
</table>

4. 效果评价

	项目	A—优	B—良	C—中	D—及格	E—不及格	综合
小组评价	食物中毒处置（15%）						
	疫情处置（15%）						
	隔离处置（20%）						
	团队合作（10%）						
教师评价	公共卫生事件处置（20%）						
	任务单（20%）						
	教师签名						

任务三　红十字应急救护

任务引入

应急救护对挽救患者的生命，防止伤病恶化和促进患者恢复有重要的意义。高速铁路客运服务人员应在保证自身安全的前提下，采取各种有效的救护措施，在专业人员到达前，为患者提供初步、及时、有效的救护措施。

请思考：如何做好应急救护工作？

相关知识

一、心肺复苏（CPR）

心肺复苏简称为 CPR，是针对呼吸心跳停止的急危重症病人所采取的抢救措施，即用胸外按压形成暂时的人工循环并恢复自主循环，用人工呼吸代替自主呼吸，最终达到重新恢复自主循环的急救技术。

对呼吸心脏骤停的患者实施心肺复苏的具体步骤概括如下。

（一）判断意识

先在患者耳边大声呼唤："喂！您怎么啦？"再轻拍患者的肩部（婴儿拍击足跟）。如患者对呼唤、轻拍无反应，婴儿不能哭泣，可判断其无意识。

（二）立即呼救

当判断患者无反应、无意识及无呼吸时，应在原地高声呼救："快来人！有人晕倒了！我是救护员，请这位先生（女士）快帮忙拨打急救电话！有会救护的请和我一起来救护。"

（三）救护体位

对于呼吸心脏骤停的患者应将其置于仰卧位（心肺复苏体位），放在坚硬的平面上，救护员需要在检查后，进行心肺复苏。若患者没有意识但有呼吸和循环，对患者应采用侧卧体位（复原卧位），有利于分泌物从口中流出。

注意不要随意移动患者，有颈部外伤者需翻身时，为防止颈髓损伤，另一人应保持患者头颈部与身体在同一轴线整体翻转，做好头颈部的固定。

1. 救护员体位

救护员位于被复苏者一侧（宜于右侧），将两腿自然分开与肩同宽跪贴于（或立于）患者的肩、胸部，以有利于实施操作。

2. 心肺复苏体位

将被复苏者的双上肢向头部方向伸直，将被复苏者远离救护员一侧的小腿放在另一侧腿上，两腿交叉，救护员一只手托住被复苏者的后头颈部，另一只手插入远离被复苏者一侧的腋下或胯部将被复苏者整体翻转朝向救护员侧，被复苏者翻为仰卧位后，再将被复苏者上肢置于身体两侧。心肺复苏术流程如图 6-3-1 所示。

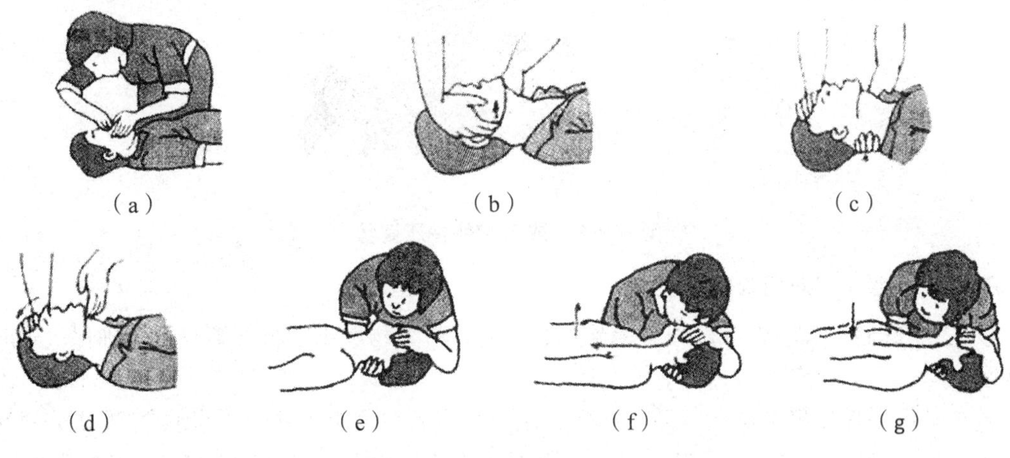

图 6-3-1　心肺复苏术流程

（四）徒手心肺复苏

1. 胸外心脏按压

（1）在对胸部按压时，位于胸骨与脊柱之间的心脏被挤压，并推动血液向前流动。而当胸部按压解除时，心室恢复舒张状态，产生吸引作用，使血液回流，充盈心脏。在心肺复苏时，正确的胸外心脏按压能产生 60 ~ 80 mmHg 的动脉收缩压，从而使血液在血管内流动。

（2）按压位置为胸部正中乳头连线水平（胸骨下 1/2 处）。难以准确判断乳头位置时（如体型肥胖、乳头下垂等），可采用滑行法（见图 6-3-2）。

（3）救护员双手十指相扣，一手掌紧贴患者胸壁，另一手掌重叠放在此手背上，手掌根部长轴与胸骨长轴确保一致，有力压在胸骨上。

（4）救护员的上半身前倾，腕、肘、肩关节伸直，以髋关节为轴，垂直向下用力，借助上半身的体重和肩臂部肌肉的力量进行垂直按压，按压深度 5 ~ 6 cm，每次按压后，放松使胸廓恢复到按压前位置，放松后时双手不要离开胸壁，连续按压 30 次（见图 6-3-3）。按压频率为每分钟 100 ~ 120 次，按压与放松间隔的时间之比为 1∶1。

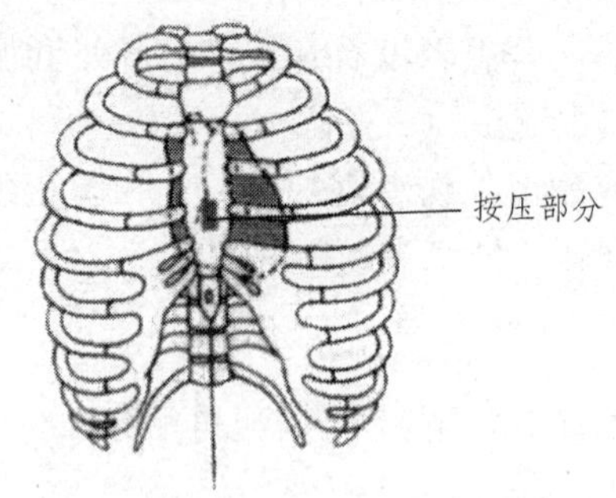

图 6-3-2　胸外按压位置

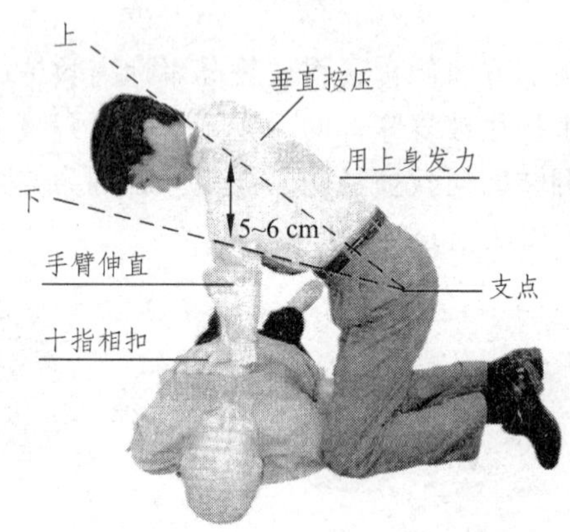

图 6-3-3　成人胸外按压姿势

2. 人工呼吸（口对口吹气）

按压 30 次后，观察患者口中有无异物，如有，将异物取出。将气道打开，确保气道开放通畅。

救护员用手捏住患者鼻孔，防止漏气，用口把患者口完全罩住，缓慢吹气 2 次，每次吹气应持续 1 s，确保通气时可见胸廓起伏。吹气不可过快或过度用力，推荐约 500 ~ 600 ml 潮气量。

以 30∶2 的按压/通气比例进行 5 组 CPR，再重新评价。

3. 复原体位

如患者自主呼吸、心搏未恢复，继续 CPR。如患者自主呼吸及心搏已恢复，应将其翻转为复原体位，随时观察生命体征。

（五）儿童心肺复苏

判断患者有无意识、呼吸。如无意识，无呼吸或异常呼吸，先行 2 min 的 CPR。再呼救，继续 CPR。

1. 开放气道

观察口腔，如有异物进行清除。采用仰头举颏法打开气道，下颌角与耳垂连线和平卧面成约 60°角。

2. 人工呼吸

采用口对口吹气 2 次，吹气频率 12 ~ 20 次/min，每次吹气时间约 1 s，可见胸廓起伏。

3. 胸外心脏按压

按压部位胸骨下 1/2 处，采用单掌或双掌按压，按压频率 100～120 次/min。按压幅度至少为胸廓前后径的 1/3，每次按压后胸廓复位。按压通气比 30∶2。每进行 5 组 CPR 便评估一次效果。

（六）婴儿心肺复苏

先用手拍打婴儿足底，判断有无意识，然后判断有无呼吸。如无意识、无呼吸或异常呼吸，先行 2 min 的 CPR，按压/通气为 30∶2，每次按压后胸廓充分复位。每进行 5 组 CPR 便评估一次效果。再呼救，继续 CPR。

1. 开放气道

观察口腔，如有异物，进行清除。采用仰头举颏法打开气道，下颌角与耳垂连线与平卧面成约 30°角。

2. 人工呼吸

采用口对口鼻人工呼吸，吹气频率 12～20 次/min，每次吹气时间约 1 s，可见胸廓起伏。

3. 胸外心脏按压

按压部位紧贴胸部正中乳头连线下方水平，采用双指按压法，按压频率 100～120 次/min，按压幅度至少为胸廓前后径的 1/3，每次按压后胸廓复位。婴儿胸外按压如图 6-3-4 所示。

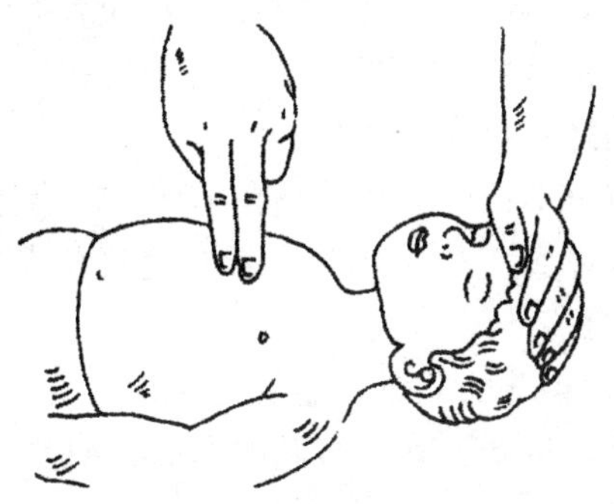

图 6-3-4　婴儿胸外按压示意

针对成人、儿童、婴儿的心肺复苏比较见表 6-3-1。

表 6-3-1　成人、儿童、婴儿心肺复苏比较表

项目		成人	儿童（1～12 岁）	婴儿（1 岁以内）
判断意识		呼喊、轻拍双肩	呼喊、轻拍双肩	拍击足底
开放气道		头部后仰呈 90°角	头部后仰呈 60°角	头部后仰呈 30°角
吹气	方式	口对口、口对鼻		口对口鼻
	量	胸廓略隆起		
	频率	10～12 次/min	12～20 次/min	12～20 次/min
检查脉搏		颈动脉		肱动脉

续表

项目		成人	儿童（1~12岁）	婴儿（1岁以内）
胸外按压	部位	胸部正中乳头连线水平（胸骨下1/2处）		胸部正中紧贴乳头连线下方水平
	方式	双手掌根重叠	单手或双手掌根重叠	中指、无名指（两手指）或双手环抱双拇指按压
	深度	5~6 cm	至少为胸廓前后径的1/3	
	频率	至少100次/min，但不多于120次/min		
挤压与吹气比例		30：2		

（七）自动体外除颤器（AED）使用

常见的心搏骤停原因是心室颤动（室颤，VF）和无脉性室速（VF），早期电除颤对心搏骤停患者的救治至关重要。

为保障旅客生命安全，持续提升铁路服务质量，完善铁路车站急救设备配置，健全突发事件应急救治机制，部分集团公司在车站验证口、售票厅内、综合服务台、改签处、安检处和检票口相应位置部署自动体外除颤器（简称AED）。

自动体外除颤器操作要求如下：

（1）所有可移除的金属物体，如表链、徽章等，要从患者前胸去除。不能拿掉的，如身上佩戴的饰物，应该从前胸移开，确保胸前没有异物，以免影响电击，使除颤能量减弱或散失。

（2）解开或剪开衣物，使患者前胸部完全暴露（尽管在电极接触部位可能会引起微小的皮肤灼伤，但相较于获得的治疗效果完全值得）。

（3）若胸部有药物贴片或ICD，电极片须贴在远离上述物体至少2.5 cm处。

（4）检查环境，杜绝任何水或金属物体将患者与抢救者或旁观者连接，确保周围无汽油或天然气等可燃性液体及气体。

（5）8岁以下或体重小于25 kg的儿童，需要特殊儿童用除颤器。

（6）分析心律时，不可晃动患者，若在行驶的车上，AED无法分析心律，须先将车停稳再使用。

（7）安放电极片的部位可在左腋前线之后第五肋间处及胸骨右缘锁骨之下，也可在胸前正中及背后左肩胛处。

电极片安放位置如图6-3-5所示。

二、创伤出血与止血

（一）出血类别的判断

出血是由血管破裂导致血液流至血管外引起的。血液经伤口流出体外时称外出血。血液流到组织间隙、体腔或皮下时称内出血。根据血管破裂的类型，出血有如下分类。

1. 动脉出血

动脉出血呈喷射状、色鲜红，需急救才能止血。

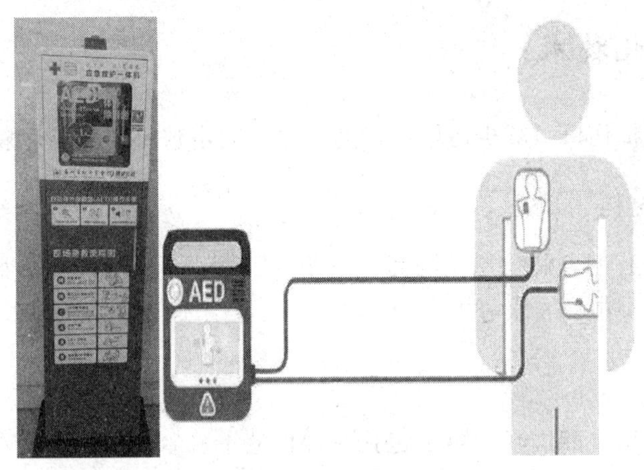

图 6-3-5　电极片安放位置示意

2. 静脉出血

静脉出血呈涌泉状、色暗红，多不能自行止血。

3. 毛细血管出血

毛细血管出血呈点状或片状渗出，色鲜红，多可自行止血。

（二）外出血止血方法

1. 止血材料

常用的止血材料有无菌敷料、绷带、三角巾、创可贴、止血带，也可用毛巾、手绢、布料、衣物等代替。

2. 加压包扎止血法

用无菌敷料覆盖伤口（超过伤口周边至少 3 cm），然后再用多层纱布、棉垫或用绷带、布类做成垫子压在无菌敷料上，再用绷带或三角巾加压包扎。

3. 止血带止血法

常用止血带包括布带、橡皮止血带和充气止血带。

4. 注意事项

（1）止血带不要直接结扎在皮肤上，应先用平整的衬垫垫好，再结扎止血带。

（2）结扎止血带的部位应在伤口的近心端。上肢结扎应在上臂的上 1/3 处，下肢结扎应在大腿中上部。

（3）对于损毁的肢体，也可把止血带结扎在靠近伤口的部位，有利于最大限度地保存肢体。

（4）止血带松紧要适度，以伤口停止出血为度。

（5）结扎好止血带后，要在明显部位加上标记，注明结扎止血带的时间，应精确到分钟。

（6）结扎止血带的时间一般不应超过 2 h，每隔 40 ~ 50 min 或发现患者远端肢体变凉时应松解一次，松解时如有出血，可压迫伤口止血。松解约 3 min 后，在比原结扎部位稍低的位置重新结扎止血带。

三、现场包扎技术

包扎的目的是保护伤口、减少污染、帮助止血、固定敷料和减轻疼痛等。

（一）常用包扎材料

常用的包扎材料有创可贴、尼龙网套、三角巾、绷带、弹力绷带、胶带及就便器材（如手帕、领带、毛巾、头巾、衣服等）。

（二）包扎要求

包扎伤口动作要快、准、轻、牢。包扎时部位要准确、严密，不遗漏伤口；包扎动作要轻，不要碰触伤口；包扎要牢靠，但不宜过紧；包扎前伤口上一定要加盖敷料。

（三）包扎方法

1. 绷带包扎

绷带包扎包括环形包扎、螺旋包扎、螺旋反折、“8”字和回返包扎。

环形包扎是绷带包扎中最常用的，适用于肢体粗细较均匀处伤口的包扎。螺旋包扎适用于粗细相等的肢体、躯干部位的包扎。螺旋反折包扎用于肢体上下粗细不等部位的包扎，如小腿、前臂等。手掌、手背、踝部和其他关节处伤口选用“8”字包扎。回返包扎用于头部、肢体末端或断肢部位的包扎。

2. 三角巾包孔

使用三角巾时注意边要固定，角要拉紧，中心伸展，敷料贴实。在应用时可按需要折叠成不同的形状，以适用于不同部位的包扎。

四、旅客常见急症的现场急救

（一）晕厥

晕厥，俗称“昏厥”“晕倒”，是指突然发生短暂意识丧失的一种综合征。其特点是突然发生、很快消失，数秒后或调整姿势后可自行恢复。意识丧失的持续时间多在 30 s 以内。

（1）迅速让患者平卧，头部可略放低，额部用湿凉毛巾湿敷刺激可促其苏醒。

（2）保持室内空气清新，维持患者呼吸道通畅，解开衣领、腰带。

（3）有条件的予以吸氧，监测呼吸、循环体征。

（二）急性冠状动脉综合征

心脏的营养血管为冠状动脉。由于种种原因，当冠状动脉内膜中的脂质尤其是胆固醇过分堆积，造成局部内膜隆起呈白色或淡黄色粥样斑块，医学上称之为动脉粥样硬化。动脉粥样硬化（见图 6-3-6）不断加剧，使血管管腔狭窄、血流不畅，甚至某个分支完全阻塞，使心肌局部缺血、缺氧。在动脉粥样硬化基础上不稳定斑块破裂，继发血栓形成导致管腔闭塞。

就出现了心绞痛、心肌梗死等急性冠脉综合征。急性冠脉综合征是有一个基础的病变，并呈现渐变、发展的过程。

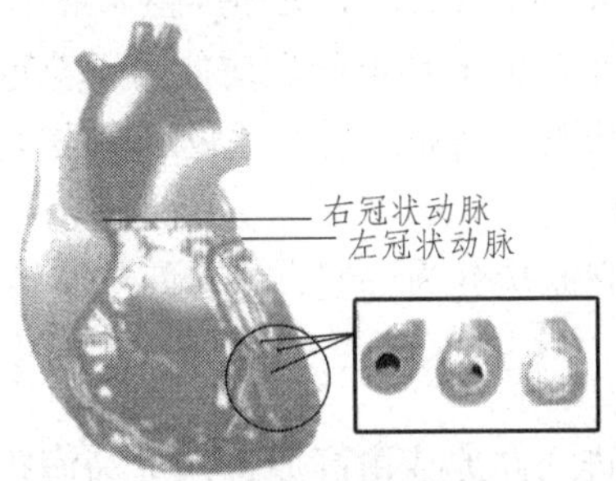

图 6-3-6　冠状动脉粥样硬化

1. 急症特点

患者胸前区突然出现压榨性的疼痛，常向左肩、左上肢、咽喉部、颈部、下颌、上腹部、后背等放射，少数人甚至放射到牙部。疼痛一般持续 3 ~ 5 min，多不超过 15 min。也有少数急性患者并无明显的心前区疼痛这样典型症状，患者主要表现为：胸痛、胸闷、出汗、恶心、呕吐、面色苍白、口唇青紫等。

2. 救护原则和方法

（1）立即原地静卧休息，不要随便搬动患者，应迅速拨打急救电话，说清楚病情。

（2）帮助患者处于疼痛最轻的体位，解开衣领和腰带，保持患者平静。

（3）首次舌下含服硝酸甘油 0.5 mg（1 片），若症状无缓解，患者血压无降低，可每隔 5 min 再次含服一片，连续 4 ~ 5 次。

（4）现场有条件，可以吸氧。

（三）癫痫

癫痫是指一时性大脑功能失调引起的阵发性全身或躯体局部肌肉抽搐等表现的综合征。表现为阵发性全身抽搐并伴有暂时意识丧失，或表现为躯体局部肌肉抽搐而不伴有意识障碍，或者仅有发作性精神异常等。

（1）癫痫病在大发作前常有先兆症状，如突然眩晕、胸闷、心悸等，预示即将发作。患者很快找安全地方坐下或卧倒，如路边、土地松软处，避开可能有伤害的障碍物，防止发作时发生意外。

（2）迅速将患者衣领解开以利呼吸，有假牙者应取出，最好用牙垫或厚纱布缠绕在压舌板上，小心塞在下臼齿之间，防止咬伤舌及两颊部。及时清除口腔内呕吐物，保持呼吸道畅通。

（3）保护四肢大关节以防碰伤，不能用力按压以防造成骨折或关节脱位。

（4）有条件者给予吸氧，肌肉或静脉注射安定。针刺内关、人中、风府、大椎、后溪、申脉等穴位。

（5）对于癫痫持续状态的患者，应密切观察其呼吸、心跳、血压等生命体征的变化，癫痫持续状态是癫痫的一种最危险的情况，如不及时抢救，极易产生不良后果，所以一旦出现，应稍加处理后，尽快终止旅行。

（四）高原反应与高原病

由平原进入高原（海拔 3 000 m 以上，对机体产生明显生物效应的地区），或由低海拔地区进入海拔更高的地区时，由于对低氧环境的适应能力不全或失调而发生的综合征，又称高山病。高原低氧环境引起机体缺氧是其病因。上呼吸道感染、疲劳、寒冷、精神紧张、饥饿、妊娠等为发病诱因。

根据起病急缓和特点，将高原病分为三型，三者间互有关联，常可合并存在。

1. 急性高原反应

急性高原反应指人由平原进入高原或由高原进入更高海拔地区后，机体在短时期发生的一系列缺氧症状，是机体对高原环境的一种应激性反应。一般有头痛、头昏、眩晕、兴奋不安、失眠多梦、精力不集中、判断力下降、心慌、食欲不振、恶心呕吐、腹泻、疲乏无力、手足麻木、少尿、鼻血等。

（1）适当休息，避免活动过多。

（2）注意饮食，宜食易消化、营养丰富、高糖及含有多种维生素的食物，少吃脂肪，进食不宜过饱。

（3）限制烟酒。

（4）初进高原的人，睡眠可采用半卧位。

（5）要有良好的心理素质，保证乐观情绪。

（6）症状较为严重时，及时就医对症治疗。

2. 高原肺水肿

高原肺水肿是由于急剧低氧而引起的以肺间质或肺泡水肿为基本特征的一种急性高原病。多发生于初次迅速进入高原者。早期症状有头痛、头晕、乏力、干咳或伴有少量黏液、发烧、恶心呕吐、烦躁不安、失眠、尿少。随后出现呼吸急促、困难，咯泡沫样痰（白色、黄色、粉红色）。干咳和咳粉红色泡沫痰为本病突出特点。

（1）预防措施：进入高原前认真做好健康检查。初到高原一周内注意休息，避免过度疲劳，有条件时可低流量吸氧。积极预防治疗感冒，患过高原肺水肿的人容易再次发病，不宜进入。

（2）应急处理：吸氧、药物治疗，及时向低海拔地区转运。

3. 高原脑水肿

高原脑水肿又称高原脑昏迷，是指人体急速进入高原后，由于脑供氧不足而导致的以脑组织或脑细胞水肿为基本特征的一种急性高原病。主要临床表现是意识障碍。治疗不及时，随时有生命危险。一旦发现有剧烈头痛，喷射状呕吐，精神萎靡，烦躁不安，甚至有意识丧失的情形时，就要给予昏迷者吸氧、脱水降低颅压等治疗。病情稳定后，立即送往低海拔地区进一步治疗。

（1）昏迷前期治疗。

绝对静卧休息，对以兴奋性症状为主的病人，给予镇静剂、高渗葡萄糖、能量合剂和地塞米松，吸氧流量为 2 ~ 4 L/min。

（2）昏迷期的治疗。

吸氧，流量为 4 ~ 6 L/min、使用脱水剂（甘露醇、速尿、高渗葡萄糖）、应用地塞米松及能量合剂、防止出血和控制感染。

任务实施

1. 任务准备

（1）设备准备：铁路红十字药箱、止血材料、常用包扎材料、实训室，专业训练服（可着正装）。

（2）实训资料准备：实训任务单、相关规章、教材等。

（3）情景准备：实训前各小组查阅、收集资料，选择车站、动车组列车应急救护相关情景，情景中包括高速铁路客运服务相关人员、旅客若干。

（4）人员准备：实训分小组进行，每组 6 ~ 8 人，每个小组做好人员分工。

2. 实施步骤

（1）心肺复苏应急处置。

（2）止血包扎应急处置。

（3）旅客急症应急处置。

（4）组内互查，教师总结并评分、评价。

3. 任务单

<table>
<tr><td>训练名称</td><td colspan="3">旅客应急救护训练</td></tr>
<tr><td>班　级</td><td></td><td>姓　名</td><td></td></tr>
<tr><td colspan="4">1. 为成人旅客进行心肺复苏应急处置</td></tr>
<tr><td colspan="4">2. 判断出血情况并及时止血应急处置</td></tr>
<tr><td colspan="4">3. 为受伤旅客进行包扎应急处置</td></tr>
<tr><td colspan="4">4. 旅客发生急症应急处置</td></tr>
<tr><td colspan="4">任务总结：</td></tr>
</table>

4. 效果评价

	项目	A—优	B—良	C—中	D—及格	E—不及格	综合
小组评价	心肺复苏（15%）						
	止血包扎（15%）						
	急症处置（20%）						
	团队合作（10%）						
教师评价	急救处置（20%）						
	任务单（20%）						
	教师签名						

1. 铁路红十字药箱的使用管理是如何规定的？
2. 简述儿童心肺复苏的操作程序。
3. 简述婴儿心肺复苏的操作程序。
4. 止血包扎材料有哪些？
5. 旅客常见急症有哪些？如何开展急救？

附录

附录A “高铁乘务安全管理与应急处置”课程思政教学设计

项目	思政元素	思政元素教学融入
高速铁路旅客运输安全管理	1. 遵章守纪 2. 廉洁自律 3. 使命与担当	1. 安全是铁路的生命线，作为铁路工作人员要履职尽责，才能保证旅客运输安全。 2. 做社会主义法治的忠实崇尚者、自觉遵守者、坚定捍卫者。 3. 坚持以人民安全为宗旨，坚持安全第一、预防为主
高速铁路车站客运非正常情况应急处置	1. 安全意识和素养 2. 热爱劳动 3. 集体精神 4. 团队合作精神	1. 通过引入非正常情况应急处置案例引导学生牢记“人民铁路为人民”的初心和使命。 2. 发生非正常情况时，要听从指挥，执行命令，才能快速处置
高速铁路非正常行车应急处置	1. 社会责任意识 2. 爱岗奉献精神 3. 勇于担当精神	1. 通过引入规章内容的学习，提高防灾减灾救灾处置保障能力。 2. 为确保动车组列车运行安全，行车指挥工作至关重要，各个环节都不能出错。培养一丝不苟的工作态度。 3. 运用科学合理的手段处理应急事件
动车组列车应急疏散处置	1. 集体意识 2. 团结合作精神 3. 科学思维	1. 通过复兴号动车组应急设备使用，坚持科技自立自强。 2. 通过引入应急疏散处置案例培养学生职业自豪感。 3. 为确保旅客顺利出行，客运乘务员要具有一定的综合指挥能力
动车组列车乘务组织异常应急处置	1. 工匠精神 2. 恪尽职守 3. 吃苦耐劳	1. 通过引入动车组列车乘务组织异常应急处置案例，引导学生坚持人民至上，主动防范、化解风险。 2. 要深刻领会铁路人的“工匠精神”，做到以人为本，贴近旅客生活需求。 3. 创新服务内涵，提升服务理念。锻炼良好的心理素质、责任意识及应变能力，为守护铁路运输安全贡献力量
旅客病伤应急处置	1. 精益求精的服务精神 2. 创新精神 3. 中华优秀传统文化	1. 通过引入真实服务案例，把旅客当作亲人，急旅客之急，解旅客之难。 2. 不断学习服务技能，让旅客的出行体验更加美好。 3. 互帮互助，加强中华优秀传统文化教育

附录 B　应急服务案例

案例：D706 全员齐心抗雨情

案例：急旅客之所急，列车服务暖人心

案例：暴雨后迎难而上

案例：列车晚点，服务不减

参考文献

[1] 中国红十字会总会．救护员[M]．北京：人民卫生出版社，2015.

[2] 中国铁路总公司．动车组列车服务质量规范[M]．北京：中国铁道出版社，2016.

[3] 《动车组列车列车长培训及技能实训教材》编委会．动车组列车列车长培训及技能实训教材[M]．北京：中国铁道出版社有限公司，2019.

[4] 王慧．高铁乘务安全管理与应急处置[M]．2 版．成都：西南交通大学出版社，2019.

[5] 中华人民共和国交通运输部．高速铁路安全防护管理办法[M]．北京：中国铁道出版社有限公司，2020.

[6] 徐玉萍，卢剑．高速铁路安全维护[M]．北京：中国铁道出版社有限公司，2021.

[7] 李云飞，和鑫．高速铁路客运安全与应急[M]．昆明：云南人民出版社，2021.

[8] 中国国家铁路集团有限公司．铁路运输调度规则（高速铁路部分）[M]．北京：中国铁道出版社有限公司，2022.

[9] 中华人民共和国交通运输部．铁路旅客运输规程[M]．北京：中国铁道出版社有限公司，2022.

[10] 国家铁路局，公安部．铁路旅客禁止、限制携带和托运物品目录[M]．北京：中国铁道出版社有限公司，2022.

[11] 中国国家铁路集团有限公司．铁路旅客运输安全检查管理规则[M]．北京：中国铁道出版社有限公司，2022.

[12] 中国国家铁路集团有限公司．中国国家铁路集团有限公司铁路旅客运输规程[M]．北京：中国铁道出版社有限公司，2023.